本书为中国工程院咨询研究重点项目
"长三角一体化城镇建设与协调发展研究"
(2020-XZ-15) 的研究成果

长三角一体化城镇建设与协调发展研究

江欢成　胡昊　徐峰

—— 主编

上海交通大学出版社
SHANGHAI JIAO TONG UNIVERSITY PRESS

内容提要

本书以解决长三角一体化城镇建设的高质量发展问题为目标,围绕规划一体化、基础设施建设一体化、管理体制机制一体化、安全与风险管控一体化四个方面,聚焦长三角一体化城镇建设开展战略性研究,并提出相应的战略性对策建议,为长三角一体化高质量发展提供重要支撑。本书读者对象为城镇建设行业从业人员、科研人员,以及相关专业的学生。

图书在版编目(CIP)数据

长三角一体化城镇建设与协调发展研究/ 江欢成,
胡昊,徐峰主编. —上海:上海交通大学出版社,2022.8
　　ISBN　978 - 7 - 313 - 25846 - 5

　　Ⅰ.①长… 　Ⅱ.①江… ②胡… ③徐… 　Ⅲ.①长江三
角洲—城市建设—研究 　Ⅳ.①F299.275

　　中国版本图书馆 CIP 数据核字(2022)第 013563 号

长三角一体化城镇建设与协调发展研究

CHANG-SANJIAO YITIHUA CHENGZHEN JIANSHE YU XIETIAO FAZHAN YANJIU

主　　编:江欢成　胡　昊　徐　峰
出版发行:上海交通大学出版社　　　　　　地　　址:上海市番禺路 951 号
邮政编码:200030　　　　　　　　　　　　电　　话:021 - 64071208
印　　制:苏州市越洋印刷有限公司　　　　经　　销:全国新华书店
开　　本:710 mm×1000 mm　1/16　　　　印　　张:15
字　　数:252 千字
版　　次:2022 年 8 月第 1 版　　　　　　印　　次:2022 年 8 月第 1 次印刷
书　　号:ISBN 978 - 7 - 313 - 25846 - 5
定　　价:98.00 元

本书编委会

主　编

△

江欢成　胡　昊　徐　峰

副主编

△

肖绪文　管　伟　卢昱杰

编　委

△

（按姓氏笔画排序）

丁　陶　王广斌　任维维　刘曙光　杜　刚
李　闵　余碧波　张　叶　张家春　赵国华
程之春

前　言

2018 年 11 月 5 日,国家主席习近平在首届中国国际进口博览会开幕式主旨演讲中宣布"支持长江三角洲区域一体化发展并上升为国家战略"。加快推进长三角一体化发展,既是国家的重要战略布局,也是完善中国改革开放的空间布局。然而,当前长三角各地的城镇化率和城镇的经济发展水平不均衡,长三角城镇发展不均衡问题突出。城镇是连接城市与乡村的枢纽,是城市产业、文明、文化等要素向乡村辐射的基地,是城乡融合发展的重要区域。而当前的长三角一体化研究中,城镇建设方面的研究虽是重点环节,却也是薄弱环节,所以,对其开展研究具有重要的现实意义。

本书以 2020 年中国工程院咨询研究重点项目"长三角一体化城镇建设与协调发展研究"(项目编号:2020 - XZ - 15)为依托,项目下设四个课题: ① 长三角城镇建设规划一体化与协调发展研究;② 长三角城镇基础设施建设一体化与协调发展研究;③ 长三角城镇建设管理体制机制一体化与协调发展研究;④ 长三角城镇建设安全与风险管控一体化与协调发展研究。该项目承担单位包括上海江欢成建筑设计有限公司、上海交通大学、同济大学、上海市住房和城乡建设管理委员会科学技术委员会事务中心等机构,由江欢成院士领衔负责。

课题研究工作始于 2019 年 5 月,到 2021 年 4 月结题,历时近两年。本研究的总体思路是:以解决长三角一体化中城镇建设如何实现高质量发展问题为目标,以规划一体化为引领,以基础设施建设一体化为支撑,以管理体制机制一体化为抓手,以安全与风险管控一体化为保障,聚焦长三角一体化城镇建设开展战略性研究,并提出相应的对策建议,为长三角一体化高质量发展提供支撑。

在研究过程中,项目组成员查阅了 200 余份文献资料,开展了历时 63 天的实地调研,走访了 32 个城镇、20 多家政府机构与企事业单位,其调研足迹覆盖了长三角一体化示范区、雄安新区、深圳特区、成渝双城经济圈等区域,举办了近 20 场座谈研讨会,访谈了 100 多位政府管理者、企业家和专家学者,获得了大量的第一手数据和资料。在此基础上,项目组从规划一体化、基础设施建设一体化、管理体制机制一体化、安全与风险管控一体化 4 个方面开展战略性研究,提出了长三角一体化城镇建设高质量发展的对策建议:① 将安徽纳入示范区范围,成立涵盖沪苏浙皖的太湖西示范区;② 推行节约用地集约建设的"天空城镇"模式;③ 城镇与核心城市之间应具有质量上的同城效应;④ 建立支撑长三角一体化生态绿色发展的饮用水源系统;⑤ 加快建设"四网融合"的长三角市域线铁路网;⑥ 推进装配率市场化,践行"放管服"行政体制改革;⑦ 统筹长三角安全与发展,加强韧性空间建设;⑧ 节约与高效利用土地资源,保障粮食安全;⑨ 推行垃圾分类和本地无害化处理模式,保障环境安全。本项目研究成果经中国工程院土木、水利与建筑工程学部常委会的咨询研究项目结题评审会的严格评审,获得了"优秀"的评价。

除了本书编委会成员之外,上海交通大学工程管理研究所的博士研究生王文、硕士研究生郭思清和马文迪,以及同济大学建筑工程系硕士研究生高慧,也参与了本书的统稿工作。本课题组全体成员以及项目调研过程中涉及的诸多城镇建设行业的领导、专家、学者,也为本书的出版做出了重要贡献。在此,对所有为本项目研究和本书出版做出贡献的领导、专家、学者、老师和同学,一并表示衷心的感谢!

希望本书能够为长三角一体化高质量发展提供参考,也可以对京津冀协同发展、粤港澳大湾区协同发展等起到一定的参考和借鉴作用。

第 1 章

绪 论

长三角一体化由来已久,其发展历程经过了上海经济区的起步时期(1982—1988年)、长三角地区自发合作时期(1990—2005年)、长三角一体化制度建设时期(2005—2014年),目前进入了长三角一体化国家战略时期(2014年至今)。2018年11月5日,在首届中国国际进口博览会开幕式上,中国国家主席习近平发表主旨演讲时宣布,为了更好发挥上海等地区在对外开放中的重要作用,决定将支持长江三角洲区域一体化发展并上升为国家战略。2019年10月,《长三角生态绿色一体化发展示范区总体方案》获得国务院批复,示范区将成为实施长三角一体化发展国家战略的先手棋与突破口。2019年12月,《长江三角洲区域一体化发展规划纲要》(以下简称《规划纲要》)正式公布,标志着长三角一体化发展战略进入全面实施阶段。

　　截至2020年,长三角地区三省一市的地域面积达35.8万平方公里,常住人口为2.3521亿人,经济总量达24.5万亿元,分别约占全国的1/26、1/6和1/4,证明其在经济活力、开放度、创新能力方面均是我国最具竞争力的地区之一①。长三角地区在世界经济版图中也占据一席之地,长三角城市群已跻身国际公认的六大世界级城市群。所以,加快推进长三角一体化发展,既是大势所趋,也是区域发展的内在要求。从区域空间上讲,长三角地区是我国经济最具活力、开放程度最高、创新能力最强的区域之一,是"一带一路"和长江经济带的重要交汇点,对长江经济带发展起到了重要的引领带动作用。长三角区域的一体化,可以实现市场在空间上的梯次拓展,使得区域经济布局更加合理,从而实现区域的协调发展。同时,长三角地区在转型发展、对外开放、科技创新策源地打造等方面都是先行示范区。对于全国而言,长三角区域一体化可以大大提高开放水平,聚集创新要素,全面提升国家竞争力。因此,长三角区域一体化高质量发展作为国家战略具有非常重要的意义。

---

① 国务院.印发《长江三角洲区域一体化发展规划纲要》解读[EB/OL].[2021 - 09 - 11].http://www.gov.cn/zhengce/2019 - 12 - 01/content_5457442.htm.

《规划纲要》中明确指出：到 2025 年常住人口城镇化率达到 70%①。2019 年，长三角地区的平均城镇化率为 67.38%，比较接近 2025 年的目标②。一方面，长三角各地的城镇化率不均衡，上海和南京的城镇化率都超过了 80%，杭州、无锡、苏州、合肥、宁波、常州和镇江的城镇化率也在 70%～80%；然而，铜陵、宣城、池州、滁州和安庆的城镇化率低于 59.58% 的全国平均水平，其中安庆尚不足 50%③。另一方面，长三角各地城镇的经济发展水平也是不均衡的。如表 1-1 所示，2019 年长三角地区城镇总数为 2 522 个，其中千强镇（GDP 总额在 50 亿元以上）有 490 个，占全国千强镇总量的近 50%，但仅占长三角地区总城镇数的 19.43%，安徽省的千强镇占全省城镇总数的比例更是低至 3.17%。这表明了长三角地区城镇发展极不均衡。所以，在长三角一体化的背景下展开城镇建设研究，是十分必要的。

表 1-1   2019 年长三角地区各地城镇概况

地　区	农村人口 / 万人	城镇人口 / 万人	市辖区 / 个	县（县级市）/ 个	镇 / 个	全国千强镇 / 个
上海市	291.4	2 136.8	16	—	106	95
江苏省	2 371.8	5 698.2	55	41	815	204
浙江省	4 095.0	1 755.0	37	52	655	161
安徽省	2 813.1	3 552.8	44	61	946	30
合　计	9 571.3	13 142.8	152	154	2 522	490

资料来源：国家统计局.中华人民共和国 2020 年国民经济和社会发展统计公报[EB/OL].(2021 - 02 - 27)[2021 - 09 - 11].http://www.stats.gov.cn/tjsj/zxfb/202102/t20210227_1814154.html.

城镇是连接城市与乡村的枢纽，是城市产业、文明、文化等要素向乡村辐射的基地，是城乡融合发展的重要区域，如图 1-1 所示。但是，在长三角一体化过程中，城镇建设的理念、方法、路径还存在着一些系统性问题。例如，长三角地区

①　国家统计局.中华人民共和国 2020 年国民经济和社会发展统计公报[EB/OL].[2021 - 09 - 11]. http://www.stats.gov.cn/tjsj/zxfb/202102/t20210227_1814154.html.
②　中华人民共和国住房和城乡建设部.2019 年城市建设统计年鉴[EB/OL].[2021 - 09 - 11].http:// www.mohurd.gov.cn/xytj/tjzljsxytjgb/jstjnj/.
③　中华人民共和国住房和城乡建设部.2019 年城市建设统计年鉴[EB/OL].[2021 - 09 - 11].http:// www.mohurd.gov.cn/xytj/tjzljsxytjgb/jstjnj/.

作为中国人口最为密集的地区,在城镇化过程中城镇建成区面积急速扩张。以浙江省湖州市南浔区为例,该区刚建成时仅有7.35平方公里,后来逐步扩展到12.5平方公里、27.5平方公里,近期又在其西南邻近地区规划了49平方公里的高铁新城,城镇面积扩张了近十倍,占用了万顷良田,使得城镇可利用土地急剧减少①。因此,如何在城镇化过程中少占农用地,提高土地利用率,实施节约集约建设,是长三角城镇建设的一大核心问题。同时,长三角一体化下城镇建设过程中的生态环境建设未进入良性循环,生态环境问题较为突出,制约了城镇建设的可持续发展。

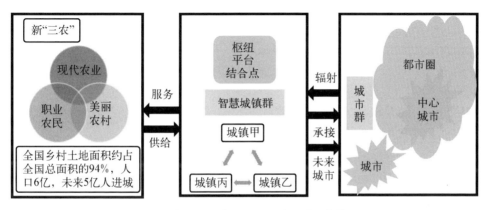

图1-1　城市—城镇—乡村及其关联概念模型图

由此可见,城镇建设虽是长三角一体化中的重点环节,却也是薄弱环节。长三角一体化下城镇建设究竟应该怎样高质量发展,这是无法回避的问题。所以,目前亟须对长三角一体化城镇建设开展战略性顶层设计研究。对此,本书以规划一体化为引领,以基础设施建设一体化为支撑,以管理体制机制一体化为抓手,以安全与风险管控一体化为保障,从规划、基础设施、管理体制机制、安全风险管控等方面,聚焦长三角一体化城镇建设展开研究,为长三角一体化高质量发展提供支撑。本书的结构框架图如图1-2所示。

---

① 姜亦炜.长三角地区新型城市化进程中的现实问题与提升路径:以湖州市南浔区为例[J].中共珠海市委党校珠海市行政学院学报,2017(6):47-52.

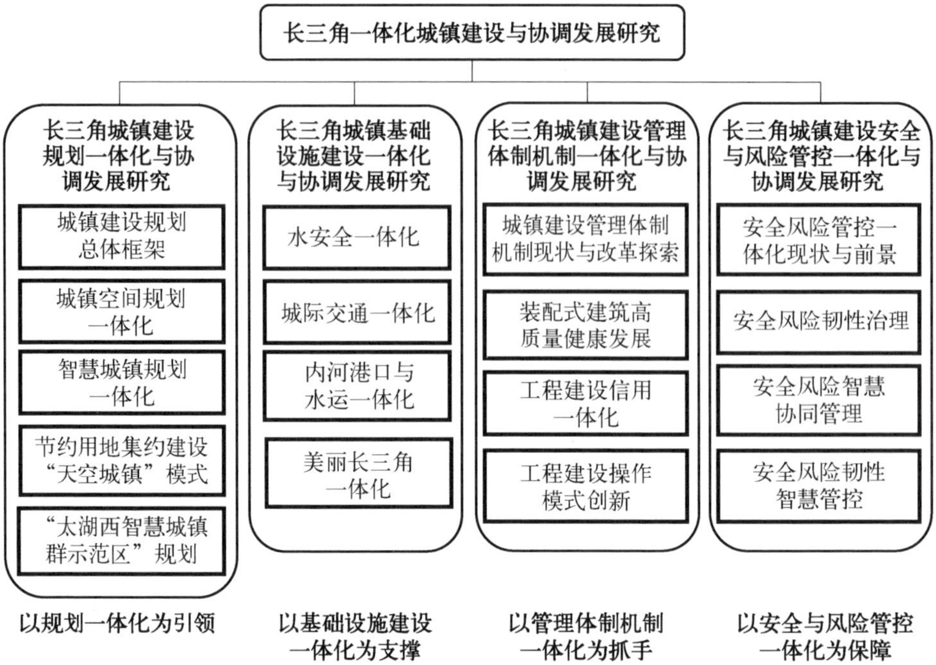

长三角一体化城镇建设与协调发展研究

长三角城镇建设规划一体化与协调发展研究	长三角城镇基础设施建设一体化与协调发展研究	长三角城镇建设管理体制机制一体化与协调发展研究	长三角城镇建设安全与风险管控一体化与协调发展研究
城镇建设规划总体框架	水安全一体化	城镇建设管理体制机制现状与改革探索	安全风险管控一体化现状与前景
城镇空间规划一体化	城际交通一体化	装配式建筑高质量健康发展	安全风险韧性治理
智慧城镇规划一体化	内河港口与水运一体化	工程建设信用一体化	安全风险智慧协同管理
节约用地集约建设"天空城镇"模式	美丽长三角一体化	工程建设操作模式创新	安全风险韧性智慧管控
"太湖西智慧城镇群示范区"规划			
以规划一体化为引领	以基础设施建设一体化为支撑	以管理体制机制一体化为抓手	以安全与风险管控一体化为保障

图 1-2　研究结构框架图

第 2 章

长三角城镇建设规划
一体化与协调发展研究

城镇建设规划顶层设计是一项科学、系统的工作,主要是为相关地区、单位制定政策服务。长三角地区城镇建设规划一体化研究,主要是分析研究长三角跨行政区域城镇的性质规模、市场导向规则、建设功能区布局,以及城镇要素和生产要素的合理布置等,从而为长三角地区跨行政区域城镇建设与协调发展制定政策服务。该研究有别于以往单一行政区域内部的城镇建设规划,以提高跨区域要素的配置效率为目标。

　　本研究将长三角这个世界级城市群视为一个巨型复杂系统,其根本目的是确保人们的居住、工作、休闲需求得到满足;通过强调城市群是一个有机关联的整体系统,从而使得人类的生产生活与自然环境系统趋于和谐。此处,不再将城镇视为一个纯粹功能性的物质系统,而是努力将其建设成为与自然环境系统高度融合的文明主体。

　　据此,本章聚焦长三角区域内的中心城镇和重点城镇,着眼于未来大量农民市民化后的长三角一体化城镇建设顶层设计,把城镇建设作为农业、农村现代化的枢纽和驱动力,旨在推动乡村振兴,把惠农民、利农民、富农民、改善民生作为城镇建设的重要方向。

　　本研究团队认为,应贯彻新理念,打破行政壁垒,设立多层级联合规划委员会,实现国土空间规划跨区域五个协同;应确保粮食安全,建议推行节约用地集约建设模式——天空城镇;长三角地区应建设具有质量同城效应的智慧城镇群,并且城镇群建设应与城镇和城市的一体化、城镇和乡村的一体化建设相协调。

　　最后,本章提出了三个聚焦:聚焦涉农生产性服务产业功能区规划,聚焦新基建与创新生态系统推动乡村企业再造工程,聚焦智慧城镇群建设与反哺乡村振兴。此外,本章还提出三个重大项目建议:一是系统治理太湖,要联合规划、智慧建设、通江达海、全域花园、控源纳总;二是吸引资金和人才到城镇,建设知识密集型产业聚集区——农商科技综合体;三是推动城镇新基建赋能智慧城镇群、涉农生产性服务产业和智慧农业。

2.1 城镇规划建设研究背景与理论基础

以往的城镇建设政策是以一地、一城为目标对象制定的,故跨区域一体化建设在建设理念、法规保障、管理流程等方面都是一项探索性工作,需要在传统的建设技术、形式的基础上,提出新技术、新方法,并考虑地方政府和居民等主体的经济利益和自然环境问题,以及建设安全与风险管理、未来发展等问题。

因此,本节重点阐述目前长三角城镇建设的现状,剖析存在的痛点问题,并讨论跨区域一体化建设的理论基础,从而引出本章研究的框架和研究内容。

2.1.1 长三角城镇现状与问题

2.1.1.1 长三角城镇现状

2020 年,长三角地区生产总值总量达 244 693 亿元,常住人口总量达 22 535 万人。根据 2020 年前三季度数据显示,长三角区域以占全国 3.7% 的土地面积,聚集了全国 16% 的人口,创造了全国 24.08% 的经济总量[①]。

截至 2019 年,长三角坐拥上海、苏州、杭州、南京、无锡、宁波、南通 7 个万亿级 GDP 城市。其中,上海已迈入 3 万亿级 GDP 阵营,苏州也已迈入 2 万亿级 GDP 阵营。长三角共有市辖区 152 个,县/县级市 154 个,镇 2 522 个(见表 1-1),其中千强镇(GDP 在 50 亿元以上)有 490 个,占全国千强镇总量的近 50%,占长三角总城镇数的 19.43%,但是安徽省千强镇占全省城镇总数的比例只有 3.17%[②]。这显示出长三角地区城镇发展极不均衡。

现阶段,安徽省各市、各城镇在长三角城市群中的落后状态是显而易见的,而这种落后状态最集中的体现就是其头部城市不够强,中部城市尚不成体系,尾部城市/城镇的落后状态十分明显。

2.1.1.2 长三角城镇建设与协调发展存在的问题

1) 行政壁垒严重

目前,长三角地区存在着较为严重的行政壁垒。无论是在市场方面,还是在基础设施以及公共服务保障方面,都存在着跨区域不通不顺等问题。这严重增

---

① 国家统计局.中华人民共和国 2020 年国民经济和社会发展统计公报[EB/OL].[2021 - 09 - 11]. http://www.stats.gov.cn/tjsj/zxfb/202102/t20210227_1814154.html.
② 国家统计局.中华人民共和国 2019 年国民经济和社会发展统计公报[EB/OL].[2021 - 09 - 11]. http://www.stats.gov.cn/tjsj/zxfb/202002/t20200228_1728913.html.

加了行政服务成本,提高了市场成本,并降低了公共服务效率①。相对而言,城镇大多是行政区的端部,更需要一体化,而城镇的管理者对一体化有着更迫切的需求,也更易理解一体化的要义。

2) 基础设施与产业统筹发展优势不足

(1) 交通基础设施一体化程度不足。

交通基础设施是城市间、城镇间、城市与城镇间配置资源、提高协作质量和效率的重要基础。长三角区域的交通一体化建设已初有成效,基本形成枢纽型机场、枢纽型港口、高铁网络和高速公路网络等区域快速交通骨干格局。然而,与纽约、东京等城市群相比,长三角地区交通一体化程度不足,交通运输互联互通仍面临较多问题。比如,长三角部分省际道路尚未打通,上海浦东、上海虹桥、南京禄口等多个机场承载能力趋近饱和,长三角城市轨道交通线路密度不高,等等。

(2) 产业空间低效利用。

城市以及城镇建设摊大饼式的无序蔓延,导致城市及城镇空间利用率低下。据 2018 年的统计数据显示,长三角地区的国土开发强度如下:上海市为 36.89%,江苏省为 21.77%,安徽省为 14.88%,浙江省为 14.69%,平均达到 22.00%,高于日本太平洋沿岸城市群 15% 的平均水平。从单体城市来看,上海的国土开发强度高达 36.89%,远超过法国大巴黎地区的 21.00%、英国大伦敦地区的 24.00%②。这导致长三角城市的后续建设空间潜力不足。此外,粗放式、无节制的过度开发,新城新区、开发区和工业园区占地过大,导致基本农田和绿色生态空间减少过快、过多,严重影响到长三角区域国土空间的整体结构和利用效率。

(3) 产业结构不尽合理。

从产业结构上看,世界级城市群普遍具有成熟的产业结构,在产业价值链中处于高价值区段,服务业比重较高。而长三角城市群整体呈现“二、三、一”的产业结构特征,除了上海等少数城市之外,大部分地区仍以制造业为主,发展能级相对落后。从具体产业门类上看,世界级城市群各城市主导产业分布相对均衡,特别是高端制造业和高端服务业;而长三角城市群各城市主导产业主要集中于低端制造业,主导产业重构性较为明显,且缺乏必要的区域协调,位于高价值区

① 李国平.着力打造长三角多中心网络化空间结构[J].人民论坛·学术前沿,2019(4):20-26.
② 余玥.土地供给侧结构性改革背景下上海低效工业用地再开发的路径探讨[J].经贸实践,2018(12):78,80.

段的城市产业较少。

（4）乡村空间不断萎缩。

从城乡格局的演变来看，乡村一直处于被挤压的状态，导致乡村空间不断萎缩。据统计，2005—2011 年，长三角地区超过 20% 的乡村已经消亡，2011 年苏浙沪村民委员会的数量较 2000 年平均减少了 41.11%，其中江苏减少了52.92%，浙江减少了31.84%，上海减少了 38.58%[①]。乡村消亡的主要原因，一方面是由于大量农村青壮年人口外流和乡村城镇化，导致乡村人口一直处于流出而非流入的状态；另一方面是村庄复垦和土地开发相结合的城乡建设用地挂钩制度，以及撤村并镇等行政手段的强力推动，导致大量农村土地被城镇发展征用。

目前村庄整体拆迁，农民"被上楼"，乡村空间快速萎缩，使得乡村农业生产、生态服务和文化传承功能遭受不同程度的破坏，发展活力不足。同时，还有部分乡村兴办污染工业，直接破坏农村生态环境，使得乡村作为城镇污染消纳和休闲空间的功能大幅弱化。此外，以城镇规划和建设方式改造乡村，也使得乡村呈现出"城不城、乡不乡"的特点，乡村原有特色逐渐丧失。

长三角大部分地区自古以来就是鱼米之乡，仍负有保护大量基本农田的重任，尤其是从长三角自身生态平衡角度以及农村社区特有的村情来看，长三角的农业不能消亡，乡村不能消亡，也不应消亡。所以，长三角乡村的空间和功能重塑，无疑成为极具挑战性的命题。本研究团队认为，未来，长三角乡村转型的方向在于提升乡村的价值，通过绿色农业生产，以及向二、三产业链延伸，提升农业的价值；通过对村民的引导、培训和教育，提升村民的素质；通过环境宜居性改造，提升村庄的价值，使乡村能够拥有与城市竞争的独特资源和特质。

（5）高技术产业和服务经济水平有待进一步提高。

长三角城镇的制造业附加值不高，高技术和服务经济发展相对滞后，高品质的城市创业宜居和商务商业环境亟须营造。目前，长三角城市间分工协作机制还不完善，低水平、同质化竞争较为严重，长三角城市群一体化发展的体制机制还有待进一步完善。此外，长三角人均地区生产总值、地均生产总值等反映效率和效益的指标，与其他世界级城市群相比存在明显差距。

---

① 桂华.城镇化进程中的农村土地低效利用与改进：基于武汉、上海等市郊农业政策的比较分析[J].经济学家,2018(3)：89-95.

（6）生态环境问题较为突出。

目前，长三角地区生态系统功能退化，环境质量趋于恶化，导致生态空间被大量蚕食，区域碳收支平衡能力日益下降。其中，长三角地区湿地破坏严重，外来有害生物威胁加剧，长江沿岸环境质量堪忧；太湖、巢湖等主要湖泊富营养化问题严峻，内陆河湖水质恶化，约半数河流监测断面水质低于Ⅲ类标准；近岸海域水质呈下降趋势，海域水体呈中度富营养化状态。此外，长三角城市生活垃圾和工业固体废弃物急剧增加，土壤复合污染加重，部分农田土壤多环芳烃或重金属污染严重。

3）后续建设空间压力大

经过近 40 年的快速城镇化，长三角作为中国人口最为密集地区，建成区面积急速扩张。以浙江省湖州市南浔区为例，其建成区面积从 2003 年的 7.35 平方公里拓展到 2013 年的 16.8 平方公里[①]，占用了万顷良田（见图 2 - 1）。这使得长三角城镇建设土地急剧减少，后续建设空间压力巨大。因此，如何少占农用地，并提高土地利用率，实现节约集约建设和提质增效的目标，是长三角城镇建设的一大核心问题。

综上所述，长三角城市群是我国综合实力最强的城市群之一，在我国经济发展中具有举足轻重的地位。但与国际上的五大城市群相比，长三角的城镇建设尚存在较大差距，主要表现在：一是一体化协调发展程度有待提升，经济运行体制不完善；二是土地资源利用效率有待提高，淘汰落后产业并更新先进产业的"腾笼换鸟"余地较大；三是产业布局不尽合理，产业结构还需进一步优化；四是科技创新水平有待进一步提高，高新技术企业和人才不足；五是生态环境问题较为突出，制约了城市群城镇建设的可持续发展。

图 2 - 1　浙江省湖州市南浔区建成区面积扩展示意图

资料来源：① 湖州市南浔区住房和城乡建设局.区住建局十三五期间主要工作成就和十四五时期主要工作安排［EB/OL］.（2020 - 12 - 25）［2021 - 09 - 11］.http://www.nanxun.gov.cn/art/2020/12/25/art_1229518496_3706656.html.② 湖州市南浔区住房和城乡建设局.南浔区"十二五"城建工作总结及"十三五"规划［EB/OL］.（2016 - 09 - 29）［2021 - 09 - 11］.http://www.nanxun.gov.cn/art/2016/9/29/art_1229518496_3706646.html.

总之，城镇建设和乡村建设理念、方法、路径上存在的系统性问题以及严峻的生态环境压力，迫切需要优化长三角城镇建设的战略性顶层设计。

---

① 姜亦炜.长三角地区新型城市化进程中的现实问题与提升路径：以湖州市南浔区为例［J］.中共珠海市委党校珠海市行政学院学报，2017（6）：47 - 52.

2.1.2 一体化理论基础

2.1.2.1 一体化系统的结构

一体化系统的结构是一体化进程中缓慢融合形成的有机联系与构成,具有相应的内在联系与逻辑机制。因此,研究一体化结构需要明确一体化的对象、合适的测度指标和可行的研究方法,如数据与可视化方法、多重或多维关联度方法等。

一体化在其产生、进化和发展过程中,有其内在的属性、规律和结构特征。一体化结构可以较为清晰、全面地反映不同区域之间的融合发展和演化情况,而厘清一体化内部相关要素的逻辑关系,能够对一体化中某个区域或产业领域的知识结构展开分析。一体化中各地区依据各自的文化、经济、资源禀赋,选择各自适合的发展道路与模式,形成了丰富的一体化发展理论和体系。这些丰硕的成果为研究一体化结构、建立一体化结构体系奠定了坚实的基础,也有利于把握一体化发展的宏观趋势,制定符合一体化发展规律和特点的一体化规划及体制机制。

因此,一体化的研究可以从宏观与微观两个方面出发,宏观方面主要研究一体化的总体结构及其演化,分析不同区域之间的融合发展和演化情况等;而微观方面主要分析某个关联区域的融合发展与演化规律。

综上,长三角一体化城镇建设系统是一个复杂巨系统工程,受国际形势、中国国情以及中国国家战略等相关上层系统战略和环境因素的影响与制约(见图2-2)。这些影响因素决定了长三角一体化城镇建设的目标系统。

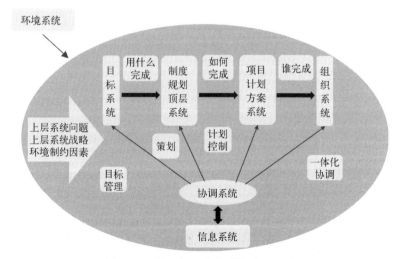

图 2-2 长三角一体化城镇建设系统

该目标系统包括了长三角一体化城镇建设的顶层设计、体制机制、重大基础设施规划等子系统。其中,顶层设计子系统是由重大项目计划、实施方案、实施保障措施等构成的,而重大项目计划、实施方案、实施保障措施等,则是由组织子系统负责实施的。因此,长三角一体化城镇建设系统是一项涉及多维度、跨领域、跨地域的协调系统,包括目标管理、规划与策划管理、计划与控制、一体化与协调管理等,并通过建立一体化信息协调平台系统,整合一张网、一卡通,从而对长三角一体化城镇建设开展综合治理。

2.1.2.2　城镇及其关联概念

1) 城市群、都市圈、城市、城镇

(1) 城市群。

城市群的希腊语为"megalopolis",意为"巨大城邦"。中国学者于洪俊将其翻译为"巨大都市带",其空间范围要比都市圈和都市区大得多。城市群是一个地理概念,是跨越行政区域的多个城市由于某种(某些)因素形成有一定联系的城市"集合体"。

(2) 都市圈。

最早提出和使用"都市圈"概念的国家是日本。1951 年,日本学者木内信藏在研究了日本城市后,提出了"三地带学说",即大城市的圈层由中心地域、周边地域和边缘广阔腹地三部分构成。后来,木内信藏将"都市圈思想"发展成为"都市圈理念",且得到了日本政府部门的认可。1954 年,日本行政管理厅将"都市圈"的概念界定为"以人口规模 10 万人以上的中心城市为核心,以一日为周期,可以接受该中心城市某一方面功能服务的区域范围"[①]。

2019 年 2 月 21 日,国家发展改革委发布了《关于培育发展现代化都市圈的指导意见》,对都市圈的概念做了界定:城市群内部以超大特大城市或辐射带动功能强的大城市为中心、以 1 小时通勤圈为基本范围的城镇化空间形态[②]。

总的来说,都市圈通常属于一个大行政区域,是以某个中心城市为核心形成的由大城市、城市、城镇组成的集合,具有交通同城化、产业协同化、公共服务均等化、市场一体化等特征,并且都市圈中的城市之间易于融合、资源共享、合作共赢。

---

① 马燕坤.都市区、都市圈与城市群的概念界定及其比较分析[J].经济与管理,2020,34(1):18-26.
② 关于培育发展现代化都市圈的指导意见[EB/OL].(2019-02-21)[2021-09-11].http://www.gov.cn/xinwen/2019-02/21/content_5367465.htm.

（3）城市。

城市是以非农业产业和非农业人口集聚形成的具有人口较稠密特征的较大居民点。城市也叫城市聚落，一般包括了住宅区、工业区和商业区，并且具备行政管辖功能。大城市是中国官方划分城市规模的分类之一。2014 年 11 月，国务院发布了《关于调整城市规模划分标准的通知》，其中规定：城区常住人口 100 万以上 500 万以下的城市为大城市，其中 300 万以上 500 万以下的城市为Ⅰ型大城市，100 万以上 300 万以下的城市为Ⅱ型大城市①。

（4）城镇。

城镇通常指的是以非农业人口为主，具有一定规模工商业的居民点。我国的规定是：县及县以上机关所在地，或常住人口在 2 000 人以上 10 万人以下，其中非农业人口占 50% 以上的居民点，都是城镇。一般情况下，城镇的第二产业和第三产业占比超过 80%②。

城镇的发展必须要吸引人才，所以构建城镇"15 分钟生活圈"必不可少。同时，城镇内部社区公共服务设施（公交站、中小学、超市、社区医院和药房、街镇图书馆等）的完善程度和质量等条件，也影响着城镇对人才的吸引力。通常情况下，城镇的商业和健康达标情况比较好，交通和教育达标情况一般，文体和养老设施达标率偏低。因此，需要更好地利用城市资源、打造城市空间、提升城市服务能力，让市民从中受益。其中的核心就是要建设能留住人才的软件政策和硬件设施。

2）城市群、都市圈、城镇群协调、融合发展

城市群是区域经济发展到一定程度的产物。都市圈的出现是城市群趋于成熟的标志。而城镇的繁荣则是城镇化进入发展期的标志。所以，城镇化是依靠城市的发展与成熟来推动的，大力发展城镇能够促使城市群发展走向高级阶段。

对标世界六大城市群，长三角城市群在土地面积、人口、经济规模、城市数量上都具有较大优势，并且中国的百强县前十名中有七个位于长三角地区。但是，长三角城市群中不少城镇还比较落后，经济实力不强但城市病已显现，亟须优化提升。因此，统筹协调长三角城市群内城镇的发展，走优化提升、融合发展之路，从而引导乡村振兴，具有较强的现实意义。

---

① 国务院.关于调整城市规模划分标准的通知[EB/OL].(2014－11－20)[2021－09－11].http://www.gov.cn/zhengce/content/2014－11/20/content_9225.htm.
② 国土资源部土地整治中心.村庄和集镇规划建设管理条例[EB/OL].(2018－08－05)[2021－09－11].http://www.lcrc.org.cn/zhzsk/zcfg/flfg/xzfg/201508/t20150805_31072.html.

（1）城镇发展要吸引、集聚创新创业人才,构建创新生态体系。

目前,长三角城市群人均 GDP 远低于世界六大城市群,长三角部分城镇产业较为落后、人才流失严重,而有些曾经经济发达的长三角城镇,也因跟不上与时俱进的产业发展浪潮而陷入困境。因此,城镇发展中要注意对人才的吸引、培育与集聚,只有集聚了优秀的创新创业人才,城镇才能接收城市的知识和科技溢出与辐射,才能推进创新驱动的发展。

（2）城镇发展要在加强新基建的同时,补足传统基建的短板。

目前,长三角城市群内城镇原有的基础设施与城市相比还有一定的差距,特别是在公共服务能力方面还较为落后。因此,在长三角城镇大力推进新基建的同时,要注重补足传统基建的短板。例如,在交通方面,新建交通道路要注意接轨骨干交通干道,健全城镇交通网络体系;在公共服务方面,要大力建设文教设施、体育设施、公共保障体系,并完善城镇垃圾处理、污水处理设施。此外,在城镇新基建方面,要注重新基建规划的编制,对各类新基建进行分门别类的规划部署,既要有长远规划,又要分阶段实施。

2.1.3　研究框架

2.1.3.1　研究指导思想

1）注重城镇地位及其与城市和乡村关系

城镇关联着乡村与城市,并在"乡村—城镇—城市"这个三元世界的双向交流中充当综合集成者,实现了城市的资金、技术、数据、人才"四下乡"的桥头堡和枢纽作用,如图 2-3 所示。其中,城镇迈向城市的建设发展模式显然与大中城

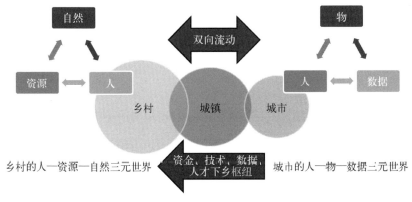

图 2-3　城镇关联乡村与城市不同的三元世界模型图

市或中心城市的发展模式是不同的,因为城镇功能中有一大部分是为乡村服务或者服务于"三农"的。

2) 注重城镇治理的特殊性

首先,长三角一体化城镇建设规划涉及城镇治理,与城市治理、乡村治理有所不同。如果将政府与社会在治理中的作用做一个简单的划分,那么,政府与社会的作用比,在城市治理中是 5∶4,在城镇治理中是 5∶5,而在乡村治理中则是4∶6。也即越到基层或边缘地区,社会力量在治理中越能发挥更多的作用。所以,在长三角一体化城镇建设规划的顶层设计中,应注意发挥社会方的优势与作用。

其次,长三角一体化城镇建设的规划,需要科学规划建设区域及其建设项目,需要基于资源禀赋,并结合社会和经济需求,以及自然约束,树立正确政绩观,"一张蓝图绘到底"。其中,要多为乡村考虑,这是城市化与新型城镇化的核心区别。要以服务"三农"为要务,招商引资、产业发展均是为"三农"发展服务的。在这个统一思想的指导下,再努力从城镇化向城市化转型,以接轨城市。

最后,在长三角一体化城镇建设规划过程中,除了传统的内延型建设规划方式以外,还要以新基建为契机,采用外延型、低成本模式,即"新基建+城市公共基础设施和公共服务"的模式。例如,通过"互联网+医疗""互联网+教育""互联网+文博"等,将城市优质的医疗、教育、文博资源引入城镇,并在交通、物流领域有意识地接轨城市骨干网络。

2.1.3.2 研究目标

1) 理论目标

建立基于系统论的跨域城镇建设的理论、方法、实施路径与保障机制,构建涵盖一体化城镇群、城镇—乡村协调发展、城镇—城市协调发展的三位一体的国土空间规划与资源协调大系统(见图 2-4),从而最大限度地实现城镇安全与韧性。

2) 实践目标

(1) 产业空间统筹集约建设目标。

产业空间统筹集约建设的主要目标包括:一是全面建设城镇发展增长极、高质量发展样板、城乡融合引领区、区域协同示范区、改革开放新高地。二是发展城镇产业链,做强城镇产业集群,实施乡村企业再造计划,助力乡村振兴,将长

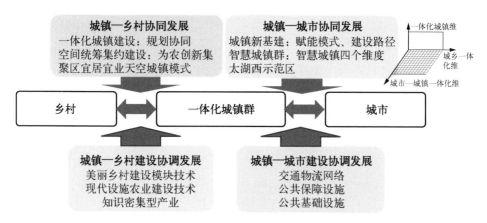

图 2-4　长三角一体化城镇建设规划系统图

三角建成世界级制造业中心,实现人均 GDP 接近美国的目标。

（2）新基建赋能与智慧城镇群建设目标。

新基建赋能与智慧城镇群建设的主要目标包括:一是新基建赋能,构建知识密集型产业功能区及创新生态系统和网络。即以新基建及创新网络、创新生态系统的建设为抓手,建设智慧城镇群创新链、创新生态系统,使其成为长江经济带、"一带一路"、全球科技创新策源地。二是以长三角生态绿色一体化发展示范区为引领,营造世界最大的高素质人才聚集地。三是打造智慧城镇群,营造宜居宜产宜养的城镇。

为实现上述三大实践目标,需要做到三个聚焦:一是聚焦生态绿色低碳韧性及水通长三角;二是聚焦农业生产性服务功能空间规划,构建创新知识密集区与反哺乡村振兴;三是聚焦新基建赋能智慧城镇群,节约用地的集约建设模式。

2.1.3.3　研究内容

1）长三角一体化城镇建设规划框架

长三角一体化城镇建设规划思路是:根据城镇自身及关联城镇的发展愿景与目标,共同提升城镇的竞争力与吸引力,实现高质量发展。每个城镇都有自身的建设目标,顶层设计不仅仅是为了解决目前的问题,也重在设计未来。城镇会逐步发展,而目前的基础建设、公共服务设施是否能支撑城镇未来的发展?能否有效地为"三农"服务?人口的增长会增加环境保护的压力,应该怎样平衡土地开发与环境保护的关系?城镇产业链、产业空间能否支撑城镇经济的持续增长?这些都是长三角一体化城镇建设规划中需要考虑的问题。

对此,应从三个角度开展长三角一体化城镇建设规划工作。从市民的角度,要通过提升公共服务水平,建设一个安居乐业、有吸引力的生活环境。从企业的角度,要通过创建良好的产业发展基础环境,支持企业的持续经营。从政府的角度,要通过对功能区、空间资源的优化,发挥各地比较优势,提升服务群众及企业的效率。

总之,长三角一体化城镇建设规划应从规划协同顶层设计、产业空间统筹集约建设、新基建赋能、智慧城镇群四个维度,改善现有城镇环境,创造有吸引力的产业环境和高质量的生活环境,促进经济发展框架的转型升级,提升人民福祉,缓解中心城市发展压力。

为此,本章主要聚焦五个方面开展研究:一体化城镇建设规划顶层设计、产业空间统筹集约建设、新基建赋能基础设施与公共服务规划、智慧城镇群、示范项目(天空城镇、太湖西示范区),如图 2-5 所示。

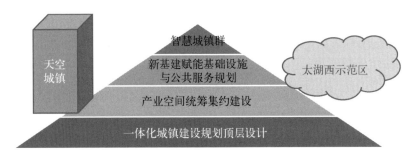

图 2-5 长三角一体化城镇建设规划框架

2) 长三角一体化城镇建设规划内涵

长三角一体化城镇建设规划的内涵主要包括以下八个方面:

(1) 长三角一体化城镇建设规划是一个弹性规划,目的是最大限度地实现城镇繁荣与富强。

(2) 需要从思想、理念、逻辑、方法的现代化,以及工具、平台、手段的现代化两方面,实现长三角一体化城镇建设规划体系和能力的现代化。

(3) 长三角一体化城镇建设规划的社会化是一种社会动员,即如何使得每一个主体都能够为一个共同的发展目标做出应有的贡献。所以,长三角一体化城镇建设规划的法治化、制度化是其正当性的基本前提和基础。

(4) 在中国的国体和政体下,需要坚持党对长三角一体化城镇建设规划工作的领导,即政府应制定带有强制力的制度和政策。

（5）长三角一体化城镇建设规划是一个复杂系统，可能没有最优解，只有非劣解，问题的解决原则是各参与主体基本满意即可。

（6）要建立长三角一体化城镇建设规划的风险管理机制，要对建设规划进行风险识别、分析、评估、应对，做到事前监控、事中监管、事后评估，出问题有预案。

（7）长三角一体化城镇建设规划是要减少不同主体间的内耗，即少些竞争、多些协同，以实现长三角各区域共同的高质量发展，特别是发达区域要在提高自身发展质量的同时，尽力携手、带动不发达区域的高质量发展。

（8）长三角一体化城镇建设规划要致力于提升跨区域基础设施、公共服务、生态环境的一体化程度。在新建品质空间的同时，提升现有空间的品质，通过一体化营造竞争优势，以吸引生产要素，营造经济增长点。

总之，从模式上来讲，一体化是多中心、分权式、分布式、开放式的网络化协同系统，不是传统意义上的权利传导性的金字塔，即不是简单地服从上级的模式。因此，需要推动长三角一体化下的地域协同、领域协同、部门协同，形成工作合力；同时，在信息化前提下，构建信息沟通机制，克服跨部门、跨领域、跨地域的协同在制度建设上的短板。

需要注意的是，长三角一体化城镇建设规划要能适应变化和不确定性。管理需要有流程，但长三角一体化很难预先设计固定的流程，是根据需求来驱动的。因此，长三角一体化需要一个信息化、公开化场景下的全过程绩效考评反馈机制，以及时发现问题并解决问题。此外，长三角一体化手段和工具一定是开放式的，需要不断优化和提升。同时，在长三角一体化过程中，对于体制机制问题要定期研讨，完善相关制度和政策。而在信息化时代下，各城镇信息采集和分析能力的不断提升，也给了长三角一体化实现的可能性。

2.2　城镇建设规划一体化着力点

长三角一体化城镇建设系统是一个复杂巨系统工程，受国际形势、中国国情以及中国国家战略等相关的上层系统战略和环境因素的影响与制约。因此，本节重点分析长三角城镇规划建设的三个重要着力点，即国土空间规划跨区域协同、产业空间统筹集约建设和智慧城镇群建设，从国土空间、产业空间和新基建赋能三个维度助力一体化建设。

2.2.1 城镇建设国土空间规划跨区域协同

2.2.1.1 多层级网络化"城市—城镇"体系形成

"区域化""一体化"是城市群发展到一定程度必然呈现的结构模式。传统城市群是典型的"中心—边缘"组织结构,如图 2-6(a)所示,行政区划内的中心城市、次中心城市、节点城市遵循层层隶属的"树状"组织规则;当城市群发展到"区域化"阶段,区域内城市之间这种层级树状的"中心—边缘"结构逐步被解构,在国家整体层面,城市向数个大都市区域集中,而在大都市区域内部,单体城市则呈现更加离散化的群落形态。大都市区域内的中心城市对小城市的统辖管理职能一定程度上被削弱,其角色更多地转化为区域内特定功能(如金融)网络的控制服务中心节点,并将区域内其他城市作为功能节点纳入其所控制服务的功能网络。大都市区域内不同的中心城市是不同功能形态网络的中心节点,若干功能网络可以在整个大都市区域内叠加,形成复杂的网络化结构,如图 2-6(b)所示。其中,城镇群是最低层次的网络化系统。

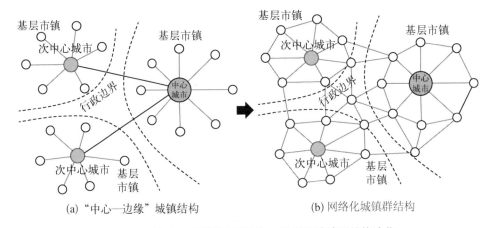

(a)"中心—边缘"城镇结构 (b)网络化城镇群结构

图 2-6 "中心—边缘"城镇结构向网络化城镇群结构演化

"区域化"带来的城镇群内在功能结构、空间结构和治理逻辑的变化,给区域规划以及区域内各个城镇的规划带来了新的富有挑战性的课题。

2.2.1.2 问题研判

1) 以行政区划为基础的传统规划编制模式制约了区域整体协同

传统的规划以行政区划为基础,由各级市、县、镇主导本行政区域范围内的城乡规划和土地利用规划的编制,这种规划编制模式以单一行政区域作为工作对象,容易造成对区域协同问题的忽视。

　　2）传统战略性的区域规划难以为区域空间统筹提供实施层面的指引

　　当前规划体系中的区域规划偏向战略属性,重点在于对地区社会经济发展和建设提出战略性的指引,很少触及城乡建设的具体工作细节,无法在实施层面为区域协同发展提供有效依据。

　　3）跨区域规划协同缺乏有效的行政手段支撑

　　规划编制和实施的主体都是地方行政机构,导致基于行政区划的规划行政管理模式在区域统筹方面存在天然的缺陷,这是国土空间规划跨区域协同过程中的重要挑战。

　　4）跨区域"三线"划定面临现实困难

　　"规划三线",即生态红线、永久性基本农田范围、城镇开发边界,是国土空间规划最重要的控制底线,关系到重大的发展利益和经济利益[①]。各地区行政主体出于各自发展利益的博弈,在很大程度上会制约"三线"划定过程中的区域协同。

　　5）区域内资源要素的配置不尽合理

　　规划是统筹要素资源空间配置的重要手段。土地、人口等社会经济发展的核心要素都属于不同层级、不同类型规划的职能范畴。受行政区划藩篱的制约,长三角区域内的资源要素配置不尽合理,还存在较大的优化空间。例如,包括上海在内的几个区域中心城市建设用地极为紧缺,而同时在整个长三角区域范围内却存在大量低效使用土地的现象;另外,在教育、医疗、文化资源布局不平衡的情况下,长三角区域内人口也存在向中心城市过度集中的趋势,不符合网络化大都市区域的发展趋势。

　　6）技术体系差异造成区域协同的障碍

　　由于发展阶段、历史因素、文化因素以及其他方面的原因,各个地区在规划技术体系上普遍存在不同程度的差异,这种差异一定程度上会成为规划编制和管理区域协同工作的障碍,需要在各地区的规划编制管理技术体系之间建立某种有效的沟通、对接机制,来突破这个障碍。

　　7）各地规划数据平台各自为政问题突出

　　一个完整、高效、强健的规划数据平台是国土空间规划编制和实施的坚实基

---

① 王颖,刘学良,魏旭红,等.区域空间规划的方法和实践初探:从"三生空间"到"三区三线"[J].城市规划学刊,2018(4):65-74.

础。目前,长三角各地在规划数据平台的框架构建、工具选择、技术细节等方面都存在差异,这种差异会成为规划区域协同工作中长期普遍存在的隐形障碍,大大增加了区域协同的成本。

8)相邻地域的规划缺乏区域统筹

相邻地域是指各行政区划内临近行政区划边界的地域。在传统的"中心—边缘"式城市发展模式中,相邻地域往往会沦为边缘地域,导致对相邻地域的规划缺乏足够的重视,更遑论从区域统筹角度对相邻地域开展规划了。这些相邻地域在区域一体化中是事实上的"断裂带",对相邻地域的规划投入将有助于弥合区域中的断裂带,从而促进区域一体化。

2.2.1.3 措施建议

将长三角区域作为一个整体进行审视,势必要求在长三角各地区的国土空间规划编制、审批、实施过程中实现多维度的协同。就规划本身的工作内容和技术逻辑而言,长三角地区城镇国土空间规划的跨区域协同主要涉及理念协同、利益协同、技术协同、空间协同、管制协同五个方面,如图 2 - 7 所示。

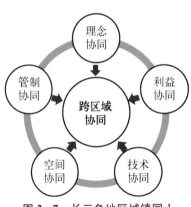

图 2-7 长三角地区城镇国土空间规划的跨区域协同

1)理念协同

在长三角区域内树立关于长三角一体化的强烈意识,明确长三角作为一个区域整体参与国家发展建设以及全球化竞争的角色定位。国家层面提出的长三角一体化发展战略是从顶层设计的角度进行的理念协同①;官方、民间、学界的各类长三角一体化论坛会议,是对长三角一体化理念的持续探索和巩固;而长三角的各类区域规划以及各级城市的国土空间规划,是对长三角一体化理念内涵的深入发展,是推进长三角一体化进程的重要工具之一。

2)利益协同

在长三角一体化进程中,涉及复杂的跨区域利益协同。国土空间规划作为对国土空间资源进行统筹谋划的核心技术手段,必然对长三角各区域之间的利

---

① 郁鸿胜.长三角一体化的关键是建立包容性的区域协调新体制[J].上海企业,2018(12):26 - 29.

益协同产生关键性影响。除了进行各层面行政主体之间的协调之外,应该将市场作为重要的利益协同途径,把建立长三角统一要素市场作为重要的手段,在此基础上通过市场的力量来促进长三角区域内要素配置的合理化。

长三角区域是我国市场经济最为发达的地区之一,市场在区域经济发展、城市发展过程中所起的作用极为显著。市场对包括城市发展在内的社会经济进程具有天然的敏感性。长三角一体化所带来的空间价值和经济价值早已被敏锐的市场主体发觉并利用,由此形成长三角一体化自下而上的强大推动力。传统规划的思维模式是偏向"自上而下"蓝图式的规划,对市场力量缺乏足够的尊重。在城市发展进入区域化、网络化的大背景下,市场在规划决策中的权重势必与日俱增,所以,长三角一体化背景下的国土空间规划协同,理应对市场进行更多更深入的研究,在顶层设计和底线思维的指引、约束下,充分引入市场力量,促进长三角一体化的高质量发展。

3) 技术协同

第一,建立长三角跨省市的规划技术协同规则。在长三角区域规划编制体系完成实质性的一体化之前,应该逐步探索建立长三角各省市规划技术协同的规则。从规划的编制内容、审批流程、技术规范等多方面着力,使长三角各地区之间的规划编制工作能够有效沟通、信息能够被高效传导反馈,从而在远期能够以此为基础完成规划编制工作的一体化。

第二,逐步统一的规划数据平台。前述规划数据平台的地区差异,势必造成长三角一体化在规划工作底层的裂痕。数据工作基础性强,成本高昂,而且有很强的技术路径依赖,所以应尽早着手长三角区域统一的规划数据平台的谋划和建设,总结各地区的经验和教训,根据各地区发展实际,建立分层级分类型、相互兼容的数据平台,提高数据资源的价值,为长三角区域规划工作的一体化打好坚实的基础。

4) 空间协同

第一,建立特定机制有效协调跨区域的"三线"划定、结构统合、要素管控、空间协同等规划编制层面的问题。国土空间规划大致涵盖"三线"划定、结构统合、要素管控、空间协同等技术层面,每个技术层面都与区域协同目标的实现存在密切关联。现有的以行政区划为基础的规划编制体系,难以对拥有如此众多技术细节的区域协同做出有效回应。因此,从长远看,有必要建立跨越行政区划、执行力能够涵盖整个长三角区域的规划编制体系。这与长三角区域治理模式的革新紧密相关,应在尊重区域管制现实的基础上,逐步推进长三角区域总体规划的一体化。

第二,增加区域网络中节点(基层市镇)的发展权重。我们应该跳出传统的"中心—边缘"模式来审视长三角一体化背景下的基层市镇,研究和挖掘基层市镇在纾解大城市发展压力和提升小城市发展能级中的积极意义,从"网络化"的"城市—区域"视角理解和定义基层市镇的结构性意义,并对其给予更多的关注,在长三角区域内尝试"大城强镇"协同发展的思路。

第三,重视相邻地域跨行政区划边界的开发。以往,相邻地域在各自所属的行政区划范围内往往被边缘化,而在城市发展区域化的前提下,相邻地域的价值已经逐步被市场主体发现并开发。但由于在传统城市空间体系中得不到应有的重视,相邻地域的定位和规划常常不能体现出其对于区域整体发展的最大价值。因此,有必要建立相邻地域跨区域的开发引导机制,专门针对相邻地域进行开发论证和规划引导。

5) 管制协同

规划管理属于广义上社会管制的范畴。规划管理是一个跨越漫长历史时期的动态过程,经常需要进行各种实施事项的规划和决策,尤其是重大规划相关事项的论证与决策,往往涉及多个地区的发展利益,因此,有必要建立跨地区的重大规划决策协调机制,让多个利益相关的地区在这个机制中博弈,并实现协同,最终找到最符合区域整体发展利益的最优解。

区域管制协同最直接的方式是建立区域层面的管制机构。长三角现有的区域层面的管制机构是长三角区域合作办公室。该办公室是对始于 1992 年的长三角一体化事务跨区域协调管控的最新尝试,其协调工作范围涵盖经济、社会、基础设施、城市规划等多个方面,但其执行力和权威性尚难以满足更高层面的区域协同的需求[①]。随着长三角一体化进程的加深,必须探索建立更具执行力的跨区域管制机构,针对不同的管制事项赋予该机构特定的事权,使之能够在规划编制、审批、修编过程中发挥实质性的作用;同时,应探索"条块共管"的机制,充分发挥专业技术条线跨越地方行政区划藩篱的特定优势,通过赋予专业技术条线更多的管制权重,来推动长三角一体化事务的落地。

国际上,大都市区域的管制协同有多层协同、单层协同等不同模式,应结合实际,深入研究探索适合长三角一体化的区域协同管制模式,并形成完整有效的

---

① 季明,何欣荣.打造新发展理念"样板间":长三角区域合作办主任马春雷谈一体化示范区建设[J].瞭望,2019(19):40-41.

制度体系。

　　总之,要客观正视地区差异,平衡区域协同政策的前瞻性和落地性。长三角一体化是一个长期、渐进的过程,但长三角一体化并不等于"区域平均化"。作为城市网络的不同节点,长三角区域内各个地区的城市、城镇、乡村等不同主体的差异将是一直存在的,从功能、量级、文化、历史等各个方面去审视,各个主体都会永远保有其独特性。因此,国土空间规划的跨区域协同要始终重视各种协同措施的落地性和适应性,协同的重点是要把不同地区的国土空间规划整合到一致的规则体系中,而不是国土空间规划工作从整体到细节的全面趋同。

2.2.2　城镇产业空间统筹集约建设

2.2.2.1　存在问题

　　自 1978 年改革开放以来,我国城市化和工业化的进程加快,从用地规模上表现为城镇建设用地面积的飞速增长。然而,由于规划管理等诸多原因,城市发展出现了盲目扩张和无序蔓延的问题。目前,整个长三角地区增量空间建设用地已经十分有限,低级别产业园区,特别是城镇的低级别产业园区,土地利用率更低,产值更低,绝大部分均已进入产业空间的存量利用与挖掘时代。为了实现长三角地区存量产业空间的提质增效,必须探索新型城镇化下如何加强长三角地区一体化分工,构建以城市为网络节点、以重点城镇为网络端的城乡一体化系统,进而在产业空间的高效利用与建立高质量发展的标准体系指导下,探索长三角地区产业空间如何统筹与协调发展、提质增效与潜力挖掘,以助力长三角地区产业发展。

　　面对新时代的新要求和新定位,长三角地区的一、二线城市土地供需矛盾依然突出,土地利用质量仍有较大的提升空间,土地利用强度不充分、土地配置效率不协调、土地利用绩效不均衡等问题,制约了城市能级和土地承载力的提升。

　　因此,在土地资源日趋紧张的情况下,长三角地区需要进一步提高土地节约集约利用水平,建立以亩产论英雄、以效益论英雄、以能耗论英雄、以环境论英雄的激励约束机制,着力提高经济密度。这是在长三角一体化背景下城镇实现高质量发展的必由之路。

2.2.2.2　问题成因分析

1) 低成本的新增工业用地开发与占用

由于我国城乡二元土地制度的存在,在农用地转为建设用地的征地环节,基本排除了市场及其他利益主体在农地非农化中的作用,政府成为土地一级市场的垄断者和唯一的需求者①。拥有征收权的政府可以决定征收土地的价格、区段和规模。长期以来,《中华人民共和国土地管理法》对于征地适用范围中公共利益的模糊规定,进一步支持和扩大了政府征收权的运用,部分地区甚至产生了土地征收权的滥用,导致对城镇建设用地供应过大,造成原本就稀缺的土地资源低效利用乃至闲置。

同存量建设用地二次利用相比,目前我国新增建设用地开发代价较低,这就促使政府在供地时更倾向于开发新增建设用地。新增建设用地土地有偿使用费征收标准偏低,是我国新增建设用地成本偏低的重要原因。

2) 高成本的存量用地二次利用

对政府而言,首先面临的问题就是低效工业用地难以认定,这导致了闲置土地难以收回。其次,用地企业一般拥有长达 50 年的土地使用权,由于企业寿命比较短,再加上在前置规划中缺乏低效工业用地的退出机制,导致了工业用地的二次开发和转型升级困难②。此外,在土地用途管制和城乡规划制度下,工业用地按照原有规划条件转让的难度较高,在客观上增加了低效工业用地再利用的难度。

2.2.2.3 特征分析

1) 新型城镇化下存量用地再利用的内在需求

同传统的城镇化相比,新型城镇化更注重城镇化与工业化、信息化、农业现代化的内在联系与相互协调,更重视人的城镇化,而非传统的工业与土地的城镇化。

就工业用地利用而言,新型城镇化涉及空间发展、土地利用、产业选择等多个方面,倡导从外延式扩张向内涵式挖潜转型,促进工业用地的节约与集约利用,关注土地利用的生态效益,以实现土地利用提质增效与空间布局的优化。

作为新型城镇化实现路径的重要组成部分与关键突破口,存量工业用地再利用牵涉的利益主体更为多元,地块再开发的定位和规划更为复杂,产业升级与转型的需求也更迫切,相应地,土地再开发成本也更高,这对政府的治理能力提出了更高的要求。过去,由政府主导自上而下推进工业用地开发利用的单一模

① 刘家佳.开发区土地利用效率测度及提升对策研究[D].北京:中国地质大学,2019.
② 吴超.提高上海土地利用效率问题研究[J].科学发展,2019(7):69-78.

式,已经难以适应新型城镇化的要求。如何激活社会资本,联合原产权人与市场力量,采取灵活多元的再开发模式,以提升存量工业用地的利用效益,是新型城镇化面临的一大考验。

2)新型城镇化下存量用地再利用的政策转向

自党的十八大正式提出新型城镇化概念后,提升存量工业用地效率、挖掘存量工业用地潜力已成为一项重要的任务和要求。2013 年 3 月,自然资源部发布的《关于开展城镇低效用地再开发试点的指导意见》中,就明确指出了存量工业用地再利用的必要性和重要性[①]。同年,党的十八届三中全会强调,健全土地节约集约使用制度,从严合理供给城市建设用地,提高城市土地利用率。随后的中央城镇化工作会议,明确提出了建设用地利用"严控增量,盘活存量,优化结构,提升效率"的要求。《国家新型城镇化规划(2014—2020 年)》也进一步提到,建立政府引导、市场运作、公众参与、利益共享的城镇低效用地再开发激励约束机制,盘活利用现有城镇存量建设用地[②]。

各地方纷纷在中央的指导原则下,开展了存量工业用地再利用的政策实践探索。例如,深圳的城市更新、广州的"三旧"改造、上海的"减量化"、浙江的"三改一拆",均是地方政府开展存量工业用地再利用的典型实践。从 2018 年 11 月自然资源部发布的《关于城镇低效用地再开发工作推进情况的通报》来看,已完成的存量低效用地再开发项目主要集中在开展工作较早的广东、江苏、浙江 3 省,项目面积超过全国总体的 90％[③]。虽然不同地方的项目名称和措施略有差异,但纵观中央和地方的政策举措可以发现,以节约集约为基本理念,以存量挖潜为主要手段,以治理模式创新为实施路径,是贯穿始终的一条逻辑主线。

3)新型城镇化下存量用地再利用的特点

根据对中央和地方关于存量工业用地再利用政策措施的分析,存量工业用地的开发利用呈现出以下四大特点。

---

① 国土资源部.关于印发开展城镇低效用地再开发试点指导意见的通知[EB/OL].[2021-05-28]. http://www.lcrc.org.cn/zhzsk/zcfg/gwgb/bwj/201508/t20150806_31147.html.
② 国务院.国家新型城镇化规划(2014—2020 年)[EB/OL].[2021-05-28].http://www.gov.cn/xinwen/2014-03/17/content_2639873.htm.
③ 自然资源部.关于城镇低效用地再开发工作推进情况的通报[EB/OL].[2021-05-28].http://www.gov.cn/xinwen/2018-11/07/content_5338074.htm.

（1）从被动更新到主动升级。

过去，旧城改造主要是在物质性老化以及功能衰退的压力推动下进行的，更新改造项目数量分布也较为零散。而在新型城镇化背景下，建设用地指标日益收紧，尤其在长三角地区，经济发展和建设用地总量锁定之间的矛盾更为突出，使得工业用地的再利用面临着更为强大的内在驱动力与外在拉动力[1]。目前，除了物质性老化以及功能衰退导致的被动更新之外，存量工业用地的再利用更是一种主动升级策略，是一项涵盖产业转型与升级、城市结构与布局优化、城市生态环境改善、土地利用效率提升、政府治理能力提高的综合性系统工程[2]。

（2）目标诉求多元化。

在新型城镇化及存量规划的背景下，存量工业用地二次利用与新增建设用地利用，以及之前的小规模、零星的工业用地改造实践的显著区别在于：前者更为强调如何用有限的空间资源来满足更为多元的空间价值诉求。对于存量工业用地而言，其再开发利用诉求包括产业升级与转型、提高土地利用的效率、优化空间结构和布局、生态环境修复与整治、丰富城市社会功能等方面。此外，存量工业用地的不同利益主体还有环境美学诉求、技术可行诉求、公共福利诉求、经济价值诉求、形象营销诉求以及政治绩效诉求等。上述所有诉求都必须依托城乡空间载体才能实现。因此，存量工业用地再利用必须以区域发展定位为导向，优化存量空间资源配置，重构空间结构。

（3）更新改造过程中多元利益主体的合作参与。

多元参与和利益共享已经成为新型城镇化背景下存量工业用地再利用的典型特征。面对不同利益主体的多元诉求，以往由政府主导推动存量工业用地再利用的单一模式，已经难以满足与协调不同主体间的利益需求。在新型城镇化理念的指导下，根据开发改造项目的实际情况，存量工业用地再利用模式不再仅限于政府主导，越来越多的市场主体合作改造、原产权人自行开发改造等模式与案例不断出现。目前，在存量工业用地再利用改造过程中，通过允许开发商和原产权人参与，充分发挥市场和社会力量，有助于多元主体之间的合作与利益共识的达成，从而进一步推动存量工业用地再利用改造项目的顺利推进与目标实现。

---

① 黄昊.进一步提高上海土地集约化利用水平的研究[D].上海：上海社会科学院，2011.
② 曾彦.低效工业用地退出机制研究[D].重庆：西南大学，2014.

（4）各地实践百花齐放。

不同于过去零星的存量工业用地再利用实践，近年来，各地政府通过改组或成立专门的部门，并将其视为一项关乎区域、城市与产业发展的重要任务，开始有组织有目标地开展存量工业用地的再开发。各地的存量工业用地再利用实践既受到新型城镇化理念与要求的引导，也在不断与各地实际情况相结合的过程中，探索出了诸多新模式、新策略，如上海的"减量化"、广州的"三旧"改造、深圳的城市更新等。这些政策实践上的经验启示反过来为新型城镇化注入了新的理念与内容。从这一角度看，在存量工业用地再利用方面，地方探索已经领先于中央政策制定。

2.2.2.4 实施路径建议

根据前述新型城镇化视角下长三角城镇存量土地资源统筹协调发展的内在需求和特征，以及中央和地方的政策与实践经验，可以发现，长三角城镇存量工业用地再利用承载着更为多元的目标，面临着更复杂的产权主体与开发状况。存量工业用地的再定位和利益再分配很大程度上决定着再开发项目的成效，这要求政府具有更高治理水平，从做好宏观指引和分类规划、引入市场和社会主体参与更新项目、加强对再开发项目的管理与激励措施等方面入手，以实现新型城镇化中提升用地效率、促进城镇内涵式增长、多方共享发展成果等目标，并从空间结构优化、产业结构优化、就业结构优化等方面，系统推进长三角一体化城镇产业空间统筹与集约建设，如图 2-8 所示。

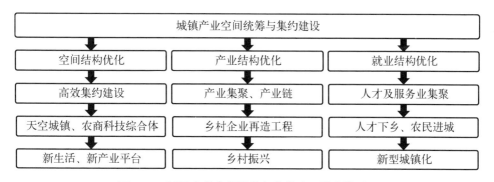

图 2-8 城镇产业空间统筹与集约建设推进模型图

对此，本章提出如下 6 点实施路径建议：① 科学编制城镇存量土地再开发规划和计划；② 多元合作与收益共享；③ 设立长三角城镇存量土地再开发的管理机构；④ 创新经济激励模式与政策；⑤ 建立刚性和弹性相结合的退出机制；

⑥ 以农商科技综合体为对象,推进涉农生产型服务业功能区建设统筹规划,促进农业生产性服务产业的发展。

总之,应在长三角一体化联合规划委员会的协调下,统筹规划,明确城镇发展的重点与方向,加强组织引导。要结合城镇当地产业现状和自身特点,考虑发展基础、技术、制度和国内外市场等因素,制定符合长三角区域特色的知识密集区,并在城镇重点发展农业生产性服务业。针对农业生产性服务工作横跨部门多、难以协调,高度专业化且新业态更新快等众多特点,建议城镇成立专门的领导小组来统一领导、规划和协调。

2.2.3　智慧城镇群建设

2.2.3.1　智慧城镇群的概念

1) 智慧城市

智慧城市的理论雏形起源于 1996 年 Graham 和 Marvin 合著的 *Telecommunications and the city: electronic spaces*, *urban places*(《电信与城市:电子空间、城市场所》)。经过二十几年的探索,国内外学者普遍将智慧城市定义为:在数字城市建立的基础上,通过利用以物联网、云计算、人工智能、大数据等为核心的新一代信息技术,注重人文主义与高新技术的结合,融合智慧经济、智慧交通、智慧环境、智慧居民、智慧生活及智慧管治等要素的新型城市发展模式。

2) 智慧城镇群

本章将智慧城镇群定义为:在区域一体化背景下,在多个跨行政区域的不同规模等级的中小城镇所形成的城镇群这个特定空间区域内(见图 2-9),以人工智能、云计算、大数据和互联网等信息技术为支撑,通过数字化、信息化、智能化的管理手段,有效协调和充分利用城镇群内部不同的信息化基础设施,实现设施互联、信息共享及服务共用,协同开展智慧城镇建设,实现智慧化管理发展形态的城镇组群。智慧城镇群作为都市圈内空间组织和资源配置的一体化单元,其跨行政区划边界的城镇群规划,改变了传统城镇体系以行政层级配置公共资源的方式,能够在更大范围规划城镇功能和服务。

智慧城镇群建设是城乡一体化发展、推进乡村振兴、调节国民经济、应对风险、增强内需的有效战略工具。智慧城镇群建设能够实现城乡一体化系统的智慧建设,健全智慧村庄、智慧园区、智慧社区、智慧商圈和智慧新城的都市圈布

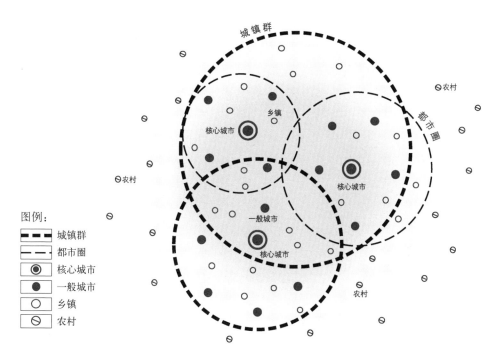

图 2-9　城镇群的空间理论模型示意图

局,相应地提升城乡群众生活品质和治理能力现代化,避免风险,补足短板,从而驱动城乡经济新一轮高质量发展[①]。

2.2.3.2　智慧城镇群发展存在的问题

长三角地区是我国经济最具活力、开放程度最高、创新力最强的区域之一。该区域在城镇智能化建设方面已取得了一定的成效,为智慧城镇群建设奠定了牢固的基础。但是,长三角城镇群整体发展水平与世界其他知名城市群相比,还有一定差距[②]。目前,长三角智慧城镇群发展中还存在以下问题:

(1) 长三角区域内各城镇顶层设计不统一,城镇空间利用效率不高。虽然我国在国家层面先后制定了长三角地区的相关发展规划,但该区域大部分城镇尚未真正把一体化协同发展置于重要地位,使得长三角各地城镇发展不协同,这对推进长三角一体化智慧城镇群建设,以及形成长三角区域创新发展合力极为不利。

① 丛晓男,庄立.智慧城市群建设背景下中心城市智慧产业发展战略研究:以武汉为例[J].城市,2018
(1):18-24.
② 陈博.我国智慧城市群的系统架构、建设战略与路径研究[J].管理现代化,2014(4):27-31.

（2）智慧城镇群协同建设意识薄弱，偏重单一城镇的智慧化建设。对此，迫切需要将大数据与城镇群发展深度融合，以实现长三角城镇群的"群体智能化"。大数据、神经网络等新兴技术的应用，将全面、综合、动态地实现新时期城镇群发展和运营中的数据价值，并提供系统性的方案来解决城镇群发展出现的问题。

（3）城镇群内部智慧化发展水平参差不齐，国际竞争力较弱。目前，在智慧化建设方面，长三角地区城镇群内部缺乏分工协作，存在严重的低水平同质化竞争，各城镇之间智慧化发展水平不均衡[①]。同时，由于侧重城市智慧化建设，忽略了城市与城镇、乡村的智慧化一体化发展，使得长三角较难形成影响力强的国际化智慧城市群，长三角城市群与其他世界级城市群的智慧化水平相比存在明显差距[②]。

（4）上海作为长三角一体化发展引擎的作用发挥不足。长三角智慧城镇群的协同发展，离不开上海这个长三角科技创新中心的引擎带动作用。当前与其他全球城市相比，上海的国际竞争力和区域辐射能力较弱，作为长三角区域智慧城镇群的龙头城市的发展引擎功能还没有得到充分发挥。

（5）长三角城镇群整体信息技术创新能力较弱。现阶段，长三角智慧城镇群建设的整体技术创新能力不强，其中核心技术主要由发达国家掌握，并在短期内较难产生突破。这在一定程度上限制了长三角智慧城镇群建设的速度。同时，长三角各城镇间智慧化发展具有非均衡性，上海、杭州等大城市智慧化发展步伐较快，而在一些中小城镇和乡村，智慧城镇建设方面的发展滞后，严重制约了长三角一体化智慧城镇群建设的推进。

（6）城镇间缺乏信息共享，智慧服务体系开放度较低。由于我国行政体制和信息技术发展水平的制约，长三角地区城镇间的信息数据孤岛现象明显，各城镇地方政府缺乏数据共享意识，城镇群内部数据对接程度不高，阻碍了统一的数据信息共享平台的构建。

（7）市场化程度较弱，社会资本参与长三角智慧城镇群建设的意愿偏低。目前，长三角智慧城镇群的建设多以政府为主导，建设资金主要来自财政拨款，社会性资本参与较少。另外，政府的资金和政策主要倾向于智慧城镇群的基建

---

① 王波，甄峰，卢佩莹.美国《科技与未来城市报告》对中国智慧城市建设的启示[J].科技导报，2018，36（18）：30 - 38.

② 张协奎，乔冠宇，徐筱越，等.国内外智慧城市群研究与建设评述[J].工业技术经济，2016（8）：56 - 62.

领域,而对智慧城镇群的软件设施及应用方面的重视不足,造成智慧城镇群建设软硬件不均衡、智慧化公共服务水平较低、运营项目盈利较差、技术创新水平不高等现象。

2.2.3.3　新基建赋能

将智慧城市的理念运用到新型城镇化建设中,确立以信息化、智慧化为基础的智慧城镇群发展模式,并实现其与智慧产业的合作互补,是我国城镇群转型升级、高质量发展的有效路径。而实现智慧城镇群的建设,必须基于以新基建为基础的大数据、人工智能、互联网等信息技术基础设施。新基建的现代信息技术基础设施和基础服务,可以将新基建拓展到城市精细化管理、智慧交通、智能建筑、智能家居、智慧燃气、智慧水务、智慧城管以及智慧城市安防等领域,并促进智慧城市建设与产业发展深度融合,推动城市群综合治理能力得以进一步提升。这是智慧城镇群高质量发展的基础和保证。

新基建的推广,普及了数据科学,降低了人工智能技术的应用门槛,为城镇规划的系统优化、思维范式创新、方法论变革提供了基础。由此,城镇规划既可以采用自上而下驱动的传统规划路径,也可以尝试自下而上的数据驱动的规划方法。其中,由吴志强院士提出的数据驱动智能化规划方法,极大地促进了城镇规划系统的数字化转型与组织变革。

随着数字化、智能化技术被引入城镇规划系统,城镇规划范围得到了逐步扩大。因此,应进一步加大新型基础设施及其相关技术的应用力度、广度、深度,以促进城镇规划全生命周期数字化应用,如数字孪生技术、中台等。对于长三角城镇建设规划一体化而言,信息沟通处于十分关键的地位。而新基建可以赋能城镇建设规划一体化(见图 2-10),丰富沟通渠道,为数据共享、共管、共用提供了基础。对此,应用产业筛选方法,本章提出了如图 2-10 所示的城镇新基建发展方向。

(1) 基础架构。智慧基础设施——建立在智能化基础上的智慧基础设施是城镇功能运作的重要载体,它能够促进城镇治理的信息融合,形成基于数字孪生的智慧城镇群治理系统。

(2) 智慧康养。大健康(养老)新基建——新型大健康基础设施是指在传统医疗系统的基础上,利用先进的信息与通信技术(ICT, Information and Communications Technology),提高就医效率,实现信息化、智能化和便捷化的诊疗目标。

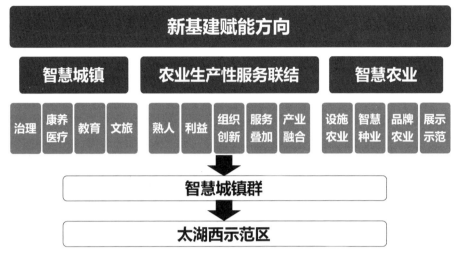

图 2 - 10　新基建赋能城镇建设规划一体化

（3）智慧教育。大教育新基建——采用 ICT 技术的大教育新基建,既涵盖了全龄教育、全要素教育、全学科教育,也包括职业教育与继续教育,以及多媒体、远程和开放式教育。

（4）智慧文旅。大文化（含旅游、体育等）新基建——感知成像技术极大地促进了城市文化设施的全面升级。传统的文化设施,如城市规划馆、图书馆、体育馆、科技馆、公园等,通过与现代新兴高科技的结合,以更加生动形象的方式呈现给市民与游客,既传播了城市文化,也打造了具有人文氛围的城市空间。

（5）智慧农业。大农业（涉农服务）新基建——城镇应是制造业、服务业和农业并重发展。在产业互联网和数字技术的驱动下,农业生产性服务联结模式正走在数字化转型升级之路上。

为实现上述城镇新基建发展方向,本章提出了如图 2 - 11 所示的四步走实施路径:一是打好信息新基建基础,建设信息基础设施;二是发展融合新基建,以数字化、智能化赋能智慧城镇建设;三是发展大数据产业;四是做好政企数据融合、数字一体化、数据创新服务三大领域的应用。

以新基建为基础的智慧城镇群建设,是长三角一体化规划建设与协调发展的重要支撑点,可以充分发挥信息化、数字化和智能化对长三角地区发展的引领、协同和联动作用,并在更大范围内实现资源整合和要素集聚,以增强城镇群的综合实力、创新能力和可持续发展能力,从而推动长三角地区更高质量的一体

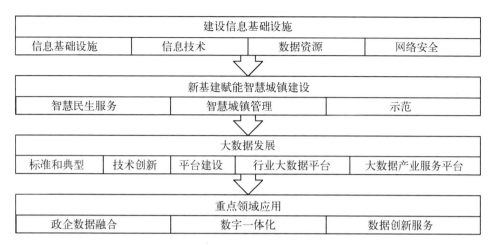

图 2 - 11 新基建赋能智慧城镇群实施路径图

化发展。

2.2.3.4 智慧城镇群建设规划实施路径

作为区域新型城镇化可持续发展的强大引擎和重要载体,长三角一体化智慧城镇群建设中最关键的步骤是要大力发展新基建,建立城镇群之间的信息化协同方式与信息标准①。根据理论梳理、实践研究,本章从空间、实体、关联、管理四个维度,提炼出长三角一体化智慧城镇群建设规划的实施路径。

1)空间智慧规划

长三角一体化智慧城镇群建设的协同推进,需要顶层规划与地方实践相结合,形成自上而下的系统性谋划,最终实现长三角一体化智慧城镇群的高效、有序运行。

(1)设立长三角联合规划职能机构,统筹管理和协调长三角一体化智慧城镇群的建设。在国家新型城镇化和长三角区域高质量一体化发展的形势下,长三角地区的城镇群之间有必要加强合作,并在省级甚至更高层面设立专门的领导职能机构,加强统筹协调,因城施策,分类指导,解决长三角一体化过程中出现的重大事项,为长三角一体化智慧城镇群建设提供组织与制度保障②。

(2)增强长三角地区智慧城镇群之间顶层规划的有效衔接。在国家层面的

---

① 陈博.我国智慧城市群的系统架构、建设战略与路径研究[J].管理现代化,2014(4):29-31.
② 李德仁,邵振峰,杨小敏.从数字城市到智慧城市的理论与实践[J].地理空间信息,2011(6):1-5.

引导下,加强长三角省级层面顶层设计的系统性对接,破除行政壁垒,长三角三省一市共同研究和制定产业、基础设施和公共服务等领域的区域性重大政策和规划。同时,针对长三角一体化智慧城镇群建设的具体细则,长三角三省一市应进行深入的统筹协调,确保细则可落地。

(3)构建完善的长三角一体化城镇群的"大脑系统"。长三角一体化作为国家战略,最终要实现整体性、协同性,这就需要数据的共享互通。通过建立长三角一体化智慧城镇群数据协同服务机制,并推动长三角一体化城镇群"大脑系统"这个数字化重大项目的落地实施,从而构建能够实现长三角各城镇群之间数据共享和场景融合的共享互通平台。

2)实体智慧建设

通过分工协作,不断提升长三角智慧城镇群的协同能力。长三角智慧城镇群不能发展成"千城一面",而应保持每个智慧化城镇的独特性。通过构建区域协同的产业创新体系,实施绿色低碳发展战略,从而形成分工合理的长三角智慧城镇功能格局,以扬长避短、优势互补,构成彼此竞合共生的有机整体,从而提升长三角智慧城镇群的综合实力。

3)关联智慧链接

运用数字化手段提升基础设施互联互通水平,打破长三角区域地理边界的约束,重构城镇群的空间结构,完善长三角一体化智慧城镇群的新基建与传统基础设施体系,推进信息基础设施一体化建设、公共服务及保障设施一体化建设,以及交通、水利、各类管线等基础设施的一体化建设,从而促进信息、交通等基础设施智慧化建设的共建共享和互联互通。

4)管理智慧保障

长三角一体化智慧城镇群的建设离不开体制机制的保障,必须推动体制机制的深化改革。在长三角地区高质量一体化发展的方针政策要求和指导下,长三角智慧城镇群构建区域一体化体系框架,需要遵循市场发展规律,创新体制机制,着力深化长三角地区的制度创新,优化制度供给,打造多元开放的长三角智慧城镇群体制机制规划环境;需要从微观到宏观的长三角智慧城镇群规划组织路径管理,从小处要素与节点着眼,经分区与系统结构控制,再到大处整体收官,从而构建如图 2-12 所示的长三角一体化智慧城镇群规划组织路径,以推进长三角智慧城镇群的要素市场一体化建设,建立多元投融资机制,并优化科技创新体制机制。

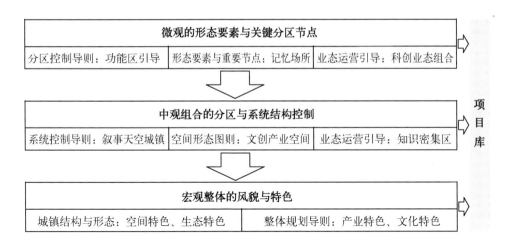

图 2-12　长三角一体化智慧城镇群规划组织路径模型图

2.3　城镇规划建设一体化发展范式

为更好地实现国土空间规划跨区域协同、产业空间统筹和新基建赋能,本节提出了两个城镇规划建设重要发展范式,即"天空城镇"模式和太湖西智慧城镇群示范区。该发展范式可作为长三角城镇规划建设一体化的示范项目,以解决城镇建设用地紧张、生态环境破坏等问题,营造宜居宜产宜养的长三角城镇群。

2.3.1　节约用地集约建设"天空城镇"模式

2.3.1.1　大城市扩张产生的问题及城镇发展的前景与模式

1) 土地资源紧张

长期以来,为了寻求区域间的平衡发展,采取了区域之间人口和经济均匀分布的策略,由此导致在发达地区、人口流入地的建设用地供应不足,而在欠发达地区、人口流出地大量城市建设用地过剩,进而导致大城市由于建设用地的稀缺叠加容积率限制而造成住房价格居高不下;相对应的是,区域中大量中小城市则产生了大量闲置楼盘。图 2-13、图 2-14 分别描绘了上海及周边地区自 2000 年以来建设用地的增加情况。

2) 基础设施及公共服务设施不足

一般来说,城镇基础设施及公共服务设施(包括学校、医院等)一直是按照城

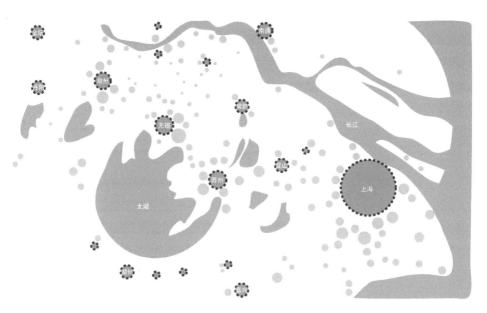

2000年前集中建设用地分布示意
2000年后新增建设用地分布示意

图 2 - 13　上海及周边自 2000 年以来增加的建设用地

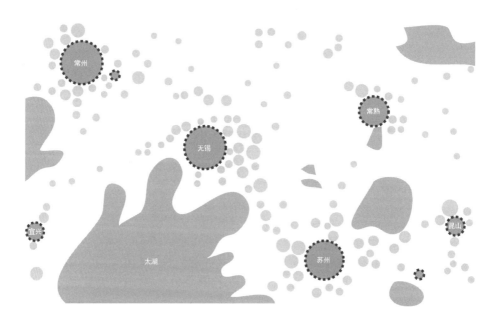

2000年前集中建设用地分布示意
2000年后新增建设用地分布示意

图 2 - 14　苏州、无锡、常州自 2000 年以来增加的建设用地

镇规划人口进行配置的。同时,城镇公共服务的提供以地方财政为主,中央财政对于欠发达地区有一定的财政转移支付,但与城镇户籍人口数量挂钩。问题在于,目前人口的跨地区流动十分频繁,大城市人口集聚,而中小城市则面临着人口流失的问题。所以,上述按照城镇规划人口配置基础设施和公共服务设施,以及中央财政转移支付仍针对户籍人口来提供的现象,已经远远不能适应长三角一体化发展的需要,配套的基础设施和公共服务设施的不足,严重限制了长三角地区城市规模效益的进一步增长。

3）城市规模扩大带来的交通问题与环境约束

城市范围的扩张,会带来通勤距离增加、交通拥堵等问题。在长三角地区,大城市市民每天为通勤消耗大量的时间成本,降低了生活质量。而依托中心城市发展周边城镇的发展范式,则需要有大规模的高速公路、轨道交通、城际铁路等作为配套,其建设及运营成本、交通能耗都较大。

4）城市规模扩大带来的风险管控、防灾抗灾等巨大压力

抗震、防台、防汛防洪、水质安全、空气质量、消防安全等,一直是大城市防灾、风险管控的重点。而 2019 年末突如其来的新冠肺炎疫情,则给城市建设与发展带来了一次严峻的考验。在疫情防控的背景下,大城市需要面对更复杂的人员流动、救助措施、生活及医疗物资供给、舆论风险控制等问题,需要具备更完善的应对措施。

5）城镇化发展的前景与模式

城市化集聚效应有利于社会和经济发展。然而,城市面积扩大后带来的交通、环境、风险隐患等一系列挑战,则成为其进一步发展的制约因素。因此,探索适应新时代发展需要的更集约的城市空间组织形态应该是我们努力的方向。

在都市圈发展层面,应强化大城市带动周边地区经济发展的作用,发挥都市圈中各城市的比较优势,在产业结构、资源整合等方面实现优势互补,形成中心大城市与周边中小城市紧密连接、共同发展的态势。在长三角一体化进程中,通过基础设施与行政管理的协同,让公共服务实现同城化,是长三角一体化城镇建设协调发展的努力方向。

在城市空间发展层面,发展已久的高层建筑形式对揢升城市土地集约化高效利用有显著作用;而适当提高容积率,则可以提供更多的居住和配套服务空间,从而提升城市的整体经济效益。如图 2 - 15 所示,高层建筑对土地的有效利

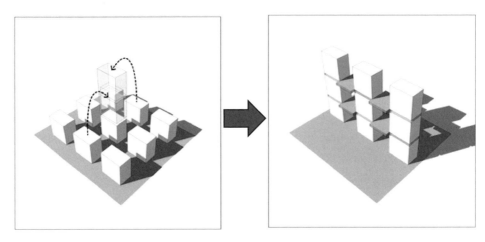

图 2 - 15 垂直化多种功能复合的高层建筑建设示意图

用,能够释放更多的地面空间用于绿化和公共服务设施,以改善城市生活环境;同时,垂直化多种功能复合的高层建筑可减少市内交通需求,减少长距离交通带来的建设成本、通勤时间成本。

总之,如何解决传统高层建筑存在的问题,并通过高质量的建设,为人民带来生态宜居、可持续发展的绿色、健康的空间环境,以提供高品质的生活,是本章重点关注的问题。

2.3.1.2 城镇高层建筑发展面临的挑战

1) 安全问题

对于一些居住在较高楼层的住户,如果遇到火灾、地震等安全问题,逃生相对比较困难。目前,每栋高层建筑通常配置两个疏散楼梯,提供了两个应急逃生的安全出口,遇到火灾时,高温、烟气一旦侵入疏散楼梯,上方的人员疏散通道将被阻断。高层建筑的电梯在火灾、地震时又随时可能发生故障,不可作为逃生途径。同时,现在的消防云梯虽最高可达 101 米,但是实际大量使用的消防云梯一般在 50~60 米,所以楼层特别高的住户可能会难以救援。

2) 建筑功能与设备老化问题

高层建筑需要适应时代发展过程中日益变化的家庭结构和商业模式。例如,城镇化的发展使人口向大城市聚集,国家生育政策造成家庭结构的变化等,要求高层建筑现有居住单元的空间和产权应具有可灵活拆合的可能性。同时,设备线路、消防设施、电梯等老化及维修问题,以及设备系统的技术换代等,对业主决策和物业管理都提出了更高的要求。高层建筑如何适应未来不断变化的使用需求,避免大拆大建,是一项值得高度重视的课题。

3) 空间舒适性及邻里关系问题

高层建筑由于垂直交通的特殊性,相对传统的低、多层院落式建筑更难接触地面的绿化、阳光等自然环境,使得高层建筑居住环境不宜居。此外,高层建筑住户之间缺乏交流空间,社区邻里关系相对疏离,不利于社区凝聚力的形成,难以形成社区自主管理的基础。

4) 空间使用效率低、能耗大

高层建筑的高区垂直交通必须穿越低区空间,楼层越高,垂直交通与设备设施所需空间占比越大,平面空间使用效率越低,并且高层建筑的垂直交通、设备管线等能耗较大。

2.3.1.3　宜居的"天空城镇"模式探索

针对前述传统高层建筑平面效率低、垂直交通时间长、防火防灾困难,以及安全性、舒适性差,人与自然隔绝,邻里关系疏离等问题,以"群体高层建筑天空城市的构想"[1][2]为基础,结合长三角区域人多地少的现状,本研究团队提出"生态绿色宜居天空城镇"理念:探索一种具有全生命周期的高品质绿色节地建筑——通过向天借地的方式,创造土地资源;以独立设置的垂直公共设施为核心,依托建筑平台、屋面露台等延伸空间,构建生态宜居、促进邻里社交的空中共享花园,以提供健康、舒适、高效的使用空间;通过打造垂直的城市交通,减轻城市交通压力;通过协调经济效益、环境效益、生态效益,促进城市韧性发展——是一种便捷、高效的立体城市综合体,是一种创新的城市空间形态。

本研究同时引入了可持续性设计的理念,以特殊结构实现全生命周期内可灵活调整空间功能与布局,从而适应经济社会与环境不断发展变化的需求。同时,该模式运用 BIM 技术实现建筑、装饰、结构、围护结构、设备设施、环境景观一体化的三维立体式装配式设计与建造,并同步考虑能源、材料的循环利用等环保措施,如图 2 - 16 所示。

1) 垂直设施市政化

通过设置独立的垂直公共设施,以期解决高层建筑空间使用效率低、垂直交

---

① 江欢成.群体高层建筑天空城市的构想[C]//中国工程院.防震减灾新技术(中国工程科技论坛).北京: 高等教育出版社,2016.

② 叶昌元.天空之城: 江欢成院士的构想[J].城乡建设,2017 (19): 22 - 24.

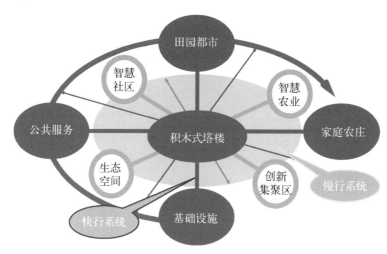

图 2‑16 "天空城镇"模式

通时间长、防火防灾困难等问题。垂直公共设施以传统高层建筑的核心筒为雏形（类似公共"核心筒"），承担垂直交通运输、设备走管、安全疏散等功能，并对应超高层垂直分区的设计思路，每间隔若干层设连接平台（见图 2‑17），向周边的高层群输送人流及能源。由此，高层建筑的每个垂直分区仅需要承担分区内的垂直运输需求，增加了楼层实际可使用面积。

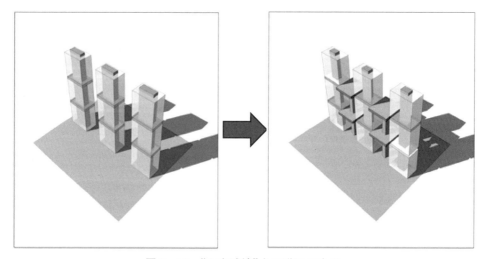

图 2‑17 "天空城镇"水平联通示意图

（1）垂直交通。

在"天空城镇"高层建筑的建筑单体外，集中设置垂直交通系统替代传统高层建筑的穿梭电梯，人流可通过公共垂直电梯到达每栋楼各垂直分区的连接平台，再通过分区内设置的电梯入户，以减少转换梯或高区电梯对低区核心筒空间的占用，提高空间使用效率。同时，为提升运能，可代之以大运量的垂直运输系统，提高运输效率。

（2）能源输送。

传统超高层设计通常利用避难层的部分空间作为设备转换层，解决水、电、气等长距离运输的问题。在"天空城镇"模式中，通过将设备总主管道集中设置于公共"核心筒"内，能减少占用单体核心筒的面积，同时每个分区内仍沿用传统设计思路，各自独立承担相应的负荷。

（3）消防疏散。

传统超高层建筑通过疏散楼梯与避难层相结合的方式，解决人员疏散问题，同时在核心筒内设置消防电梯，以供救援使用。然而，避难层仅承担了人员逃生过程中的暂歇功能，不具备另外的直通室外疏散路径，严格来说不属于准安全区。此外，在火灾、地震时，消防电梯能否正常工作，也存在不确定性。

在"天空城镇"模式中，通过水平连接平台将高层建筑的"避难层"与公共"核心筒"相连后，人们可以选择疏散至室外平台，继而通过设置于公共"核心筒"内的疏散楼梯或者借用其他单体的垂直交通到达地面；同时，消防员也可通过设置于公共"核心筒"内的垂直消防电梯，快速到达发生火灾的分区，实施救援。"天空城镇"模式在空中新增了疏散与救援路径，大大提升了高层建筑的安全性。

2）高层建筑多层化

高层建筑的传统居住体验经常为人所诟病——舒适性差、人与自然隔绝、邻里关系疏离等。而究其缘由，是因为高层居住空间远离地面，造成绿化、公共空间及各种服务设施的可达性降低，丧失了传统低、多层建筑所构建的邻里空间。

在"天空城镇"模式中，公共"核心筒"与各单体之间的连接平台，除了承担交通及运输功能之外，也可作为空中花园；同时，将部分公共服务设施从地面迁至空中连接平台，使得高层建筑中的人们享受公共服务便捷可达。由此可见，"天空城镇"模式中的空中连接平台，创造出了与传统地面相似的空中地坪，方便人们亲近自然，共享交流，提升高层建筑的生活品质。

（1）空中联排别墅。

在"天空城镇"模式中，通过在高层建筑单体的延伸空间，如建筑屋面、退台及连接平台等区域，布置绿化系统，以构建舒适的空中花园及促进邻里交往的共享空间，使得高层的居住环境也能媲美享有花园的联排别墅。"天空城镇"模式中的立体绿化进一步发展，可以形成空中"都市农场"，在亲近自然的同时，可开发新的产业。

（2）公共服务设施的垂直分布。

目前流行的以金沙或重庆来福士为代表的连廊连桥，力图解决超高层建筑的弊病。但它们偏向于塑造建筑外观及提供华丽的餐饮、观光及俱乐部等服务。而"天空城镇"则是将更贴近民生的各类服务设施，如学校、医院、办公、科研、餐饮、商店、养老、幼托等，布局到高层建筑的各连接平台之上，提供就近工作、生活的可能，从而提高居民生活的便利性，缓解城市交通压力。

3）立体城市

如图 2-18 所示，"天空城镇"本质上是一种立体城市。其中，公共"核心筒"承担了人流运输及能源运送两大功能，与传统城市的水平道路极为相似，可视为城市水平道路的垂直向延伸；连接平台搭载了服务设施及城市公共空间，可类比城市街区。以上两者的结合，使得原本独立的单体建筑融入城市，成为有机的整体。换言之，"天空城镇"模式旨在建立由水平及垂直路网共同连接的立体城市。

（1）公共交通的垂直延伸。

在"天空城镇"模式中，"垂直道路"上可搭载各种电梯系统形成的"公交车""大站车""出租车"等，而连接平台可采用电瓶车作为接驳方式，由此参与到城市公共交通系统，促成水平、垂直交通一体化。

（2）市政设施的垂直延伸。

通过重新定义城市与单体的界面划分，可实现垂直设施市政化。如设备管道的市政接入点、垃圾收集点等，可推延至每个垂直分区的接入点。通过明确城市与高层建筑单体的界面划分，"天空城镇"模式可实现垂直设施市政化，这既能避免资源浪费，也能明确公共"核心筒"及连接平台的建设及维护的权责问题，从而减轻开发商和使用单位的压力。

（3）空中生活圈创造宜居生活。

在"天空城镇"模式中，垂直的市政交通设施及空中连接平台为不同的高

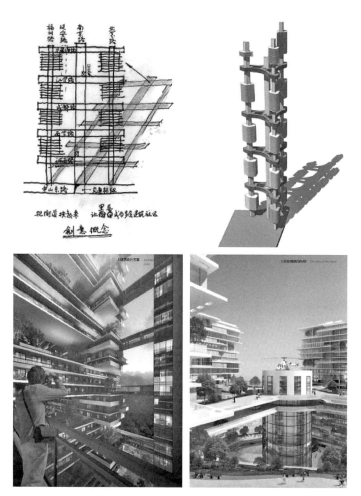

图 2‑18　立体城镇创意概念与群体高层"天空城镇"效果图
资料来源：上海江欢成建筑设计有限公司。

层建筑单体之间提供了横向联系。相较于传统综合体的竖向功能叠合,横向联系提供了新的功能组合和城市布局形式,配置了绿化及共享活动空间的空中平台,连接了步行可达的公共服务设施,使人们不必下楼就能在"空中"满足5～10分钟生活圈的需求。由此可见,"天空城镇"便捷的生活将带来城市交通量的下降,缩短人们的通勤时间,从而降低城市交通能耗,减少对环境的污染。

4）可持续性设计

"天空城镇"模式体现了未来城市的发展可能。它着眼于建筑的全生命周期，以环保节能为优先，增强建筑及城市的适应性和韧性。

在结构形式上，"天空城镇"模式以巨型桁架悬挂体系代替传统竖向结构构件，可实现空间布局的灵活调整，悬挂在楼层之间的架空层也可作为绿化及公共交往空间。

在能源利用方面，"天空城镇"模式通过公共"核心筒"集中运输能源，减少能耗；同时，充分发挥高空优势，利用好风能、太阳能等资源，逐步推行更多绿色建筑的节能措施，以适应未来的建设需要。

在设计施工中，"天空城镇"模式利用标准化、模数化的预制装配设计，辅以BIM技术对设计精度进行控制，力求降低建造成本，提高施工质量和效率。

2.3.1.4 "天空城镇"试点项目实施与总结

浙江省台州市天台县白鹤镇万郡雅苑天空住宅是"生态宜居天空城镇预制装配建筑"理念的试点工程，如图 2-19、图 2-20、图 2-21 所示。

图 2-19 "天空城镇"试点项目概况

资料来源：上海江欢成建筑设计有限公司。

图 2 - 20　"天空城镇"试点项目效果图

资料来源：上海江欢成建筑设计有限公司。

图 2 - 21　"天空城镇"空中花园式公共空间效果图

资料来源：上海江欢成建筑设计有限公司。

该"天空城镇"试点项目采用了模块化预制装配轻钢结构巨型桁架吊挂系统。首先,吊挂、堆叠的体块形成了多个架空层,为相邻楼层提供了空中花园式公共空间;其次,巨型桁架吊挂系统尽可能减少竖向结构构件,以使平面布局拥有最大的灵活性;最后,标准化的内外墙板与设备管线整合,辅以装配式厨卫,基本消除现场湿作业,缩短工期,降低造价。以上实践也积极响应了《浙江省住宅设计标准》中对住宅标准化、新技术、新产品的要求,以及《浙江省未来社区试点创建评价指标体系》中对邻里特色文化、开放共享、未来建筑特色风貌及装配式一体化的倡导。

根据该试点项目的实施情况,本研究团队认为,"生态宜居天空城镇预制装配建筑"理念和"天空城镇"模式想要落地,需做好如下工作:

首先,除了需要理念及技术的创新之外,如何降低投资成本,使产品定价更符合市场规律,以吸引更多实践者参与进来,是十分关键的。其中,政策的支持至关重要。仅以该项目推进中遭遇的问题为例。为鼓励利用架空层等空间设置公共活动空间,《浙江省未来社区建设试点工作方案》对绿地率、容积率的计算有诸多放宽条文[①]。然而,由于试点项目不在适用的规模范围内,故而无法以此为设计依据。鉴于大部分试点项目的建设必须面对有限的投资,建议政府出台类似的有更多针对性的鼓励政策。

其次,空中平台、架空层的设置,除了将高层建筑底层让地于民,更在空中"再造"了很多可用于绿化及公共空间的"土地"。建议将这些"土地"在指标计算中折算计入用地面积,以鼓励更多的节地设计方案。综上,"天空城镇"等各类创新的城市空间形态需要与之适应的规划技术管理指标体系的支持。

2.3.2 太湖西智慧城镇群示范区

2.3.2.1 规划建设背景

要实现长三角一体化高质量发展,安徽不能被排除在外。因此,除环淀山湖的长三角生态绿色一体化发展示范区外,有全国人大代表建议,在苏浙皖交界处,规划建设"一岭六县"长三角生态优先绿色产业一体化发展示范区[②]。由于

---

① 浙江省人民政府.浙江省未来社区建设试点工作方案[EB/OL].[2021 - 05 - 28].http://www.zj.gov.cn/col/col1641791/index.html.

② 宣城市人民政府.全国人大代表孔晓宏:规划建设"一岭六县"长三角产业合作发展试验区[EB/OL].[2021 - 05 - 28].http://www.xuancheng.gov.cn/OpennessContent/show/1881139.html.

该建议示范区位于太湖西岸,故将其称为"长三角一体化太湖西智慧城镇群示范区"(简称"太湖西示范区"),表明安徽进入了环太湖发展的新时代。

太湖西示范区由位于安徽省宣城市境内的上海白茅岭农场飞地,江苏省溧阳市和宜兴市,浙江省长兴县和安吉县,以及安徽省宣城市下辖的郎溪县、广德市组成。这里堪称长三角三省一市无缝对接的天然功能区块,东临太湖、苏南和上海,南临浙江北部,西接皖江城市带,北临苏南,且生态优势明显。该示范区与上海直线距离约183公里,距杭州约106公里,距南京约130公里。该示范区地处太湖水系上游,宁杭生态经济带中段,且位于宁杭高铁沿线,旨在打造高水平的产业集聚区和大范围纵横生态屏障。

2.3.2.2　示范区规划

1) 规划建设太湖西示范区的必要性

(1) 太湖西示范区涵盖长三角三省一市,示范意义重大。

首先,相较于青嘉吴示范区,太湖西示范区涵盖了长三角三省一市,首次将安徽省的市县纳入示范区范围,实现了长三角一体化发展的"一个都不能少"。其次,太湖西示范区处于长三角的核心地带,其面积、人口远超过青嘉吴示范区,且相比青嘉吴示范区,太湖西示范区涉及的行政单位更多,更有利于打破行政壁垒,推动区域一体化的试点工作。最后,太湖西示范区范围内的市县经济发展不平衡性更为突出。例如,江苏省溧阳市和宜兴市的GDP远远超过安徽省郎溪县和广德市的GDP,因此,规划建设太湖西示范区具有长三角一体化下地区均衡化发展的复制推广作用,也更具示范和指导意义。

(2) 有利于探索产业互补、生态同源的绿色协同发展模式。

太湖西示范区内各市县空间区位临近、发展阶段有差异、产业结构能互补、公共服务能共享。此外,太湖西示范区是黄山、天目山、茅山余脉山体交汇区,太湖流域、钱塘江流域、青弋江流域源头共存区,生态条件、环境状况、景观风貌同质同源,是维护长三角生态安全的重要区域。因此,太湖西示范区的规划建设,能够聚焦生态优先、绿色建设规划与发展及体制机制协同,以县为单位,以生态为底色,将生态优势转化成为产业优势,从而推进省际毗邻地区绿色协同一体化发展新模式的探索。

2) 太湖西示范区规划建设目标

设立包含安徽市县的太湖西示范区,其宗旨是承载提供长三角城镇建设发展不平衡解决方案的使命,其目标是引导资源要素向西流动,由长三角东部地区辐射带动安徽整体发展。

为此,通过太湖西生态大花园建设、知识密集型为农生产性服务区建设,打造生态价值实现机制范例及太湖治理恢复生态学习样板,打造 G60 科创走廊的中间节点,形成科创新策源地,建设智慧城镇群创新生态系统,使其成为长三角一体化城镇建设高质量协调发展的示范。

3）太湖西示范区发展现状

截至 2019 年,太湖西示范区总人口达 385.5 万,面积为 10 173.4 平方公里,GDP 总额为 4 533 亿元,共有 53 个镇、10 个乡,其中县/市级镇 6 个,省级以上开发区 11 个,各县市人均可支配收入的平均值约为 39 402 元,如表 2 - 1 所示。这里堪称长三角三省一市无缝对接的天然功能区块,关联着上海、南京、苏锡常、杭州、合肥五个都市圈。

表 2 - 1　2019 年太湖西示范区社会经济发展简表

县/市	人口/万人	面积/km²	GDP/亿元	镇(乡)数量/个	开发区数量/个	人均可支配收入/元	农村人口/人	城镇人口/人
郎溪县	34.0	1 105	180.1	7/2	1	25 664	28	6
广德市	51.8	2 165	321.2	6/3	2	28 642	15.6	36.2
溧阳市	80.0	1 535	1 010.0	10	2	39 424	28.27	51.73
宜兴市	108.0	1 997	1 859.0	13	3	48 560	44.75	63.25
安吉县	47.0	1 886	470.0	8/3	1	45 785	17.5	29.5
长兴县	63.5	1 430	693.0	9/2	2	48 341	32.1	31.4
白茅岭	1.2	56	—	—	—	—	1.2	—
合　计	385.5	10 174	4 533.3	53/10	11	236 416	167.42	218.08

资料来源：国家统计局.中华人民共和国 2019 年国民经济和社会发展统计公报[EB/OL].[2021 - 05 -28].http://www.gov.cn/home/2019 - 12/01/content_5459043.htm.

当前,环太湖城市群正在形成中。其中,四分之三的环太湖城市群属于江苏省。随着湖州市与环太湖其他城市的一体化建设发展,环太湖城市群将有力地推动长三角一体化。目前,在太湖西示范区已经建立了一些区域一体化协调机制或联盟,如宜兴市牵头的市场一体化联盟、安吉县牵头的文旅产业发展联盟等。

4）太湖西示范区存在的问题

（1）没有牵头人。像长三角区域合作办公室这样的跨区域协调机构尚未建

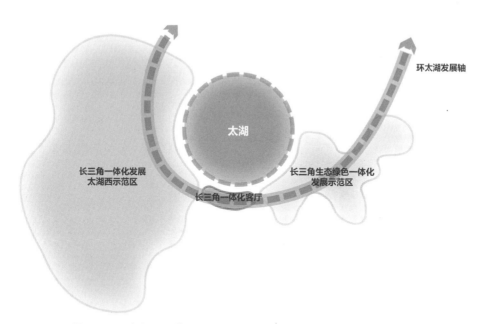

图 2 - 22　太湖西示范区：长三角生态绿色一体化发展示范区的扩展

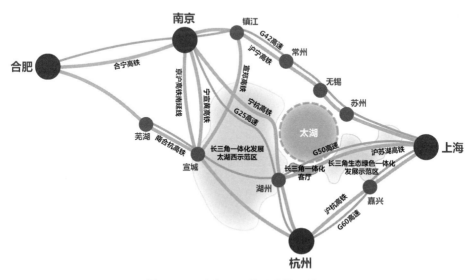

图 2 - 23　太湖西示范区交通区位图

立，太湖西示范区内的各个城镇建设规划存在"三线"不连接、色斑有差异、路不
连水不通、公共基础设施不共享等问题。

（2）一体化动力差异大。太湖西示范区内部各市县的一体化共识不够，整个示范区一体化建设规划的协同体制机制没有建立，各个城镇产业发展差异大，人均 GDP 最大的相差 3 倍多。

（3）生态优先、绿色发展、集约建设的理念不牢固，太湖流域水质堪忧。除了工业废水外，太湖流域的污水源头还包括农贸市场、宾馆、饭店的污水直排，再加上太湖两岸居民生活污水、垃圾的排入，导致太湖流域很多河道变成藏污纳垢的臭水沟，水生物无法生存，生态系统遭到破坏，水系治理难度高，水质反复。

此外，太湖流域上游来水少，曾经的青弋江、水阳江来水，因太湖流域下游洪水泛滥而被设闸截断，导致下游河道多年积淤而排水不畅；太湖流域河湖堤岸设计与材料选择比较单调，河湖护岸在材质方面大都采用混凝土及砌块石等硬质材料，造成河湖水循环过程被隔断，无法形成良性循环的生态系统；在太湖流域源头地区，海绵城市建设、韧性城市建设刚刚起步，曾经的挖河泥作肥料且能畅通河道的做法，因化肥的使用、劳动力不足等被废弃，导致河床断面抬高，排洪不畅，水系富营养化，蓝藻频发。

2.3.2.3 太湖西示范区规划建设实施

太湖西示范区规划建设的实施路径为：联合规划、智慧建设、全域花园、通江达海。

1）构建建设规划协调发展体制机制

应建立智慧城镇群建设规划协调发展体制机制，统一规划"三线三地"和新基建，协调城镇交通、水利、公共服务等基础设施建设；通过新基建的互联互通，实现通信互联与数据共享；建立一体化管道物流系统，形成新物流生态系统；建立多层次、多节点、多类型互联互通的智慧交通网络系统，不同层次、不同类型交通工具之间无缝衔接；构建网络型多组团的城镇群空间格局，使城镇成为城市与乡村的连接纽带，以推动乡村振兴。

2）建设创新驱动产业发展协调系统

首先，长三角三省一市的创新主体应联合建立太湖西创新网络。建议在太湖西示范区创建国家重点实验室成果转化基地、工程分中心等，结合 G60 科创走廊，发挥示范区内已有创新主体的功能，进一步构建以孵化器为核心的智慧城镇群创新生态系统，如图 2-24 所示，共同参与国际竞争，以避免示范区内各城镇的恶性招商竞争。

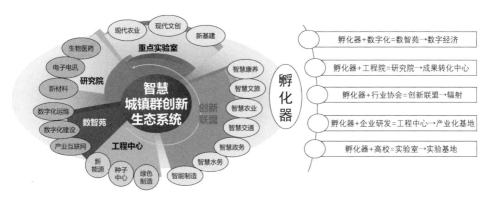

图 2-24　以孵化器为核心的太湖西智慧城镇群示范区创新生态系统

其次,构建多核、多层次、多类型的创新生态圈,发展江南特色文化产业,建立生态、文化产业特训基地,使得创新链驱动产业链、价值链,推动太湖西示范区高质量发展。

最后,完善、扩大现有产学研机构,大力建设与生态产业、农林产业、农林生产性服务产业、绿色制造型服务产业等相关联的产业创新联盟、工程中心、研究院、实验室,以建立太湖西知识密集型示范区。

3) 建设太湖西全域旅游生态大花园

第一,践行碳达峰碳中和国家战略,将环太湖区域建设成为长三角区域内的中央公园。其中,太湖西示范区应率先成为中央公园的先行示范区,即以太湖西生态环境为底色,以"绿水青山就是金山银山"理论诞生地为标杆,建立太湖西全域一体化旅游带,如图 2-25 所示。

第二,城镇建设以绿色、低碳、韧性城市为标准,贯彻海绵城市建设理念,推行"天空城镇"集约建设模式,严控"三线",从而留出更多生态区、绿色区,建立国内最高标准的生态农业、生态环境、生态城镇、低碳示范区,提前五年实现太湖西示范区碳达峰。

第三,以太湖上游大花园建设为契机,系统规划太湖治理,融合建设复合型自然—人工体系。通过一网控污、高标控源,严格禁止使用含磷洗护用品,严格控制农业、养殖业排污,综合治理太湖水系,如图 2-26 所示。积极开展太湖下游河道疏浚工作,降低排水断面。建议连通长江与太湖水道。其中,上游往东开通青弋江、水阳江通向胥溪,连通荆溪至太湖;往西经芜湖通长江,复现长江水部分自芜湖经胥溪、荆溪流入太湖,再从吴淞江入江入海。

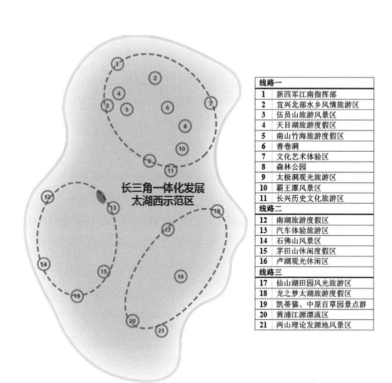

线路一	
1	新四军江南指挥部
2	宜兴北部水乡风情旅游区
3	伍员山旅游风景区
4	天目湖旅游度假区
5	南山竹海旅游度假区
6	善卷洞
7	文化艺术体验区
8	森林公园
9	太极洞观光旅游区
10	霸王潭风景区
11	长兴历史文化旅游区
线路二	
12	南湖旅游度假区
13	汽车体验旅游区
14	石佛山风景区
15	茅田山休闲度假区
16	卢湖观光休闲区
线路三	
17	仙山湖田园风光旅游区
18	龙之梦太湖旅游度假区
19	凯蒂猫、中原百草园景点群
20	黄浦江源流漂流区
21	两山理论发源地风景区

图 2-25　太湖西全域旅游生态大花园

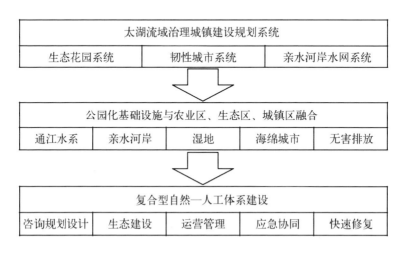

图 2-26　太湖治理系统规划

此外,太湖流域所有河岸堤均应实现生态亲水化、岸堤湿地化,以形成良好的生态环境系统。

2.4　城镇建设规划一体化建议

通过实地调研长三角城镇规划建设的现状,剖析现存的痛点问题,本节重点提出了建设性的对策建议,以作为各级政府、企事业单位推动长三角城镇一体化建设的参考。

2.4.1　打破行政壁垒设立一体化行政机构

当前,全球经济和地缘政治形势复杂,国际经贸投资政策多变,全球主要经济体增长明显放缓,外国直接投资减少,多数国家货币政策再度宽松,新一轮科技革命和产业变革竞争加剧,这给我国经济社会发展带来了巨大影响和前所未有的挑战。中国现在面临的这个挑战不是一省一市"单打独斗"能够解决的,面对国家间根本性的利益格局重构,需要有更强有力的"国家队选手",代表国家参与国际竞争。长三角一体化上升为国家战略,意味着长三角一体化要为整个国家的区域发展战略服务,其目的是消除影响要素流动和资源配置的行政壁垒,促进资源要素优化配置,构建面向未来、面向国际的现代化经济体系,加快提高科技创新能力和水平,推动长三角率先实现现代化,成为我国全面参与国际竞争与合作的战略依托。所以,只有打破行政壁垒、强化政策协同,长三角才能形成统一开放、竞争有序的大市场,才能依据这个市场,率先形成以国内大循环为主体、国内国际双循环相互促进的新发展格局,成为我国科技和产业创新的开路先锋、改革开放新高地。

对此,以"打破行政壁垒,促进资源要素优化配置"为目标,长三角三省一市在实践中不断探索、创新,优化一体化发展的体制机制。一方面,积极探索,创新落实长三角区域合作体制机制,将长三角区域合作机制从"三级运作、统分结合"升级为"上下联动、三级运作、统分结合、各负其责"。另一方面,聚焦重点,探索创新适应重点区域和重大合作平台建设的体制机制,谋划了长三角生态绿色一体化发展示范区建设体制机制,搭建了"理事会+执委会+发展公司"的"三层次"管理架构,并积极探索重大跨区域合作平台的管理体制机制,先后搭建了G60科创走廊、嘉昆太协同创新圈、长三角"田园五镇"乡村振兴先行区、长江口生态保护战略协同区等一批合作平台。上述一体化发展体制机制上的创新与探索,取得了积极进展和成效。

目前,长三角一体化已取得了较为显著的成绩,已经形成了决策层、协调层、执行层"三层运作"的长三角一体化合作机制框架。长三角城市经济协调会也不断进行扩容和完善,对区域一体化发展起到了重要的推动作用。然而,在现有行政区划体制下,地方利益最大化还是各地政府考量的主要目标。在这种情况下,各地之间难以形成合理的利益分配机制,区域一体化合作得不到深入开展。随着长三角一体化的不断深化,长三角各省市之间的行政壁垒暴露出越来越多的问题。在长三角区域内,难以做出和实施长三角一体化的统一决策,沟通成本越来越高,资源优化配置与区域共同市场建设碰到瓶颈,产业结构同质化竞争在局部地区甚至愈演愈烈。以长三角生态绿色一体化发展示范区为例,在现有的行政区划体制下,示范区工作开展的难度主要来自"三级八方"的协调。其中,三级包括省、市、县三级,八方包括上海市、青浦区以及浙江省、江苏省、苏州市、嘉兴市、吴江区、嘉善县。在示范区内制定政策需要征集"三级八方"的全部意见,一旦一方协调工作出现困难,示范区的一体化工作就无法顺利推进。由此可见,地方行政壁垒是区域合作难以跨过去的坎,是长三角一体化的最大阻力,必须从国家战略的高度打破地方行政壁垒的藩篱。

对此,建议设立长三角一体化行政机构,并在长三角生态绿色一体化发展示范区进行试点。即在长三角区域设立一个级别高于省市的一体化行政机构——长三角沪苏浙皖一体化发展局,类似于当年的华东局,从而彻底打破长三角区域内的行政壁垒,为长三角一体化高质量发展提供体制上的保障。对于这一管理体制上的大胆改革,建议在示范区先进行试点,如赋予示范区执委会级别高于"三级八方"的行政权力,彻底打破示范区内的行政壁垒,开展先行先试,探索建立具有中国特色的区域经济一体化发展体制。

2.4.2　低碳、水网、农业、智慧、法规等方面建议

1) 构建长三角一体化城镇建设低碳经济发展政策

打造生态、绿色、低碳与韧性的长三角一体化城镇群,其核心是生态绿色、节能与清洁能源应用,其抓手是低碳经济发展政策。建议从环境保护、低碳产品价值实现、低碳制度三方面,构建长三角一体化城镇建设低碳经济发展政策。

在环境保护方面,一是建立国土空间开发保护制度;二是建立环境治理和低碳市场体系;三是建立环境价值核算评估交易机制;四是建立自然资源资产产权制度;五是建设自然资源资产确权登记系统;六是制定低碳保护管控负面清单。

在低碳产品价值实现方面,一是构建低碳产业体系;二是建立资源有偿使用和低碳补偿制度;三是建立低碳产品市场交易机制;四是构建低碳信用制度体系;五是建立低碳发展财政奖补机制;六是建设低碳产品价值实现金融体系。

在低碳制度方面,一是打造低碳政绩考核评价和责任追究制度;二是建立突发环境事件应急处理机制;三是打造区域低碳补偿平台。

2) 推动水通长三角建设,构建长三角水网城镇群

水通长三角就是构建长三角水网城镇群,打通长三角内部跨区域的断头河,尽量使河湖连通,形成水网系统,以利于灌溉、泄洪。例如,对于太湖的系统治理,应将太湖上游的水阳江与胥溪连通,使青弋江江水流入太湖,使芜湖长江水流入太湖,使胥溪、荆溪运河航道贯通至太湖。

3) 推行城镇农业生产性服务功能空间规划

城镇是服务乡村振兴的第一线。城镇建设是乡村振兴的引擎。所以,城镇建设应加强服务现代农业的实体空间的规划,通过城镇与乡村协同建设涉农生产性服务产业功能空间,构建以创新为主导的现代农业知识密集区以及服务"三农"的金融功能区,从而推动城镇涉农生产性服务产业快速发展,以利于为农业服务的生产性服务业的发展。

4) 推行新基建赋能智慧城镇群,践行智慧生态集约建设模式

通过大力发展城镇新基建,加强长三角城镇重大基础设施与新基建一体化建设,赋能宜居宜业城镇空间体系构建。本章提出的规划建设太湖西智慧城镇群生态优先发展示范区,就是新基建赋能智慧城镇群的典型案例。这一发展模式可以充分利用长三角都市圈内的城镇在基础设施、公共服务设施一体化方面的优势,即充分发挥长三角地区城镇在一小时通勤、智慧城镇治理等方面的优势,通过宜居宜业城镇空间体系,吸引年轻人回乡再创业,吸引追求品质生活的人士。

长三角地区的城镇应坚持生态优先发展战略,推行节约用地、空间统筹、集约建设的模式,即"天空城镇"模式,并将其与智慧城镇群建设相结合。其主要建设思路为:① 新基建赋能智慧城镇和开放街区;② 建设生态文明、绿色低碳韧性的城镇;③ 建设海绵城市及亲水岸线;④ 持有并经营城镇;⑤ 发展多层级网络化城市与城镇体系。

5) 健全城镇建设规划法规标准体系

全面提升长三角一体化城镇建设的软硬件环境,健全服务标准、市场规则和

法律法规等制度规范,建立统一的市场机制和制度保障。同时,抓紧组织编制长三角一体化城镇建设的基础设施互联互通规划、水网联通规划、新基建赋能智慧城镇群规划等,推动城镇群科创产业协同发展、城乡区域融合发展、生态环境共同保护、公共服务共建共享等专项规划的编制与实施,组织制订并实施长三角跨域城镇群建设规划方案,研究出台创新、产业、人才、投资、金融等配套政策和综合改革措施,推动形成长三角一体化城镇建设规划和政策体系。

第 3 章

长三角城镇基础设施建设
一体化与协调发展研究

基础设施的互通互联是长三角一体化发展的前提和基础。本章分析了长三角高质量发展要求与当前基础设施不能满足发展要求的矛盾,提出绿色低碳、生态友好、数字赋能、智慧创新的基础设施建设基本原则,确定了"发展问题—案例分析—对策建议"的研究思路,重点研究了水安全、城际交通、内河港口与水运、绿色人文与公共服务等基础设施的一体化,形成了太湖流域水污染治理方案,打造了优质饮用水水源网的建设蓝图,构建了"一网一票一串城"的长三角交通无缝衔接新体系,提出了江海联运的网络化互联布局。此外,本章还提出了"气转电,实现气不入户的家庭供能改革",以及"推广海绵城市试点工程,先于全国实现碳达峰碳中和"的建议。

本章的研究成果旨在解决长三角区域路通、水通、绿通、信息通的不平衡不充分问题,以加快长三角区域资源要素的自由流动,推动长三角区域经济的高质量发展。

3.1 基础设施研究背景与建设原则

基础设施是区域经济发展的基础条件,对区域经济发展起着决定性的作用,因此,长三角城镇基础设施一体化将会大力推动城镇一体化协调发展。经过了几十年的建设,长三角地区的基础设施已经在总量上达到了较高水准,居于全国领先地位。

3.1.1 基础设施研究背景与意义

3.1.1.1 研究背景

1) 其他都市圈基础设施现状

区域一体化是在自由市场条件下所产出的必然结果,是所在区域的经济参与者为了实现政治、经济等目标而开展的区域整合过程。区域一体化的对象可以是国家、省市、城乡、社区等不同尺度的经济体。而都市圈是不同城市之间进行区域整合的结果,它是由一个或多个核心城市与其周边区域共同形成的具有紧密的经济、社会、文化等联系的城市区域,且其城市之间的发展由分散状态向集聚状态转变,呈现一体化趋势的一种城市空间分布形式。随着 20 世纪 60 年代信息化以及物流系统的快速发展,都市圈也越来越成为国际竞争的主流力量。

当前,在西欧、北美、日本等国家和地区都形成了类似的世界级城市群,如美国纽约都市圈、日本东京都市圈、英国大伦敦都市区等。其中,美国的纽约、芝加哥及五大湖区、洛杉矶几大城市群对美国整体经济的贡献率超过了 70%,而日本的东京、阪神、名古屋三大都市圈对日本整体经济的贡献率则高达 80%[①]。

(1) 国内都市圈。

国内的都市圈,例如粤港澳大湾区作为带动经济增长和技术变革的领头羊,对标世界三大湾区,注重自身一体化建设,如交通一体化建设。当前,粤港澳大湾区区域内各城市已贯通高速公路,陆路交通基础设施建设较为完备,陆路交通一体化进程较快,基本已形成多路径的互联互通高速公路网,其中国家高速 G94 珠三角环线连通粤港澳大湾区所有城市;虎门大桥、港珠澳大桥、南沙大桥,能连通珠江两岸,并将港澳两地纳入公路交通网。但粤港澳大湾区陆路交通仍存在规划布局不合理、结构欠佳等问题。另外,轨道运输相较于公路运输,无论是对货物还是对人员的运输量都更高效。事实上,当前粤港澳大湾区主要依赖于公路运输,轨道交通密度较低、人均占有量稍小、核心枢纽略少,且各市尚无相互直通的地铁线路。针对该问题,粤港澳大湾区的城市区域正不断兴建铁路。同时,珠江三角洲快速的经济发展和不断推进的城市化、工业化进程,同步带来了环境污染和生态问题。粤港澳大湾区通过基础设施管理体制机制一体化解决酸雨、灰霾等环境问题,为我国区域一体化发展进程提供了很多宝贵经验。另外,指导大湾区协调发展的战略性文件《粤港澳大湾区发展规划纲要》中指出,新型基础设施建设一体化同样是经济发展的重要一环。该文件中明确提出,在加快水运信息化建设方面,要以智慧化信息技术创新集成应用作为港口群发展的主攻方向,以智慧港口群建设为新的发展要求;要推进智慧航道、智能船舶和智慧海事建设,促进物联网、云计算、大数据等信息技术在水运领域的集成应用。

除了粤港澳大湾区之外,自 20 世纪 80 年代中期国家实施国土整治战略开始,京津冀作为四大试点地区之一,开始了协同发展的首次尝试。京津冀城市群

---

① 张晓兰.东京和纽约都市圈经济发展的比较研究[D].长春:吉林大学,2013.

包括北京、天津两个直辖市及河北省的石家庄、唐山、秦皇岛、廊坊、保定、张家口、承德等城市,集中了 3 000 多万城市人口,地域面积达 21.6 万平方公里[①],空间面积上与美国东北部城市群、日本东海道城市群等世界级城市群相当。京津冀城市群在地理位置上濒临渤海,背靠太岳,携揽"三北",是支撑和带动中国经济发展、体现国家竞争力的重要区域,是中国核心经济区的重要组成部分。

　　水资源方面,京津冀是我国缺水最严重的地区之一,年均赤字近 90 亿立方米[②]。除了缺水之外,这一地区还存在着局部地区水环境质量差、近海水域污染严重等问题。京津冀大部分土地位于海河流域,处于不可分割、复杂联系的水系统中。然而,我国的水域管理涉及水利、城建、环保、国土、海洋、农业、林业等多个部门,且从国务院部委到地方基层均实行条块分割的管理体制,存在"九龙治水、协调困难、效能不高"等问题。为此,水利部海河水利委员会会同流域内各省市水行政主管部门于 2003 年在天津共同发表了《海河流域水协作宣言》,开始重视水资源流域综合管理。

　　交通基础设施方面,京津冀区域基本形成了涵盖铁路、公路、航空、水运等多种方式的综合交通运输体系,但仍然存在着诸如运输结构不合理、网络空间布局不合理等诸多问题。京津冀 80% 以上的客货运输均依赖公路,集约化的铁路运输占比较少[③]。同时,大城市中心区的小汽车出行比例偏高。从网络结构上看,京津冀区域的公路铁路网络系统均呈现围绕首都"单中心、放射状、非均衡"的网络格局。针对以上问题,自京津冀协同发展战略提出以来,先后提出了"四纵四横一环"的交通网络总体布局。其核心是对区域交通网络体系进行重组和优化,改变以北京为核心的网络布局和运输组织模式。

　　(2) 国外都市圈。

　　国外的都市圈,例如纽约城市群以纽约市为中心,由纽约、费城、波士顿、巴尔的摩、华盛顿五大城市以及 40 个 10 万人以上的中小城市组成。该城市群总人口超过了 6 400 万人,占美国总人口的 22.0%;占地面积 13.7 万平方公里,占美国国土总面积的 14.6%[④]。供水方面,纽约的扩建供水措施遭遇到的主要矛盾是 900 多万城市水消费者对安全、经济的饮用水的需求与水源地县、镇和社区长期经济发展之间的潜在冲突,其中有些县、镇和社区长期处于经济落后地位,

①　孙明正,余柳,郭继孚,等.京津冀交通一体化发展问题与对策研究[J].城市交通,2016,14(3):61-66.
②　李香云.京津冀协同发展中的流域管理问题与对策建议[J].水利发展研究,2016,16(5):1-3.
③　孙明正,余柳,郭继孚,等.京津冀交通一体化发展问题与对策研究[J].城市交通,2016,14(3):61-66.
④　姜策.国内外主要城市群交通一体化发展的比较与借鉴[J].经济研究参考,2016(52):78-82,90.

其管理者担心纽约市水源地与水资源保护计划使当地付出的多,而得到的少。此外,纽约市水源地与水资源保护也会或正面或负面地影响到那些常去水源地旅游的人们以及各种环境保护组织的利益。因此,纽约市、纽约州、水源地各社区以及其他利益相关方经过艰苦谈判,在水源地保护《流域协议备忘录》中设计多项水源地保护与伙伴关系计划,以保证在通过水源地保护计划保障纽约市用水安全的同时,促进水源地各社区的社会经济发展,其中则包括了在沿特拉华河流域和克罗顿河流域的一系列水利措施。2013 年,纽约常住人口为 817 万人,而该地区两块水源涵养区最大的有效库容为 20.7 亿立方米[①],保证了纽约的用水量。由于纽约水源涵养地不在纽约的行政管辖区内,为了确保水质,纽约市政府在源头投资 100 多亿美元建造了水体污染预防设施,并向当地政府提供资金建立了 103 个废水和污染物处理厂,以确保进入水源地水库和湖泊的水都达到洁净的标准。在废水和污染物处理厂覆盖不到的地区,纽约市提供了 2.2 万个小型过滤箱用以处理家庭废水。纽约市政府还在水源地设置了 300 个监测取水点,每周取 3.3 万份水样进行检测;在纽约市区设有 892 个监测取水点,每天抽取 1 300 份水样,进行水质硬度、浑浊度、气味、病菌、有机物、氯气含量等多项指标的全面检测,以保证向城市供应的自来水达到饮用水的水质标准。

国内的城市群在一体化建设、经济发展引领等诸多方面尚有不足。然而,借由物联网和 5G 等一批新技术的发展,在新型基础设施建设方面,我们又得风气之先。例如,粤港澳大湾区建成的智慧港口,北京新建的智慧灯杆,在未来的发展中将发挥出很大的潜力。为此,长三角地区应该博采众长,同时发挥自己优势,为更好的城市发展做出努力。

2) 长三角基础设施现状

经过了几十年的建设,长三角地区的基础设施已经在总量上达到了较高水准,居于全国领先地位。长三角地区已经有了高密度的铁路网和公路网、丰富的地铁线路、密集的内河航道以及密集的港口群和机场群。长三角地区的能源运输、存储、供应设施已经初步形成体系,区域管网互联互通。长三角地区流域防洪、区域排涝、跨流域调水等工程体系基本完善,已基本建成了防洪挡潮、除涝、调水、灌溉、降渍的水利工程体系。长三角地区通信基础设施已经十分完善,网络宽带线路密集,4G 基站密布,基本实现长三角地区 4G 全覆盖,5G 基站也在

---

① 顾朝林,辛章平.国外城市群水资源开发模式及其对我国的启示[J].城市问题,2014(10):36-42.

加速布局中。但长三角城镇基础设施一体化建设发展过程中也存在着以下问题。

（1）基础设施建设区域发展不平衡。

长三角区域基础设施发展不均衡的问题十分突出，"东强西弱""南密北疏"的非均衡特征明显。基础设施建设水平与区域发展水平高度相关。从经济发展数据上看，长三角区域发展不平衡的问题仍然比较突出。2018 年，上海市人均GDP 超过 12 万元，江苏省人均 GDP 超过 11 万元，浙江省人均 GDP 接近 10 万元，均超过全国平均水平。而安徽省人均 GDP 不足 5 万元，尚低于全国平均水平[①]，可见安徽省与其他两省一市仍存在较明显的差距。而较低的经济发展水平一定程度上影响了区域基础设施建设能力，从而产生了基础设施建设区域发展不平衡的现象。例如，长三角上海都市圈、杭州都市圈、苏锡常都市圈、宁波都市圈交通干线和交通路网密集，而长三角西部特别是安徽西部地区、长江以北地区交通路网分布较为稀疏，有些地区至今还没有通高铁，有些地方还存在着"断头路"现象。

（2）基础设施建设缺乏统筹管理。

长三角地区缺乏对基础设施建设的统筹管理，至今尚未形成铁路、公路、港口、机场、信息、能源基础设施管理"一张网"。长三角与国外同类型区域相比，具有地域广阔、人口和就业密集程度更高的特点，区域内存在都市圈、城市密集地区、大城市毗邻地区等多种空间结构复杂、发展阶段不同的子区域。在过去的建设发展中，长三角三省一市通常依据各自的规划及标准建设基础设施。由于各自的规划目标不同、建设时序安排不同等，各省市之间及省市内部基础设施网络连通性不强，铁路、公路、机场、港口、信息、能源等基础设施整体布局有待优化和完善。

（3）基础设施韧性建设不足。

长三角地区基础设施应对灾害的能力以及灾后的恢复能力仍然有所欠缺，即基础设施的韧性不足。例如，在应对自然灾害方面的抵御能力和恢复能力不足：长三角地区主要位于沿海地区，雨水充足，容易产生内涝，且常常受台风侵袭。在交通基础设施方面韧性不足：气温的变化和降水量的潜在增长，缩短了公路和铁路的生命周期，使得养护和修复费用成倍增加，并显著增加了其他风

① 刘志彪，徐宁，孔令池.长三角地区高质量一体化发展水平研究报告（2018 年）［M］.北京：中国人民大学出版社，2019.

险。对于自然灾害的抵抗力稍差:面临强降雨,易导致铁路线路瘫痪,无法快速恢复运行;同时,线路冗余性较差,一条线路瘫痪,没有其他线路来替代,导致交通的中断,造成严重的经济和社会损失,缺乏在日常及突发情况下保持通行能力的可靠性。

(4) 基础设施建设生态问题突出。

长三角地区的基础设施建设位于全国前列,但由于对环保的忽视,造成了严重的生态环境问题。例如,随着基础设施建设的不断扩张,除了城市用水量增加外,水资源也受到污染;城市集中耗能,排放大量废气造成空气污染,大气质量下降;在基础设施的施工建设过程中,不仅产生了严重的物理性污染,如噪声、电磁辐射等,还产生了水体、大气和固体废弃物等一系列环境污染问题。一些交通基础设施建设项目不合理的布局,对沿线的生态环境造成了破坏。随着交通基础设施的发展,物流业也得到发展,增加了交通运输碳排放量,引起大气污染。

(5) 基础设施应急保障和安全防护能力较差。

长三角地区的基础设施在发生自然或人为灾害时缺乏完善的应急保障措施和足够的安全防护能力。例如,在发生灾害时,很多基础设施不能应急供电、供水,没有应急通信设施,给救援人员的抢险救灾工作增加了难度,从而造成更多的生命财产损失。同时,基础设施的安全防护能力仍然较差,面对危险分子造成的破坏,无法及时进行防护,比如发生人为纵火时,因为缺乏火灾报警器将会造成严重的生命财产损失。另外,除了传统的基础设施之外,还需要不断加强关键信息基础设施的安全防护能力,以应对层出不穷的网络攻击,避免重要基础设施数据的泄露。

3.1.1.2 研究意义

基础设施是区域经济发展的基石,对区域经济发展起着重要的支撑作用,因此,基础设施一体化是实现长三角区域一体化的重要基础和前提条件,是实现长三角地区城镇一体化协调发展的物质基础。同时,基础设施一体化也会大力推进长三角城镇一体化协调发展。第一,城镇基础设施的一体化将会促进长三角区域中心城市的发展。交通运输网络、能源输送网络以及通信网络等基础设施的扩展,主要是围绕中心城市展开的。随着长三角地区城镇基础设施一体化的逐步完善,各个城市基础设施覆盖的地域范围越来越广,扩大了中心城市的腹地,有利于其进一步发展。第二,中心城市进一步发展壮大,将更便利地引领周边中小城市与城镇的发展。第三,长三角城镇基础设施一体化,可以刺激城镇出现新的经济增长点。随着交通运输等基础设施网络一体化程度的逐渐加深,交通网络会产生很多交汇点,这些交通便利的交汇点有利于城镇的进一步发展。

基础设施是一个国家和地区经济社会可持续运行的基础,因此,基础设施的互联互通是长三角一体化发展的重要组成部分。实现基础设施的互联互通,有助于打破长三角区域间的行政壁垒,实现跨区域物、人、资金、信息、技术、数据等要素的进一步流动与整合,从而优化长三角地区的资源要素配置,消除三省一市行政管理上的"硬分割",加强各区域之间的联系,实现区域内城镇一体化协调发展。

3.1.1.3　研究思路

基础设施的互通互联是长三角一体化发展的前提和基础,基础设施一体化建设和管理将极大地加快长三角区域资源要素的自由流动,保障长三角区域经济的高质量发展,增进长三角区域的民生福祉。目前,长三角基础设施互联互通水平已得到显著提升,但仍然存在以下四方面问题:一是丰富的水资源与不尽如人意的水环境安全要求不协调;二是长三角区域内交通,尤其是公共交通网络与区域发展不协调;三是水网的航运优势与区域交通发展不协调;四是高速发展的经济与生态发展要求不协调。

针对上述四个问题,从促进区域间基础设施的衔接融合,构建长三角基础设施一体化协同发展新局面的角度出发,提出四方面的对策:

(1) 注重水安全管理,尤其是做好太湖流域治理水安全保障的总体规划。

(2) 优先发展市域铁路、城际铁路,完善铁路基础设施建设,增强铁路枢纽的辐射和服务能力。

(3) 打造区域规模化、集约化内河港区,发展江海联运体系。

(4) 夯实长三角地区绿色发展基础,加强人文关怀,建设美丽长三角。

3.1.2　基础设施一体化基本原则

3.1.2.1　绿色低碳,环境友好

1) 长三角生态发展问题

一方面,长三角城市发展长期挤占城市生态空间,生态环境长期面临超载。据统计,2003—2017 年长三角和全国建设用地面积分别增长了 34.00% 和 27.39%,同时,长三角和全国农业用地面积分别减少了 2.30% 和 1.86%。而耕地"占补平衡"加剧了生态空间被侵占的现象,大量围垦造成湿地萎缩、重要的生

物栖息地遭到破坏。2003—2017 年,全国湖泊面积增长了 2.90％,然而长三角地区湖泊面积却下降了 5.39％①。由此可见,长三角地区高速发展的经济与生态发展要求并不协调,虽然长三角地区的基础设施建设位于全国前列,但代价是造成了严重的生态环境问题。所以,长三角地区生态空间保护压力巨大。

另一方面,长三角生态环境相关规划协同度不够。比如,长三角三省一市生态环境"十三五"规划的方针政策、目标与阶段性建设任务均存在较大差别,导致了各省市在推进生态环境建设的任务过程中,采取的行动有所差异,直接制约了长三角生态环境协同治理和区域生态安全保障。

2) 长三角生态发展建议

(1) 坚持"绿色先行",优先发展绿色基础设施。

在 2020 年 8 月举行的长三角一体化发展座谈会上,习近平总书记强调了夯实长三角地区绿色发展基础的重要性。为鼓励长三角区域积极建设绿色基础设施,可以考虑建立税收激励机制,通过完善税收同享机制,从经济角度鼓励长三角地区政府、企业和社区重视并参与生态维护与治理;通过完善协商机制,充分发挥已有的推动长三角一体化发展领导小组这一机构的领导作用,统筹协调长三角区域一体化,完善交通、水利、海洋海事、林业等部门间的沟通与合作,各部门各司其职,共同推进绿色基础设施建设;通过建立以市场为核心的生态管理机制,如生态系统服务付费、系统认证可持续产品、碳抵消等,为绿色基础设施提供价值实现平台。

(2) 严守"生态红线",落实生态保护制度。

在推进绿色基础设施建设之外,严格地落实生态保护红线制度,并完善生态考核检查制度。例如,可以将生态文明建设的相关管理条目列入考查范围,对其进行严格的考查;依法建立相应的监督管理补偿机制,严格控制污染机构的发展,对其进行必要的处罚,从而提高人们的环境保护意识。同时,还可以结合当地的实际情况以及经济发展水平来制定生态补偿的标准,从而构建科学合理的生态补偿标准体系。

(3) 打造"发展样板",聚焦重点区域率先突破。

长三角生态发展的重点工作之一,是打破生态环境的行政区划分割。对此,可以从重点领域合作着手,通过推动专项改革进行突破。例如,深度开展长江生

---

① 周冯琦.长三角生态环境共保联治:挑战与建议[EB/OL].(2020 - 01 - 02)[2021 - 09 - 11].https://theory.gmw.cn/2020 - 01／02/content_33448404.htm.

态治理与保护等区域重点生态环境联合研究项目,共同破解共性生态环境问题。又如,在长三角生态绿色一体化发展示范区内率先实施综合配套改革,积极打造具有代表性的生态友好型一体化发展样板。同时,通过完善生态环境管理体系,聚焦规划、标准、监管体系在长三角全区域内的统一,积极筹建长三角全区域管理"一张图"和"一张网"。

（4）构建"项目化"合作载体,推进生态环境共保联治。

针对长三角生态环境一体化的薄弱环节,立足于建设绿色美丽长三角的目标,重点加强生态环境共保联治工作,加快规划一批生态环境共保联治项目库,明确项目建设的主体、进度安排、评估评价,以项目化促进生态环境一体化加快发展,形成长三角生态环境共保联治的重要载体和基本保障。

（5）打造绿色低碳典型区域,加快实现"双碳"目标。

以长三角生态绿色一体化发展示范区为起点,将环境保护与生态修复工作作为推动城市绿化建设、河道治理建设和城镇环境治理建设的优先战略;扩大湿地、植被种植面积,提升区域"森林碳汇"储量,将长三角全区域打造为"绿色低碳循环典型区域",以期率先实现 2025 年前碳达峰、2050 年前碳中和的目标。此外,推进国际化江南水乡文化名城建设和新时代美丽城镇、美丽乡村建设,建设江南水乡古镇生态文化旅游圈,推出"世界级水乡古镇文化休闲区",将其建设成为集人文历史体验、水乡度假休闲、运动健康养生等于一体的高品质文化体验和旅游度假目的地。

3.1.2.2　数字赋能,智慧创新

1）长三角传统基础设施发展存在的问题

（1）长三角人民日益增长的美好生活需要与基础设施管理水平之间的不协调。自改革开放以来,长三角地区基础设施经过大规模开发与快速建设,总体已经达到较高水平,且处于全国领先地位。然而,伴随着城镇化进程的加快和经济水平的快速提升,城镇化带来的各种副作用逐渐凸显,例如交通拥堵、城市内涝、环境污染等问题,激发了人们追求更加宜居、便捷、安全的城市生活的决心。城市基础设施早期分别由不同的主体建设运营,随着基础设施建设规模的大幅扩张,这种管理模式不仅影响了市容市貌,其背后更重要的问题在于数据孤岛效应,由于没有统一的筹划,不同监管部门对不同数据的使用、监管不同,导致数据使用效率不高,基础设施管理水平有待加强。

（2）长三角高质量发展需求与基础设施运营状况之间的不协调。2020 年 8

月 20 日,习近平总书记在合肥主持召开的扎实推进长三角一体化发展座谈会上指出,长三角区域存在城市开发建设早、旧城区多、改造任务较重等问题,强调未来要努力提升长三角城市发展质量。目前,我国交通、物流、能源、水利、市政等传统基础设施还存在诸多短板和不足,例如基础设施的整体质量、综合效率和服务水平还有较大的提升空间,需要加快升级改造。对此,物联网、人工智能等信息技术与传统基础设施的结合,例如智能交通、智能电网、智慧物流、智慧水利等,能够大幅提升传统基础设施的质量和效率,而且可以促进相关的新兴产业集群的发展,例如智能制造、车联网、智能驾驶、无人配送,并推动新兴消费的普及,例如 5G 终端消费、网络教育、远程医疗、网络娱乐等。

基础设施数字化可以实现社会资源的合理配置与优化使用,提高社会运行的效率,优化城市治理水平,而且还将给长三角地区经济、产业、社会、文化、生态环境带来根本性的变革,培育和壮大新兴产业,推动经济转型、消费升级和高质量发展。

现阶段,长三角地区基础设施建设应立足于城市长远高质量发展、产业转型升级与社会民生发展的需求,统筹整体与个别区域、存量和增量、传统和新型基础设施发展,为提高区域社会发展水平提供强有力的支撑。

2)长三角传统基础设施数字化发展建议

(1)深度应用物联网、大数据、人工智能等技术,支撑传统基础设施转型升级。通过智能交通推行"五个一"工程(一张蓝图、一个平台、一卡通、同一交通乘车码、一张网),长三角三省一市将同绘"一张蓝图",打造信息共享交换"一个平台",推动城市常规公交、轨道、出租车等交通"一卡通""同一交通乘车码",实现监管应急"一张网"。

(2)长三角基础设施实现"一网统管,一网通办"。通过建立长三角基础设施建设审批、监管共享平台总门户,推动不同部门、行业与地区之间落实数据共享共用。通过推进基础设施建设资源的集成与互动,从而为区域基础设施建设提供"一站式"政务服务。其中,数据共享共用不仅关系到长三角地区民生民计与社会发展,而且有助于长三角地区建立区域性的公共卫生应急管理体系和联防联控机制,减少不必要的重复检测环节,从而有效防控区域疫情。需要注意的是,在数据的共享共用过程中应强化安全保障,筑牢"制度、技术、管理"防火墙。通过加强"一网通办"平台对个人隐私的保护,落实公共数据分级分类管理和信息安全等级保护制度,做好数据安全使用的监管、预警与审计。

（3）率先打造数字化城市建设的示范区，鼓励数字化在重点城市的重点区域先试点，再推广至长三角全区域。在建设引领高品质生活的未来之城过程中，应突出高效智能，注重智慧科技在城市交通、公共服务、基础设施等领域的深度融合和迭代演进，以打造城市数字化转型的示范区，并对标最高标准，展现最新理念的示范和样板。

综上所述，本章将依托上述绿色低碳化、数字智能化的基础设施一体化基本原则，结合长三角水源丰富、交通网络密集、拥有世界级港口的基础设施特征，从水安全、城际交通、内河港口、美丽长三角四个方面，对长三角城镇基础设施一体化建设展开研究，助力建设绿色低碳、数字智能的长三角基础设施。

3.2　水安全一体化

长三角地区位于长江中下游平原，水系众多，一直将治水兴水放在突出位置。如今，长三角地区流域防洪、区域排涝、跨流域调水等工程体系已经基本完善，水利综合保障能力强大。苏浙皖沪三省一市共饮一江水，供水设施已经较为完善，供水管网密布。

3.2.1　水资源现状

长三角区域包括上海市以及江苏省 9 个市、浙江省 8 个市和安徽省 8 个市。区域内北有长江，南有钱塘江，东有太湖，西有巢湖。根据能收集到的长三角区域内各省市水资源公报（个别城市数据缺乏的，从当年的省水资源公报中摘取），各省市 2011—2019 年水资源主要特征值如表 3-1 所示。

表 3-1　2011—2019 年长三角区域各省市水资源现状

年份	省	市	平均降水量/毫米	水资源总量/亿立方米	取（用）水总量/亿立方米	人均用水量/立方米
2019	上海市	上海	1 389.2	48.35	76.00	313
2015	江苏省	南京	1 443.3	46.15	40.24	158.3 L/人.d(2017)
2017		镇江	1 200	22	23.5	158.3L/人.d(2017)
2017		常州	1 243.8	24.29	25.93	158.3 L/人.d
2017		无锡	1 200	21	33	158.3 L/人.d

年份	省	市	平均降水量/毫米	水资源总量/亿立方米	取(用)水总量/亿立方米	人均用水量/立方米
2012	江苏省	苏州	1 117.7	35.50	81.46	498
2019		盐城	804.5	33.02	50.57	604
2018		扬州	1 146.6	21.56	33.47	739
2017		泰州	1 000	20	28.5	144.1 L/人.d
		南通	929.1	50.22	35.83	489.61
2019	浙江省	杭州	1 823.5	188.12	30.96	298.9
2017		湖州	1 334.1	37.08	15.08	304.7
2019		嘉兴	1 505.3	33.21	17.85	374.8
2019		绍兴	1 844.9	92.93	17.56	304.7
2019		宁波	2 103	122.22	20.43	239
2016		舟山	1 688	11.58	15.55	304.7
2019		台州	2 256.9	149.67	14.58	237.3
2019		金华	1 970.3	141.05	15.71	279.34
2009	安徽省	合肥	922.7	17.61	21.74	377
2016		安庆	2 127.8	188.6	25.11	544.4
2019		池州	1 380.8	53.45	10.21	687.5
2018		铜陵	1 104.9	14.41	13.25	445.6
2019		芜湖	977.7	24.18	30.16	798.2
2019		马鞍山	776.9	9.71	28.75	548.6
2011		滁州	965.5	40.4	23.07	587
2015		宣城	1 776.2	125.76	15.18	586

3.2.2 水安全情况

3.2.2.1 长三角地区水安全总体情况

当前,在水生态安全方面,已经建立了地区河长制、湖长制,对控制和改善区域水环境起到了较好的作用;在防洪除涝安全方面,已经形成了防洪工程体系,包括流域骨干工程、水利分区防洪工程、重要区域防洪工程、海绵城市建设,对区域防洪安全起到了重要的作用；在供水安全方面，已经形成了多格局的城乡供水体系。

3.2.2.2　上海市水安全现状

目前，上海市已经构筑了"四道防线"和"四个体系"的城市防汛风险管控系统；构筑了"两江并举、集中取水、水库供水、一网调度"的城市供水安全风险管控系统；构筑了"提标改造、污水系统调整优化、加强面源治理、构建系统连通设施"的城市水生态安全风险管控系统。

3.2.2.3　江苏省水安全现状

目前，江苏省的防洪减灾体系建设稳步推进，调配水工程体系进一步完善，水资源管理与水环境保护成效显著，河湖与水利工程管理更加规范，农村水利与水利服务民生工作取得一定成效，依法治水与水利改革不断深化。

3.2.2.4　浙江省水安全现状

目前，为助力平安浙江建设，"防洪水"工程已深入实施；为促进经济快速发展，"保供水"网络基本形成；为推动生态浙江建设，"治污水""抓节水"工作正在协调推进；依法治水管水得到加强，行业管理能力持续提升。

3.2.2.5　安徽省水安全现状

目前，安徽省通过做到六个"坚持"，即坚持以人为本、科学防控，坚持科学规划、系统治理，坚持突出重点、精准施策，坚持生态优先、绿色发展，坚持深化改革、两手发力，坚持依法治水、科技兴水，已取得阶段性成果。水旱灾害防御工作已取得显著成果，水利基础设施网络不断完善，农村饮水安全问题全面解决，水生态文明建设迈出新步伐，水利体制机制不断优化，水治理能力逐步增强。

3.2.3　水安全问题及应对措施

3.2.3.1　水安全存在的问题

"十三五"期间，长三角区域无论是在防洪减灾、水资源调配还是在水生态水环境方面都取得了巨大的成就，但是区域水利发展中一些不平衡、不协调、不可持续的深层次矛盾和问题尚未得到根本解决。

1）水生态安全方面

长三角地区河网交错，水系发达，但河湖水环境状况不容乐观，城市河流流速缓慢、污染源较多等特点加剧了城市河道的污染程度。部分水源地受流域上游沿线工业和养殖业排放的影响，溶解氧、总磷、总氮、铁、锰等指标超标，同时存在锑污染和其他复杂污染风险。一些区域污染物排放强度超过河湖纳污能力，河湖水体受到不同程度的污染，并且尚未能有效遏制河湖生态退化。此外，各个地区的水质标准不一，导致行政边界上河流污染控制不一；各行政区域及边界河流断头河浜连通不够，导致河网水流流动不畅；水质监测部门的信息交换亟须建立统一的平台。

2）防洪除涝安全方面

在我国特殊的季风气候的影响下，我国降水年内分布极不平均，在 6 月至 9 月，降水可达全年的 $60\%\sim80\%$[①]，这在汛期增加了城市内涝的概率。同时，由于城市在之前的扩张过程中，原有河道、湖泊等自然水体的面积不断减少，地面硬化率逐渐增加，再加上城市地下管道的排水能力无法满足排洪要求，导致了城市内涝。

传统防洪方法奉行"使雨水尽快离开城市"的理念，所以时常对自然河流采取截弯取直，对河岸进行浆砌石衬砌，更有甚者，用水泥浇筑河床，希望将原本流速缓慢的河流改为流速加快的人工渠道。这种渠化行为由于破坏了河岸的生态环境，不仅会使两岸的生态多样性降低，而且也破坏了地表水与地下水的有机联系，河流净化能力也随之下降，污染变得越发严重。

目前绝大多数城市依靠排水管网迅速地将暴雨径流转移到远离城区的地带，使"快排"成为雨洪管理的主流思想。然而，这种"快排"的排水管网铺排模式带来了诸多弊端：一是低洼地区的内涝。随着规划建设面积的不断增加，城市硬质下垫面也逐渐增加，汇水面积相应扩大；同时新建区域内排水管网在不合理的规划下，均会并入城市旧有的排水主管网，造成原本标准就不够高的排水管道排水不及时。这就造成了在降雨量过大、场地排水能力不足的情况下，地势较为低的地区就会产生大量积水，形成内涝。二是收纳水体的污染。径流被快速地大量排放，使得本应该被自然下垫面渗透吸收的雨水直接进入受纳水体。雨水在管道中的流速远远大于地表流速，导致污染物很难被沉淀下来，加速了对受纳水体的侵蚀和污染。三是排水管道的堵塞。由于排水标准较低，长三角地区中不少城市排水管道堵塞严重，直接影响了城市排水系统功能的发挥。

此外，还存在流域—区域与城镇之间的防洪设计标准没有一体化考虑的问题，导致大的洪水到来时运行调度的困难；同时，长三角各地按照自己的需求建

---

① 利用地下水库调蓄水资源[EB/OL].[2021 - 09 - 11].https://www.docin.com/p - 505980540.html.

设圩区,给区域、流域及下游不断带来新的防洪压力;长三角统一的防洪预案和防洪风险措施也需要进一步完善。

3) 供水安全方面

长三角跨区域调配水体系需要进一步完善,水资源浪费现象较为严重,农村饮水安全也需要进一步提升。目前,长三角已经形成了河、湖、长江口供水水源地的格局,但是相邻省市的供水水源应急互补调度机制还需要建立和加强。对于跨边界水源地突发性水污染事件,长三角各省市之间应对突发水污染的联防联控机制、水质水量联合调度机制等也需要进一步完善。长三角区域内干流、支流、湖泊等取水口分散、缺少统筹布局,存在重复建设的情况和缺乏统一调度的机制。同时,长三角各取水口水质差异较大,水源地分散。分散的水源地限制了当地的生态空间释放,而水源地的开发又与水生态保护产生矛盾。所以,由于目前源头生态补偿机制不尽完善,使得水源地开发与饮用水使用地的利益产生冲突。

4) 太湖流域水污染问题

太湖流域地处长三角城市群核心区域,流域面积达 36 895 平方千米[①],是我国大中型城市最密集、人口密度最大、经济最具活力的地区之一。同时,太湖流域也是长三角世界级城市群的重要组成部分,拥有上海市、杭州市、苏州市、无锡市、嘉兴市等超大、特大和大中型城市,以及诸多发展迅速的城镇,该区域城镇化率超过 80%。据统计,2018 年太湖流域总人口为 6 104 万人,占全国总人口的 4.4%;GDP 达 87 663 亿元,占全国 GDP 的 9.7%;人均 GDP 达 14.4 万元,是全国人均 GDP 的 2.2 倍[②]。

太湖是一个大型浅水湖泊,地跨江苏、浙江两省,湖泊水面积为 2 338 平方千米,湖底平均高程约 1.00 米,平均水深 1.89 米[③],是太湖流域防洪与水资源配置的调控中心。经过多年的综合整治,太湖流域水质总体呈现好转态势,流域水质稳中趋好,但是仍然存在着以下几个问题。

(1) 太湖总体污染情况虽转好,但太湖北部和西部湖体总磷浓度居高不下。

① 生态环境部太湖流域东海海域生态环境监督管理局.太湖流域[EB/OL].(2020-02-19)[2021-09-11].https://thdhjg.mee.gov.cn/dwgk/lyhyjj/202002/t20200219_764696.html.
② 生态环境部太湖流域东海海域生态环境监督管理局.太湖流域[EB/OL].(2020-02-19)[2021-09-11].https://thdhjg.mee.gov.cn/dwgk/lyhyjj/202002/t20200219_764696.html.
③ 百度百科.太湖[EB/OL].[2021-09-11].https://baike.baidu.com/item/%E5%A4%AA%E6%B9%96%E6%B5%81%E5%9F%9F/7431148.

2016 年以来,太湖湖体总磷出现反弹。2020 年,太湖湖体总磷为 0.075 毫克/升,较 2015 年上升了 27.1%[①]。太湖流域各地总磷控制依然存在诸多薄弱环节,如 2020 年梅雨季节,断面水质出现断崖式下降。此外,污水处理厂的排污浓度虽达标了,但是由于太湖周边城镇化程度高,排污总量超出了太湖的纳污能力,造成了湖体总磷浓度升高。

(2)城市居民家庭洗衣机排水没有纳入污水管网造成入湖总磷增加。一方面,是使用无磷洗衣粉的规定没有得到贯彻落实;另一方面,家庭洗衣机排水没有经过污水厂的处理就通过阳台雨水管网直接排放了。

(3)太湖"藻型生境"尚未根本改变,仍然存在蓝藻大面积暴发甚至引发湖泛的可能。

3.2.3.2 水安全应对措施

1)加速长三角地区特别是太湖流域水污染治理,还清洁水体于人民

统筹开展长三角地区水污染治理一体化规划,重点针对目前面临的水环境污染、水生态损害等突出问题,从一体化高度推进区域内河湖水系、上下游、干支流和太湖、入湖河道和周边陆域的综合治理和管理保护,为跨地区湖泊湖长制深入落实提供典型示范,还清洁水体于人民。同时,应统筹考虑排污管道布设,统筹规划引水线部署与建设方案,保证管网施工的整体性、系统性。

对于太湖流域水污染治理,应开挖底质中富含大量氮、磷的太湖淤泥,减轻太湖水体长年处于富营养化的状态;同时,着力推进太湖流域产业结构和工业布局调整,加强源头污染防控和减排,特别注重湖西区等太湖上游区域的污染防治。总之,太湖流域水污染治理要抓好控源、截污、治违三个重点,具体建议如下:

(1)控源。要持续减少工业污染,持续降低农业面源污染,推进高标准池塘等方面建设,实现闭环管理和"零排放"。通过尽力减少污染排放,降低入湖的营养盐负荷。

(2)截污。要进一步完善污水管网,不断提高污水收集处理能力。在具体的措施上,要提高太湖当地污水处理厂的标准,或者引入新的水源等。要发挥好大型水利骨干工程的引领作用,组织科学引水,优化排水体系,促进湖体水循环。要严格执行使用无磷洗衣粉,并将居民家庭洗衣机排水纳入污水排水管网,加强

---

① 江苏省生态环境厅.三个关键词解读太湖安全度夏要点[EB/OL].[2021 - 09 - 11].http://hbt.jiangsu.gov.cn/art/2021/3/2/art_2529_9686591.html.

雨污分流建设。

（3）治违。要巩固提升"两违三乱"专项整治行动成效,要重点加强对泥浆偷排的整治,创新监管方式,坚决惩处违法行为。

针对洪涝灾害发生后生态破坏风险,要提前做好处置预案;针对蓝藻大面积暴发可能性增加的风险,要提前做好防止藻情反弹工作,确保饮用水安全。

2）给上游水源地生态补偿,造福浙江、安徽人民

通过水源地网的构建,打破水源地分散的困局,形成水源地互补连通的格局,实现统一调度、丰枯相济、避咸蓄淡,始终将优质水源供应给老百姓。同时,通过合理设置水源地,释放生态空间。此外,应建立对新安江上游、安徽皖东南地区等浙江和安徽水源地的生态补偿机制,保障水源地地区的人民得到生态保护的经济补偿,从而造福浙江、安徽人民。

3）区域统一"控源减排",连通断头河湖

加大饮用水水源保护力度,推进河湖生态环境治理修复。建立长三角一体化水安全总河长制和河长协调机制,统一掌握水质标准,统管各个地区的水质水生态问题,控源减排削减入河污染物总量。对长三角地区水系整治和河网整治进行统一规划,连通跨行政区域内的断头河湖水系,加强河网湖荡的互联互通,建设长三角一体化生态河网。科学开展生态补水,切实保障河湖生态流量(水位)。统筹规划长三角各地污水处理厂的建立,对污水排放进行统一管理,力争不让污水排进河湖中。

4）完善"流域—区域—城镇"防洪联合调度

通过工程措施和非工程措施,加强大江大河中下游地区洪水风险评估,协同开展长三角区域内土地利用和建设项目的洪水影响评价和风险管控,以降低洪涝灾害损失。充分考虑气候变化引发的极端天气影响,科学提高和统一长三角地区"流域—区域—城镇"洪水防御工程标准,作为长三角各地防洪和水利工程设计的规范性文件依据,以有效应对超标洪水威胁。从系统全局角度统一筹划并开展长三角地区的圩区建设工程,进一步完善一体化的防洪风险措施。

5）建设海绵城市

海绵城市的提出就是希望城市土地能够拥有海绵功能,即在雨水季节,具备吸收水分、储蓄水分,乃至净化水分的能力。海绵城市建设采取的方法是:就地解决水问题而非转嫁给外地,以分散消化代替集中处理。目前,海绵城市

的建设思路主要围绕低影响开发技术展开,即要求在城市开发建设过程中,一是保护原有的水生态系统,划定城市的开发边界和保护区域,最大限度地保有河流、湖泊、湿地等生态体系;二是恢复之前被破坏的水生态体系;三是推行低影响开发举措,采取适当开挖河湖沟渠、增加水域面积等方式,减少对原有水生态环境的破坏,最终在海绵城市建成后实现地表径流量与开发前保持不变的目标。

为了保证海绵城市系统的有效运行,作为重要的分支,管渠系统需要被恢复、细化、完善,以实现大小排水系统相结合。针对传统的"快排"模式引起的问题,需要大排水系统和小排水系统共同作用。小排水系统主要包括城市排水管网、城市各级排水沟渠及地下深层排放隧道。一般认为在城市区域,一个集水区的多余水量应首先汇入排水沟渠,然后经由各级排水沟渠进入城市排水管网或直接进入蓄水湖泊、雨水调蓄设施,最后进入深层隧道或者排入城市河流。大排水系统主要包括城市中自然存在的排水保护机制,既包括自然形成的使城市与自然和谐相处的地形、河流、湖泊等,还包括一些开敞的干沟,以及在城市化过程中经过规划预留出的一些道路。此外,路边的绿地、草沟,一些人为规划的蓄水池、滞水池及地下的大型排水隧道等都成为大排水系统的一部分。当集水区较大或地形较为复杂时,大型排水系统通过增加排水沟渠的级数解决排水问题,它们主要用于转移当地雨水积留,有时也起到蓄水和滞水作用,是增加雨水径流路径的一种方式,能推迟洪峰来临的时间。典型的地下排水工程有伦敦泰晤士河排水隧道、芝加哥的深隧排水系统和日本江户川隧道工程等。

通过大小排水系统共同作用可以解决径流的来源、路径规划和接收场所三个方面的问题。在径流的来源控制方面,主要是减少径流量、增加雨水渗透;在径流的路径规划方面,主要是延缓排放速度、延长排水路径;在径流的接收场所方面,主要是构建接收网络、细化城市水系空间。

为了构建完整的城镇海绵城市系统,首先,可以用河流串联起现存的溪流、湿地和低洼地,形成一系列蓄水池和具有不同净化能力的湿地,从而构建雨洪管理和生态净化系统。这一方法不仅最大限度地减少了城市雨涝灾害,而且在旱季也能持续供水。其次,可以拆除一些现存的渠化河流的混凝土河堤,重建天然河岸的湿地系统,使河道发挥自净能力。

对于道路雨洪,可以通过下水道排入沿途大型蓄水池,或通过渗透补充地下水。另外,在城市街道雨洪管道口设截污挂篮,以拦截雨洪径流携带的污染物。

而城市地面可以使用可渗透地砖来减小径流,各小区沿着排水道修建可渗透浅沟,表面植有草皮,以便雨水径流时下渗。对于超过渗透能力的雨水,则进入雨洪池或人工湿地,作为水景或继续下渗。

此外,应将物联网、云计算、大数据等新兴技术加入海绵城市系统中,对城市内的智能设备和监控设备安装传感器,布设地下水和温度监测点,并实施在线监测,以掌握水质变化、地下水水位等信息。如遇降雨时,主要监测不同区域的降雨情况,提供准确的降雨数据,利用互联网技术把实时信息传输到城市主服务器上。同时,还可以对景观河、人工湖、蓄水池等重要海绵体进行水质水位监测,掌握雨水积蓄状况,确认再生利用方式。

6) 建设"多点供水、一网调度"的城乡供水安全保障体系

打破行政区域的壁垒,推进长三角跨区域农村规模化供水。推进城市管网向农村延伸和农村供水工程与城市管网的互联互通,推行统一标准、统一管理、统一维护,以建设规模化供水工程。建立长三角地区相邻省市供水水源整体规划和应急互补机制,形成长三角地区城镇供水的多点供水、一网调度的体系。建设从东太湖引水的管道工程,惠及江苏吴江、浙江嘉善和上海西南地区居民。建立统一的长三角地区省市之间水质联防联控机制、突发性水污染预报预警、应急处置机制及应对措施。

3.3　城际交通一体化

长三角地区位于长江的下游地区,是长江入海之前的冲积平原,地势平坦。经过多年的建设,长三角地区已初步形成公路、水运、铁路、航空、管道等多种交通运输方式共同发展的综合运输体系。交通一体化是长三角一体化国家战略实施的支撑和保障。

3.3.1　城际交通发展现状

经过长时间的建设,长三角地区已经初步形成了网络较为发达、衔接较为顺畅的公路、铁路、航空等多种运输方式综合发展的交通基础设施网络。长三角地区铁路网和公路网较为完善,机场群发展水平也处于国内领先地位。

1) 长三角地区公路整体发展态势较好

根据 2019 年的数据显示,上海、江苏、浙江、安徽的高速公路通车里程分别

为 830 公里、4 865 公里、4 643 公里、4 877 公里,密度分别为 13.83 公里/百平方公里(全国排名第一)、4.72 公里/百平方公里(全国排名第五)、4.55 公里/百平方公里(全国排名第七)、3.48 公里/百平方公里(全国排名第十五),长三角地区人均高速公路长度约为 0.95 公里/万人[①]。综合来看,长三角地区高速公路的发展在国内处于领先地位。

2) 长三角地区具有全国最为密集完善的高铁网

回顾国外世界级城市群的发展进程,多层次轨道交通网络是优先发展对象。目前长三角地区的高铁网在国内乃至世界都处于高水平,2019 年中国轨道交通数据显示,中国有 43 个城市拥有地铁,其中 10 个位于长三角地区,居于全国前列;长三角地区铁路总里程达到 11 632 公里,密度约为 3 公里/百平方公里,人均铁路长度约为 0.73 公里/万人,其中高铁线路达 22 条,其营业里程近 5 000 公里,覆盖了长三角区域内 90% 以上的地级市[②]。截至 2018 年,长三角铁路旅客输送量已突破了 13 亿人次,承担全国近 20% 的铁路旅客运输量,其中高铁旅客运输量达到 9.75 亿人次[③]。

3) 长三角地区机场数量众多

长三角地区拥有着数十座机场,在国内遥遥领先。2019 年,长三角机场群完成旅客吞吐量 26 557.2 万人次,较 2018 年增长了 7.0%[④];2019 年完成货邮吞吐量 569.3 万吨[⑤],基本与 2018 年同期持平,其中浦东机场、虹桥机场、萧山机场、禄口机场吞吐量均位居全国前列。长三角地区旅客吞吐量仍然集中在上海、南京和杭州三大主要城市,同时宁波、温州和合肥等核心城市的机场也得到了快速发展。

3.3.2 城际交通问题及应对措施

3.3.2.1 城际交通现存问题

2020 年 4 月,国家发展改革委正式发布《长江三角洲地区交通运输更高质

① 长三角交通一体化研究中心.2020 年长三角交通一体化发展年度报告[R/OL].(2021-03-02)[2021-09-17].http://www.jiaxingren.com/folder22/folder286/2021-03-02/778741.html.
② 扬子晚报网."不平衡"的长三角高铁网如何"完善"?[EB/OL].(2020-04-14)[2021-09-11].https://www.yangtse.com/content/905923.html.
③ 中国证券网.长三角织就"最密高铁网"一年到发旅客首次突破 13 亿人次[EB/OL].(2018-12-19)[2021-09-11].http://news.cnstock.com/news,bwkx-201812-4312845.htm.
④ 凤凰网.2019 年国内机场运力排名:北上广居前三,中部之争胶着[EB/OL].[2021-09-11].https://yeeyi.com/main/newsdetail/453238/?cityFilter=1.
⑤ 杨慧娟.打造长三角世界级机场群[EB/OL].(2020-07-15)[2021-09-11].http://paper.comac.cc/html/2020-07/15/content_7967.htm.

量一体化发展规划》，表明长三角地区对外交通辐射及区域交通一体化需求不断增强。在长三角地区打造出行首末端无缝衔接、安全高效、绿色出行的立体交通网络，对于贯彻落实长三角一体化高质量发展的国家战略具有重要的支撑和引导作用。但目前长三角地区城际交通存在的主要问题是公共交通网络与区域发展不协调，具体体现在以下方面。

1) 公路网层面，省际"断头路""最后一公里"问题仍待解决

长三角区域干线交通较为发达，但仍存在部分省际"断头路"，如申嘉湖高速在浙江安吉县停止延伸；阜溧高速在兴化市与建湖县间断开，北段也是"断头路"，未与高速公路网衔接；溧宁高速在黄山歙县境内终止；宿连高速目前仅有宿迁市境内一段，尚未与周边高速公路衔接。此外，长三角区域低等级道路系统网络衔接不够通畅，"断头路"较多，城际出行时往往在始端和末端花费太多时间，极大地降低了出行效率，导致区域联系的首末端交通出行较为不便，尤其是小城镇的通达性较低。

2) 铁路网层面，市域铁路、城际铁路发展较为缓慢

长三角区域铁路运输水平虽然较高，但在客流高峰期间，长三角地区的高铁仍存在运营班次难以满足高密度城市群城际出行需求的问题。同时，长三角地区综合交通运输体系发展存在短板，例如在城际铁路和市域铁路方面，长三角各省市还处于初步发展阶段，且长三角地区货运物流网络仍有待完善，这些都与长三角一体化高质量发展不相协调。

3) 机场群层面，机场航空偏向规模化发展，区域不均衡问题较为突出

长三角地区机场群内的多数机场功能定位为枢纽型机场，如浦东机场、虹桥机场、萧山机场、禄口机场、硕放机场、新桥机场、奔牛机场等，均向大型机场方向发展。由于枢纽型机场布局过多，反而失去了枢纽意义，导致多数地方机场规模与实际吞吐量不相匹配。同时，长三角地区机场群呈现两极分化结构。长三角地区航空业务在主要城市高度集中，如浦东机场、虹桥机场、萧山机场、禄口机场等主要机场客流量较大，而其他地区机场的客流量则明显较少。上海虹桥机场和浦东机场作为长三角地区的核心航空枢纽，其运营能力均已达到饱和，面临发展瓶颈。此外，长三角地区各枢纽机场的国际竞争力整体偏低，再加上机场群内部功能分工不尽合理，市场定位不够清晰，所以亟须提升长三角地区机场群的整体功能和效率。

4) 新冠肺炎疫情暴露出长三角交通一体化在应急防控中的不足

(1) 长三角交通一体化的整体意识尚未完全形成。

中央政治局召开会议审议《长江三角洲区域一体化发展规划纲要》时强调，

上海、江苏、浙江、安徽各地要增强一体化意识,加强各领域的深度合作,稳步推进长三角朝着一体化方向发展。但从当前体制来看,区域之间的分割、掣肘较多,且较难突破。对于交通基础设施,地区或城市基建协同化建设程度不高,各地"一盘棋"的思想意识参差不齐,区域交通一体化发展缓慢。新冠肺炎疫情暴发后,长三角三省一市健康码互认机制为人员的复工开了绿灯,然而货物运输仍然受限。例如,长三角各地虽发放了"长三角货车通行证",但只针对当地牌照货车,尚未解决区域内所有货车跨区域通行问题,因此目前亟须长三角全区域决策层自上而下进一步深化一体化意识。

（2）重大交通枢纽运行能力难以满足应急需求。

当前,长三角地区立体交通运输网络还有待完善。例如,从江苏南部到浙江北部,必须从上海绕行,导致上海枢纽运输能力紧张。以 2018 年国庆假期为例,虹桥枢纽日均客流达 132 万人次,超过了当时设计的最高日流量 110 万人次[①],枢纽运输能力凸显瓶颈。虽然自 2013 年起,虹桥综合交通枢纽已经逐步建立起相对完善的应急管理预案体系,但细观之下可以发现,这些应急管理预案体系均为上海市市级应急管理单元,对于应对类似新冠肺炎疫情的跨区域公共危机时,显得动力不足、协调性不够,尚不能满足应急要求。

（3）应急物资运输与调配出现异地梗阻。

2019 年末以来的新冠肺炎疫情给我国应急医疗物资的运输调配带来了巨大的挑战。各地"一窝蜂"发布车辆限行通知,一些地方出现了过度管制的问题,对途经的非本地车辆进行"一刀切"式劝返,甚至对国道、省道的过境车辆也进行劝返。这导致疫情期间物流运输严重受限,不仅成品难以快速运出,所需原材料供应同样受限制,严重影响了物资配送和生产生活的正常开展。同时,由于应急物流与商业物流尚未有效融合,强大的商业物流体系并未在应急初期发挥应有的作用。这些情况反映出目前关键应急物资跨区域运输调配管理还存在相对粗放的问题。因此,应急情况下应充分发挥长三角一体化的优势,统筹物资的生产数据与交通运输信息,协调应急物资的生产与运输,努力做到区域内自给自足,并向全国其他地区施以援手。

（4）区域间管理规范与技术标准存在冲突。

突发公共事件的相关数据来自不同部门、不同地区,由于开发人员之间存在着工作习惯、能力、方法和经验等方面的差异,其技术成果和表达方式也大相径

---

① 澎湃新闻.沪苏高铁一体化:苏州北站拟与上海虹桥建设高铁组合枢纽[EB/OL].(2019 - 12 - 31)[2021 - 09 - 11].https://tech.sina.com.cn/roll/2019 - 12 - 31/doc - iihnzhfz9548687.shtml.

庭。例如杭州通过"健康云"平台支撑新型冠状病毒防控系统,而江苏上线"江苏省新冠肺炎疫情监测"平台来开展疫情防控工作,通过不同平台进行数据汇总不利于后续的数据共享。同时,长三角疫情联防联控机制涉及多个环节,航空运输、口岸检疫、目的地送达、社区防控要形成闭环,从"舱门"到"家门"的每个环节都不能掉链子。因此,统一的技术规范标准体系对于应急情况下交通部门与其他各部门、各省市之间的高效协作至关重要。

(5) 应急响应指令不够人性化。

各地在疫情暴发初期应急响应上呈现出不同的水平,全国范围内缺乏合理、高效、一致的应急措施,长三角区域也不例外。有的地方第一时间有效抗击疫情,而部分地区应急响应不及时、不合理,因此出现了不少群众呼唤当地政府"抄作业"的现象。此次疫情中发现确诊被感染者后,对同处或同乘人员进行疫情排查,经历了从刚开始媒体发布公告召集,到后期上线公众疫情跟踪、同车查询等系统,排查寻找过程较为被动,缺乏可供应急决策的精细化数据支撑,影响了应急响应指令的高效性和合理性。因此,需要建立长三角地区统一的应急响应常态机制和工作预案,在突发情况下通过快速响应和主动公开数据减少公众恐慌,增强政府与民众在应急抢险过程中的信任关系——因为建立公众信心是解决突发公共事件的"压舱石"。

综上所述,长三角区域城际交通一体化存在的问题主要体现在公共交通网络与区域高发展水平不协调。长三角地区公路网中断头路仍未完全消除,低等级公路衔接不足,可见长三角地区公路网仍需优化,提升运行效率;在铁路网方面,长三角地区铁路密度低,市域铁路、城际铁路发展较为缓慢,与长三角区域高发展水平不相匹配,需增加铁路密度,发展铁路绿色交通,一方面体现节能环保,另一方面减轻公路压力;在机场群方面,长三角地区机场密度相对较低,需加大机场群的建设与优化力度。长三角地区是国内发展最为先进的地区之一,也是我国人口聚集最多的三大区域之一,是我国经济增长的关键一极。然而,在如此雄厚的经济实力和高速发展基础的支撑下,长三角区域公路、铁路、航空等公共交通网络发展却不尽如人意,与区域发展程度不相协调,这在很大程度上阻碍了长三角地区一体化的进程。因此,对标高质量一体化发展要求,亟须在更高层次上对长三角区域交通一体化进行全局考量。

3.3.2.2　城际交通应对措施

1) 优先发展长三角地区市域(郊)铁路

加强铁路建设,提升铁路网密度,提高长三角地区铁路覆盖率。优先发展市域(郊)铁路,到2025年基本形成长三角区域市域(郊)铁路骨架网络,推动干线铁路、城际铁路、市域(郊)铁路与城市轨道交通融合发展,从而形成长三角都市圈同城化高质量发展格局。

2) 打通长三角区域省际"断头路",完善城际出行"最后一公里"

消除省际"断头路"是推进长三角城际交通一体化的重要举措,如打通申沪嘉高速、宿连高速、溧宁高速等,构建高效联通的高速公路网,重点加大长三角地区低等级道路建设力度,促进低等级道路系统成环城网,提高各级城镇的通达程度。

3) 引领机场规模梯度化分布,促进交通枢纽一体化发展

机场规模应与相应地区的实际旅客吞吐量相协调,实现长三角地区机场规模梯度化分布,推动机场与区域协同发展,从而提升区域整体功能和效率。同时,引导区域多个交通枢纽协同发展,缓解核心枢纽的交通压力,以提高区域协调性。以虹桥枢纽一体化为典范,推广"机场+高铁+地铁+公交"的整合模式,构建多式联运体系,提高出行效率。

4) 增强长三角区域"去中心化"、交通扁平化发展新趋势

长三角地区城际交通呈现"云状协同"新态势,区域中心化进入新阶段,交通"辐射与反辐射"问题显现,"去中心化"初显苗头。因此,在发展中心城市的同时,也要重视周边城市的发展。此外,长三角地区城际交通联系趋于扁平化,同城效应显现。随着长三角区域的高铁网不断加密,城际交通联系呈现网格化特点,同城效应加强,客观上推动了"去中心化"的发展进程。在长三角三省一市内,越来越多的交通路网可以绕道中心省会城市,使得长三角城际交通联系越来越趋向扁平化发展。

5) 整合"机场+高铁+市域铁路+地铁+公交+水运"多种交通模式

长三角地区应重点发展公交、出租车、公共自行车等公共交通,以缓解城市交通拥堵;应加强交通枢纽至出行起终点之间的顺畅接驳,从而促进区域交通与市域交通的高效衔接,提升出行时间价值、经济价值,实现点到点的个人交通价值最大化;应以虹桥综合交通枢纽为典范,推进各种交通方式之间的快速衔接;建议建设综合枢纽站、一般枢纽站和一般换乘站,实现轨道交通与常规公交的衔接;在轨道交通站点附近设置停车场,采用"P+R"停车换乘方式,实现轨道交通与小汽车、出租车的衔接;应在轨道交通站点出入口附近、地下站厅和站前广场设置公共自行车停放点,实现轨道交通与自行车的接驳。

长三角地区应进一步完善城际交通网,组织城际轨道公交化运营,从而实现相邻省市、市区与郊区、重点城镇间的快速通行。同时,应推动长三角公路、铁路、航空、港口等交通网络绿色联通发展,共织"一张网";应实行长三角地区公共交通网络一票通行或一码通行,共制"一张票";应通过交通引导城市发展,促进长三角地区交通网络体系无缝衔接,共建"一串城"。据此,可以构建"一网一票一串城"的长三角交通一体化新体系。

同时,长三角地区应重视铁路、公路、机场、港口的便捷接驳和顺畅衔接,加强长三角地区城际铁路、海港、空港之间的合作和分工,完善长三角交通枢纽一体化布局;应完善铁路货运系统,并建立内河河道货运网络,设计专用内河货运船舶(如全部采用集装箱式),从而完善长三角物流运输一体化体系。

6) 软硬兼施,促进长三角地区城际智能交通一体化发展

长三角地区城际交通一体化,只有硬件设施是不够的,还需运用各类智能交通技术不断地增强"软实力"。只有软硬并重,才能更好地促进长三角地区城际交通一体化高质量发展,打造高效便捷、衔接顺畅、绿色出行、数字智慧的长三角区域综合交通网络体系。对此,长三角三省一市应同绘"一张蓝图",打造区域交通信息共享"一个平台",推动长三角不同城市的常规公交、轨道交通、出租车等通用的交通"一卡通""同一交通乘车码",并实现交通监管与应急管理的"一张网"。

7) 建设形成长三角地区"1～3 小时出行交通圈"的整体格局

通过疏通公路网、织密铁路网、均衡航空网,建立内外互联互通、省(市)际多路畅通、省会高效连通、地市快速通达、县域基本覆盖、枢纽衔接顺畅的长三角地区交通圈,实现长三角都市圈同城效应。以上海、南京、杭州、合肥为中心,力争实现省(市)内所有城镇 1 小时内可以到达中心城市,三省一市中心城市之间可在 1～1.5 小时内快速互联互通,省(市)际所有城镇之间可在 3 小时内到达,形成长三角地区"1～3 小时出行交通圈"的整体格局。

8) 立足长三角交通一体化,建立应急管理协同体系

(1) 以组织协同推行长三角交通一体化思想意识的转变。

建议成立权威机构来协调、引导、管理长三角区域内的交通一体化发展,制定统一的交通基础设施信息系统共建与共享的相关法规、政策。建议建立长三角地方政府间多部门应急防控合作机制,完善跨省协调机制。建议完善和落实长期稳定的激励机制,例如在应急情况下对跨区域物资的运输进行实时定位管理,对于交通合作密切、物资运输顺畅的省市适当给予奖励,以增强区域内的一

体化意识,促成跨区域应急合作。

（2）以设施协同引导重要交通枢纽规划与建设。

建议应站在长三角区域一体化的高度,开展城市尤其是特大型城市综合交通枢纽的建设。建议以最高应急标准,逐步建立完善的长三角一体化应急联动机制,并根据机制内的要求完善综合交通枢纽内各项交通基础设施的硬件保障。同时,应发挥长三角区域内其余非综合交通枢纽各自的独特优势,组建跨区域组合交通枢纽,缓解重要综合交通枢纽的应急压力。例如,中国工程科技发展战略江苏研究院提出的在苏州北站与上海虹桥站建设高铁组合枢纽的思路,即苏州北站在承接上海虹桥综合交通枢纽部分功能转移的同时,巩固并提升上海虹桥综合交通枢纽的地位,增强其辐射长三角、全国乃至全球的能力。这种组合交通枢纽形式具有更强的"服务韧性"和更多的应急冗余度,在应急防控关键时刻能够吸纳突发状况带来的交通流量波动,减少突发事件对交通网络的冲击,使整片区域的交通服务质量不受影响。

（3）以管理协同统筹资源高效利用与合理调配。

建议设立长三角地区跨区域跨部门的应急信息中心,既包括公共部门,如交通运输部门、政府主管部门、医疗机构、水电消防部门等,也包括参与救灾的社会组织,以及救援物资的供货商、制造商、销售商等。通过建立配套的长三角一体化应急信息管理机制,当应急指挥部下达指令后,可以迅速形成可执行的工作流程,计算出需要协作的车辆、规划交通路线、安排调度方案并指挥执行。对于现场遇到的应急救援事务,可以及时反馈到应急信息中心,根据应急响应级别配置相应的响应资源。

（4）以技术协同确保标准体系的兼容共用。

建议制定长三角区域信息系统共建与共享的政策和标准,规范信息收集与统计的标准,完善信息法规,减少因各自为政、互相封锁和低水平的重复建设所造成的浪费。建议引导相关社会组织和产业技术联盟制定满足应急需要的团体标准。建议重点研究各类交通运输业务数据的采集、传输、交换共享,并针对综合交通运输信息资源的分类分级、脱敏、溯源、标志,制定相应的长三角区域统一的标准规范。

（5）以数据协同提高交通精细化管理水平。

2020年4月20日,国家发展和改革委员会提出新型基础设施包括融合基础设施,即深度应用互联网、大数据、人工智能等技术,支撑传统基础设施转型升级。因此,建议在高速公路中引入物联网、大数据技术,使得智能交通监控指挥中心可以便捷地获取车辆的车速、车牌、行驶轨迹等数据,从而对过往车辆进行严格的监控和管理,实现让数据辅助交通管理者做决策的目标。同时,建议跨越行政区域的限制,建设长三角一体化智慧交通示范平台;建议借助区块链技术,连接交通运输产业中的政府、企业等行业主体,车辆、船舶、飞机等运输装备,以及道路、桥梁、机场、港口等基础设施,从而打破行业间的数据孤岛,实现信息的集成,构建现代交通网络,提高长三角地区交通基础设施精细化管理水平。

3.4　内河港口与水运一体化

近年来,长三角区域港航一体化发展积极推进,主要货类合理运输系统港口布局基本形成,区域港口资源整合深入推进,跨区域港航一体化发展取得积极进展。2019 年 12 月 1 日发布的《长江三角洲区域一体化发展规划纲要》(以下简称《规划》)确立了"高水平打造长三角世界级城市群"的战略目标。与《规划》提出的新要求相比,长三角区域在内河港口、水运一体化方面仍存在差距:主要是内河高等级航道网络有待进一步完善,内河集装箱发展有待进一步强化。

3.4.1　港口分布

长三角地区是我国沿海和长江构成的 T 字形结构的核心区域,长三角港口群一体化是长三角区域对接国家战略引导的重要组成部分,也是长三角区域经济一体化高质量发展的重要保障。长三角港口群呈现以上海港为中心,江苏、浙江分别为南北两翼的发展格局。按照行政区域来划分,长三角港口群可以分为上海、江苏、浙江和安徽四个部分。按照长江三角洲港口的性质来分,可以分为海港、长江港口和其他内河港口三个部分。

目前,长三角地区拥有中国最大的港口群,包括 19 个沿海港口和 10 个内河港口。其中,上海港的主体是海港(洋山港),但也包括长江口港区(外高桥)、吴淞口港区、黄浦江港区和内河港区。除了上海港之外,长三角的海港还包括浙江四港(宁波—舟山、嘉兴、台州、温州)和江苏的连云港,南通和盐城都有正在建设中的海港。长江港口包括南京、镇江、常州、无锡(江阴港)、苏州(张家港、常熟、太仓三港组合成苏州港)、扬州、泰州、南通。此外,杭州、嘉兴等城市还有其他非长江内河港。

1）上海港口

上海海港拥有 1 202 个各类码头泊位，其中 164 个为万吨级以上泊位；上海港口的内河港区泊位共有近 3 250 个[1]，其内河航运主要是与浙江杭州、嘉兴、湖州地区，以及江苏苏州、无锡、常州等地区的水路运输。

2）江苏港口

江苏省沿江沿海地区共有 10 个港口，其中，共有一类港口口岸 17 个、对外开放码头 254 个、开放泊位 565 个。截至 2020 年底，江苏全省拥有 5 684 个港口生产性泊位，524 个万吨级以上泊位，港口综合通过能力达 22.9 亿吨，全省港口完成货物吞吐量 29.7 亿吨，完成集装箱吞吐量 1 895 万标箱[2]。

3）浙江港口

浙江省现有宁波-舟山、温州、台州和嘉兴 4 个沿海港口。截至 2018 年底，浙江全省沿海拥有 1 109 个港口泊位，其中包括 242 个万吨级以上泊位，全省沿海港口完成 13.4 亿吨的货物吞吐量，2 975.2 万标箱的集装箱吞吐量，全省内河航道里程达到 9 765.9 公里，其中 500 吨级及以上高等级航道里程达 1 587.4 公里，全省内河完成水路货运量 2.3 亿吨，内河港口完成集装箱吞吐量 76.8 万标箱[3]。

4）安徽港口

安徽省有 16 个港口，其中安庆、芜湖、马鞍山、合肥、蚌埠 5 个港口为全国内河主要港口，沿江安庆、池州、铜陵、芜湖、马鞍山 5 个港口为国家一类开放口岸，除池州港外，其余 4 个港口也是对台直航港口。安徽全省拥有 1 348 个生产用码头泊位，其中包括 7 个万吨级泊位[4]。

3.4.2　内河水运基础设施概况

1）内河航道通航里程

截至 2016 年，长三角区域三省一市内河航道通航里程达 4.2 万公里，约占

① 百度百科.上海港[EB/OL].[2021 - 09 - 11].https://baike.baidu.com/item/%E4%B8%8A%E6%B5%B7%E6%B8%AF/2296018.

② 江苏省人民政府.港口概况[EB/OL].(2021 - 04 - 26)[2021 - 09 - 11].http://www.jiangsu.gov.cn/col/col31391/index.html.

③ 浙江省港航管理中心.单位简介[EB/OL].[2021 - 09 - 11].http://zjgh.jtyst.zj.gov.cn/col/col1684950/index.html.

④ 中华航运网.安徽将整合港口资源构建统一营运管理平台[EB/OL].(2017 - 06 - 29)[2021 - 09 - 11].http://info.chineseshipping.com.cn/cninfo/News/201706/t20170629_1291347.shtml.

全国内河航道通航总里程的 1/3。其中，Ⅰ～Ⅳ级航道通航里程超过 6 000 公里^①。

2) 内河主要港口

根据《全国内河航道与港口布局规划》，长三角区域共规划内河主要港口 10 个：芜湖港、安庆港、马鞍山港、合肥港、湖州港、嘉兴内河港、徐州港、无锡港、杭州/港、蚌埠港。目前，规划的十大港口均已建成并投入运营。

3) 内河枢纽及通航建筑物

截至 2016 年底，长三角区域三省一市共有内河枢纽 1 212 处，具有通航功能的有 1 021 处；通航船闸共 252 座，可正常使用的有 229 座；升船机共 18 座，可正常使用的有 11 座。其中，江苏、浙江两省的内河枢纽数量占比分别为 57% 和 27%，内河通航建筑物数量占比分别为 42% 和 20%^②。但是，长三角地区内河枢纽及通航建筑物主要分布在低等级航道，高等级航道分布较少。

4) 内河航道设标

截至 2016 年底，长三角三省一市内河航标总里程超过 1.2 万公里，设标数量约 7 700 个。其中，江苏、浙江两省的内河设标里程占比分别为 44% 和 29%，内河设标数量占比分别为 17% 和 61%^③。

3.4.3　内河港口与水运一体化的问题及其对策

3.4.3.1　内河港口与水运现状

1) 长三角内河水运发展的优势

长三角港口群是中国沿海港口分布最密集、吞吐量最大的港口群。从 2018 年的数据来看，长三角港口群中亿吨港口共有 16 个，全年货物吞吐量完成 43.63 亿吨，占全国港口货物吞吐量的 32.69%^④。长三角三省一市的港口、码头各有所长，长三角港口群在发展上的协同合作有深厚的历史。

---

① 上海市交通港航发展研究中心.长三角内河水运发展报告(2017)[M].上海：上海浦江教育出版社，2017.

② 江苏省市场监督管理局,上海市市场监督管理局,浙江省市场监督管理局,等.船舶水污染物内河接收设施配置规范：DB32/T 310001—2020,DB31/T 310001—2020,DB33/T 310001—2020,DB34/T 310001—2020[S]. 2020 - 12 - 03.

③ 江苏省市场监督管理局,上海市市场监督管理局,浙江省市场监督管理局,等.船舶水污染物内河接收设施配置规范：DB32/T 310001—2020,DB31/T 310001—2020,DB33/T 310001—2020,DB34/T 310001—2020[S]. 2020 - 12 - 03.

④ 车玮.如何书写长三角港航一体化"新答卷"？[N].中国水运报,2020 - 06 - 17(5).

除了沿海港口资源之外,长三角内河资源丰富,水网密布,具有发展内河航运的得天独厚优势。加快区域内各城市内河航道的建设与对接,大力发展内河航运,既是长三角区域经济一体化发展的重要内容,也是降低企业成本,优化投资环境,实现可持续发展战略的关键环节。

2) 长三角内河水运发展存在的问题

长三角地区港口资源丰富,水网密布,江海交汇,拥有极为广阔、发达的腹地和市场,具备发展航运的得天独厚优势。然而,与现代化发展要求相比,长三角地区的水运交通网络结构与布局尚不能适应区域一体化发展带来的运输量、运输效率和运输安全等方面的高要求,高效的现代化水运交通运输网络尚未形成,科学的、合理的运输系统还待进一步完善,水运的整体优势和内河航运的网络优势尚未得到充分发挥,主要体现在:① 内河航运上,畅通、有效的高等级骨干航道网有待进一步完善,以实现高标准的互联互通;② 内河集装箱运输发展有待进一步强化;③ 港口资源配置上,腹地范围重复,港口功能雷同,结构性矛盾突出,"分工合作、优势互补、竞争有序"的港口体系尚未建成;④ 内河航道与沿海港口之间没有形成江海联运体系。

3.4.3.2 内河港口与水运应对措施

1) 统一高等级航道建设标准和尺度

统一标准航道网络是提高水运质量和运输效益的重要基础。在航道建设中,河流沿线相关省市应进一步加强沟通,完善统筹协调机制,加强航道协调建设问题的研究。应完善跨区域内河航道布局,按照统一航道等级、统一航道建设尺度,推进跨区域、跨省航道建设,进一步提高航道资源的利用效率和运输安全水平。

2) 打造区域规模化、集约化内河港区

应加强港口资源整合和码头结构调整,引导岸线资源利用效率低下,经济贡献度低的小、散、乱码头集中布置,或通过市场化手段进行企业间码头资源的整合,促进规模化、集约化公用港区(码头)建设,提升已有港口岸线的效能。应鼓励跨省市港口资源的整合,进一步完善一体化规划、一体化开发经营、一体化服务的体系,在更大范围内实现资源优化配置、港航一体化发展。

3) 加快发展内河集装箱运输

应合理规划内河港口集装箱运输系统,加强内河港口集装箱码头及其集疏运通道建设,延伸内河集装箱码头的服务范围。应加强内河集装箱运输与沿海港口高效无缝衔接,完善内河集装箱江海联运体系,促进内河集装箱运输发展。应创新长三角集装箱运输一体化发展体制机制,进一步深化上海港与苏州等沿江港口的集装箱运输合作。

4）推进内河船型标准化

建议采取鼓励政策,积极引导航运企业配置节能环保、经济高效、符合船舶主尺度系列标准的现代化运输船舶,加快发展标准化、专业化运输船舶。建议借鉴美国和欧洲的做法,减少标准化船舶型号,大力推进与跨区域航道尺度相匹配的标准化、专业化运输船舶。建议推广船舶应用液化天然气（liquefied natural gas，LNG）、电力等清洁能源,促进船舶标准化、绿色发展。

5）提升航道数字化管理水平

应利用互联网、物联网、大数据等信息技术,构建功能完善的航道管理信息平台,实现航道尺度、跨河建筑物、通航建筑物、水情等多方面跨区域航道管理信息共享,为水运一体化发展提供信息技术支撑。

6）践行绿色环保理念,打造绿色港口群

应按照"绿色港口建设行动"的有关要求,把绿色理念贯穿于港口规划、设计、建设、维护、运营、管理全过程。建议以生态优先、绿色发展为引领,推进黄金水道绿色化建设。应加强跨区域联防联控,在港口设施建设、岸电、粉尘综合治理和清洁能源、新能源推广方面多策并举,优化能源消费结构、节约和循环利用资源。建议加强港区污染防治,推进港区生态修复和景观建设,创新绿色运输组织方式,提升绿色港口节能环保管理能力。应进一步实施船舶排放控制区管控措施,加快岸电设施推广和应用,推广应用 LNG 动力的内河船舶,提高港区非道路移动机械清洁能源使用率,全面打造绿色港口基础设施。

7）大力发展江海联运体系

（1）加强骨干航道建设,完善江海物流网络。应加快推进与江海联运相配套的跨区域交通基础设施项目的建设,形成网络化互联的布局。

（2）优化港口网络资源,培育港口枢纽功能。江海联运的建设,有利于打破港口集疏运体系的瓶颈制约,形成全方位、开放型的一体化集疏运网络体系。建议优化长三角地区的港口网络,按照建立现代物流系统的要求,加强港口海运与江海联运及区域物流配送网络的统一规划、资源整合和配套建设,进一步降低物流成本,提高物流效率。

（3）加快发展江海联运,提高水水中转比重。江海联运包括海进江和江出海两种形式。当前"江船入海,难以实现"和"海船入江,成本过高"的现实,阻碍了江海联运的发展。因此,应充分考虑航运条件和资源,积极开发适合长三角区域航道特点的系列化、标准化江海联运船舶,抓好干支线船舶衔接,扩大沿海中转比重,实现沿海内支线与国际中转干线的无缝对接。

（4）突破现有技术制约,加大政策扶持力度。江海联运船舶营运环境复杂多变,既要协调内河航道水深限制和船舶载货量的矛盾,同时还应考虑船舶稳性、抗沉性和船舶的结构强度,以适应海上航行的要求。因此,建议加快解决江海联运船舶的技术规范问题,突破现有技术制约。同时,建议加快开发适合特定航线航道特点、保证安全航行的标准化、系列化江海联运专用船舶。

3.5　绿色人文与公共服务一体化

考虑到城镇未来的发展方向,除了完善传统的水、交通、港口等传统基础设施之外,还需要建设生态城镇、文明城镇、便民城镇,因此需要从绿色、人文、公共服务的角度促进长三角一体化发展。

3.5.1　绿色一体化

3.5.1.1　生态环境现状

长三角地区是习近平总书记"两山精神"的理论发源地,倡导长三角地区的生态环境协同治理,建设美丽长三角,实施长三角地区"率先实现碳中和"战略,对于实现我国的"双碳目标"具有重大的理论意义和现实意义。然而,当前长三角生态环境领域仍存在以下问题。

1）经济高速发展导致长三角生态环境超载风险

长三角地区城市发展长期挤占生态空间,建设用地面积增长率远高于全国平均水平,高速发展的经济与生态发展要求并不协调。

2）不同省市生态环境相关规划缺乏协同

长三角三省一市生态环境规划的目标体系、目标值与建设任务均存在较大差异,导致各省市在推进生态环境建设时协同度不够,制约了长三角生态环境协同治理工作的开展,影响了长三角区域生态安全。

3）能源生产和消耗因素复杂致使减排压力巨大

我国是能源消费大国。2014年,中国居民能源消费量总计达672.42万吨标准煤,其中煤炭的消费量为 246.79 万吨标准煤,电力为 99.80 万吨标准煤,热力为 69.26 万吨标准煤,油品为 67.88 万吨标准煤,天然气为 47.88 万吨标准煤,液化石油气为 10.97 万吨标准煤,焦炉煤气为 0.95 万吨标准煤,其他能源为 128.89 万吨标准煤[①]。从图 3-1 可知,天然气消耗量占比为 7.12%,天然气已经成为家庭能源消费的重要组成部分。但长江三角洲地区主要为平原地区,自然资源匮乏,其天然气供应主要来源于西气东输和海外进口。

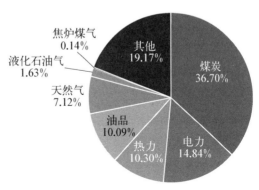

图 3-1 2014 年中国居民主要用能情况分布

目前,长三角地区能源供应偏紧,能源生产结构和消耗结构占比不合理,"双碳目标"下减排压力巨大。在大力推进低碳发展、大规模开发可再生能源、积极应对全球气候变化的发展趋势下,提高电能占终端能源消费的比例已经成为必然选择。

3.5.1.2 生态环境保护措施

1) 全面实施"两个替代",促进"双脱钩"

建议以清洁替代加快能源生产减碳,以电能替代加快能源使用减碳,实现能源发展与碳脱钩、经济发展与碳脱钩,推动长三角地区率先实现碳中和。

(1) 以清洁替代加快能源生产减碳。应系统实施长三角地区能源结构调整,实现煤电总量控制,转变煤电功能布局;建议加快推进分布式光伏系统、风电系统和生物质燃料等清洁能源发展,并在确保安全的同时,稳步推进长三角地区核电发展;应鼓励发展电制能源产业,推动形成电、氢、气、油等多能互补的低碳用能新格局。

(2) 以电能替代加快能源使用减碳。应率先在钢铁、建材、化工等高碳排领域开展电气化与节能减碳改造工程,提升单位生产能效;建议发展电动交通,提升交通用能电气化水平,优化城市交通规划;建议应用新兴信息技术开发推广智慧低碳交通指挥系统,降低交通领域碳排放;建议全面推广绿色建筑,提升建筑领域电气化水平,促进建造工程数字化低碳施工,促进既有建筑低碳节能改造,

---

① 国家统计局能源司.中国能源统计年鉴 2015[M].北京:中国统计出版社,2015.

推广低碳智能家电。

2）加快碳中和科技创新，开展碳中和关键技术研究与应用

科技创新是同时实现经济社会发展和碳达峰、碳中和目标的关键。鉴于此，亟须在长三角地区加快碳中和科技创新，并在长三角地区统筹实施碳中和关键技术典型示范工程。具体建议包括：① 加快氢能等电制能源产业链条核心技术开发，稳妥建立长三角地区清洁能源项目的示范创新链。② 加快推进电网智能化管理技术创新，将长三角地区打造为全国智能化电力调配典型示范区域。③ 推动更大领域的电能替代，在长三角地区树立一批电能替代在工业、交通、商业及居民生活中推广应用的示范性工程。④ 推动更大领域的节能减排项目改造，在长三角地区树立一批节能改造在工业、交通、建筑领域推广应用的示范性工程。⑤ 探索低碳化建筑节能设计，开展被动式近零能耗、零能耗建筑在长三角地区的应用示范。⑥ 推动城市基础设施低碳化运营，开展垃圾填埋场温室气体减排典型技术示范、污水处理厂沼气发电和结构技术改造低碳示范。⑦ 大力发展碳捕集、利用与封存技术，开展相关技术应用示范。

3）推动环境与生态治理示范工程，提升"森林碳汇储量"

在长三角地区将环境保护和生态修复列为优先发展战略，引导应用信息技术开展生态管理工作，推动城市绿化建设、河道治理建设和乡村环境整治建设，树立一批生态修复示范工程项目；继续深入开展垃圾分类工程建设和"减塑限塑"工程，推动"零废城市"示范项目建设；开展长三角区域林业生态修复工程、滩涂和湿地保护工程，打造长三角"东太湖""淀山湖"等绿色湿地保护区示范工程，着力提高森林质量和"森林碳汇"储量。

4）推行家庭供能改革，实现气不入户

在长三角地区供能一体化的进程中，建议推动实现气转电安全输送。天然气属于甲类易燃易爆气体，在储存、输送过程中可能发生泄漏，危险性大，而电力输送更加安全、经济、高效；同时，相比天然气，电力的应用也更加广泛，可以极大地促进生产的发展，推动科学技术的进步。因此，有必要在长三角地区推行气转电安全输送，把天然气转化为电能，实现能源的安全输送。

建议推动长三角地区的家庭供能改革，可以逐步减少家庭天然气的供应量。家用天然气的供应量减少，价格就会提升，同时可以在社区进行气转电家庭供能改革的宣传，逐步引领人们使用电能来满足家庭用能的需求。在减少家庭天然气供应量的同时，加大发电天然气的供应量，保障发电气源安全稳定供应，推动

国内天然气发电产业的发展。

3.5.2　人文一体化

3.5.2.1　人文资源基础

自改革开放以来,打造以上海为中心的长三角城市群、打造长三角大都市圈等战略早已深入人心。2018 年,"长三角一体化"上升为国家战略,除了把区域经济合作提升到国家战略地位之外,还把长三角地区社会与文化的同步发展也纳入发展目标之中。因此,为了实现长三角一体化高质量发展,深化长三角地区人文领域的合作,建设标志性的文化设施,让长三角地区各个城市更有生活气息、更有情怀,成为必然。由此可见,人文一体化在长三角一体化发展中发挥着越来越重要的作用。

2019 年 10 月,《长三角生态绿色一体化发展示范区总体方案》获国务院批复,标志着示范区的多元合作进入实践推进阶段。其中,如何挖掘好、利用好青浦、吴江、嘉善三地丰富的江南文化资源,紧密合作,共同打响江南文化品牌,成为三地人文共建的核心课题。青浦、吴江、嘉善都具有丰厚的、可合力打造成"中国的当代江南"的江南文化资源等良好基础条件。青浦历史上孕育出璀璨的崧泽文化、良渚文化,有"上海之源"之称,并拥有朱家角、练塘、金泽等历史文化名镇。吴江的蚕桑丝绸文化、水乡古镇文化、千年运河文化、莼鲈诗词文化特色鲜明,并拥有甪里、黎里等历史文化名镇,多年来致力于打造丝绸文化,开发丝绸文化旅游资源,创建了太湖雪蚕桑文化园、宋锦文化园等一批工业旅游示范点。嘉善的西塘古镇作为江南六大古镇之一,被誉为"生活着的千年古镇",是江南生活方式展示、传播的重要基地;而大往圩史前文化遗址是吴越文化的发祥地之一,也是新石器时代马家浜文化的重要区域,人文积淀深厚。

因此,应将示范区视为一个整体区域来考量当前江南文化设施布局状况,突出重大设施对整个示范区的辐射效应,突出原有江南文化设施和新建设施之间以及三地之间江南文化设施的呼应性。青浦、吴江、嘉善三地文化脉络相得益彰,建议将历史文化资源融入当下,把握社会发展的趋势和老百姓的需求,通过创新艺术集聚,实现提升城市活力的目标。

3.5.2.2　人文发展建议

(1) 组织策划具有区域影响力甚至一定国际影响力的江南文化节庆论坛活动。可以借鉴"中国苏州江南文化艺术·国际旅游节"的举办经验,策划文旅融合的节庆活动,形成"一节一会"模式。其中,"一节"是指"江南文化国际艺术节",可以考虑在中国进口博览会期间举办,顺势引入世界各国来宾,举办世界手工艺产品展等活动,联动长三角地区的世界手工艺产业博览园资源,打响江南文化的品牌;"一会"是指围绕国际文化发展主题,对接国际组织,举办"联合国国际文化发展论坛",内设江南文化发展论坛,打响长三角品牌,聚集人气,彰显长三角自身的文化脉络。

（2）策划与民俗活动、非遗展示相结合的水乡旅游新项目,凸显苏浙沪山水文化。除了江南文化之外,苏浙沪三地山水文化也是独特人文旅游资源。例如,以"联合促销"作为旅游合作特色,苏浙沪三地联手以"同游苏浙沪,阳光新感受"为促销口号,利用上海大都市、苏州园林和浙江山水组合出中国东部旅游产品,在西班牙、埃及等地的营销产生了轰动效应。建议充分挖掘苏浙沪三地水乡文化的内涵和资源,依托元荡湖、汾湖、太浦河等可开发的湖荡资源开发各类水上旅游活动。例如推出古镇水上班轮游路线,优化设置两岸景观及岸上站点服务体系,串联朱家角古镇、金泽古镇、上海大观园以及周边旅游古镇,延伸至周边的西塘、角里、黎里等古镇。

此外,目前点状零碎分布在各个区域的具备长三角文化元素的博物馆、美术馆、文创园区仍未紧密联系,重量级、高品质、地标性的文旅项目较少。因此,未来要逐步解决上述问题,扎实地推进长三角区域人文一体化建设。

3.5.3　公共服务一体化

3.5.3.1　公共服务现状

《长江三角洲区域一体化发展规划纲要》提出,坚持以广大人民群众为服务中心,加强社会政策统调协同,提升社会公共服务管理水平,不断满足广大人民群众追求幸福美好生活的需要,使城乡一体化经济发展建设成果更多更公平地惠及全体人民。由此可见,在长三角公共服务一体化的过程中,实现共赢的主体不仅是政府和企业,更重要的是长三角的居民,他们将享受到优质的教育资源、舒适的养老环境、便利的医疗服务以及丰富的文化旅游福利。长三角地区紧密的区域经济协作,相互依存、频繁的区域人口经济往来,以及流动、互补的区域产业结构优化布局,都要求更紧密、更流畅地开展社会公共服务一体化。

公共服务一体化建设是加快推进长三角一体化高质量发展进程的重要基础,只有加快实现公共服务一体化,让长三角地区各类公共资源和要素在区域内自由分配和流动,才能进一步有效促进经济体制改革一体化和区域产业结构一体化协调发展。公共服务特别是基础教育、医疗卫生、养老等与百姓生活息息相关的公共项目的一体化建设,可以直接让长三角区域内的居民切身感受到更加实惠的民生福利。

目前,长三角三省一市正在积极地逐步推进城市公共服务区域资源共享,不断扩大城市公共服务的区域覆盖面。例如,从积极推进城市公共服务更加标准化和更加便利化,发展到充分共享高品质科学教育、医疗卫生资源;从积极推动区域文化体育旅游资源合作共享,发展到协同共建公平、开放、包容的经济社会环境等。2018 年 9 月,长三角地区异地就医门诊费用直接结算开通 8 个试点统筹区;2019 年 4 月,试点扩大到 17 个城市[①];2019 年 9 月,实现了长三角地区 41 个城市全覆盖,患者只要在其参保地办妥相关异地备案手续,就能在就医地使用新版社保卡直接结算。在此项制度改革的基础上,同属于长三角生态绿色一体化发展示范区的上海青浦、江苏苏州吴江、浙江嘉兴嘉善,已于 2020 年 8 月推出示范区医保一卡通"2.0 版",三地约 230 万参保居民无须办理备案,就可以在示范区内 85 家长三角异地联网定点医院刷卡就诊[②]。总体而言,长三角地区已经建立了一些公共服务一体化的示范项目,未来需要进一步推广实现全区域的公共服务一体化。

3.5.3.2　公共服务建议

1) 完善医疗服务一体化

从此次新冠肺炎疫情防控效果来看,长三角区域构建公共卫生服务和应急体系一体化的条件已基本成熟,效果显著,潜力巨大。建议以开展长三角区域医疗深度合作为切入口,推动公共卫生服务系统朝着政府引导、市场主导、科创为魂的方向发展,注重人才培养,以项目为抓手、促进产业协同与慈善并举。在公共卫生服务、医疗资源、公共卫生突发事件应急保障一体化等方面,建议更好地实现政策衔接、信息资源共享、优质医疗供给、快速联动响应、高效协作应对风险等目标,以公共卫生信息共享平台、战略物资储备共享平台、区域联合演练等项

---

① 中华人民共和国中央人民政府.长三角有序推动公共服务领域一体化:异地就诊 看病更省心[EB/OL].(2021 - 02 - 03)[2021 - 09 - 11].http://www.gov.cn/xinwen/2021 - 02/03/content_5584525.htm.

② 中华人民共和国中央人民政府.长三角有序推动公共服务领域一体化:异地就诊 看病更省心[EB/OL].(2021 - 02 - 03)[2021 - 09 - 11].http://www.gov.cn/xinwen/2021 - 02/03/content_5584525.htm.

目为抓手,加快打造长三角区域公共卫生服务一体化融合创新的合作新模式,让更多人民群众受益。

(1) 发挥市场主导作用,探索医疗合作新模式。

对于医疗资源相对匮乏的区域,政府财政收入通常较低,无法满足当地公共卫生服务需求。对此,可以通过整合医疗设备供应商、金融机构、医疗信息服务提供商和优质医疗专家资源,引入市场机制,将公益性与市场化相结合,提高参与区域专科医联体平台建设的医疗人员的待遇和积极性,促进优质医疗资源下沉。

建议开展长三角区域"医、养、产"结合项目试点,充分发挥上海医疗资源领先优势,输出上海医疗资源;充分利用央企国企、保险公司、医疗产业运营管理集团、社会办医机构、投资商等全行业各市场主体的资源,在安徽、江苏、浙江逐步打造一流的综合性医院,打造长三角地区"医、养、产"相结合的新模式、新高地。例如,发挥上海在康复领域、养老管理领域的资本、信息和技术优势,在周边城市推进"医、养、产"结合模式:"医"包括共建一流综合医院、科研平台、基层医联体;"养"是指居民养老、康复治疗园区;"产"是推动先进医疗技术、医疗设备、医疗产业落地。

建议建设互联网和人工智能等新兴技术赋能下的紧密型智能化专科医联体。长三角地区是全国乃至世界互联网和人工智能发展的高地,可统筹长三角地区基层医院需求和医疗专家的专业优势,利用互联网技术打破省、市、县之间的行政区域界限,通过医疗专家定期定点帮扶、人工智能远程协助等方式,向长三角医疗资源欠发达地区输送专家团队、人工智能、优质运营、医疗设备、品牌建设等资源,提升当地基层医院医疗水平,让基层地区急重症患者能在第一时间、在家门口就能享受整个长三角地区乃至全国的优质医疗资源,最终实现大病不出省(县)的目标。

(2) 政府主导制定医疗服务标准和医疗信息共享标准。

建议整合长三角地区医教研资源,建立医联网。建议提升地方三级综合医院医疗诊断水平,提升二级综合医院、社区医院康复管理水平,让病人实现大病治疗就地解决,大病康复就近解决。比如,可选择在安徽基层医院试点,打破院际信息壁垒,共享病人信息,提高诊疗效率,提高病人对基层医院的信任度。

为此,需要政府主导制定医疗服务标准以及医疗信息共享的标准。医疗服务标准制定包括跨区域医保医疗费用结算、跨区域电子病历认证、跨区域检测报告标准认证等。依托医疗信息共享标准,建议建设长三角统一的公共卫生服务大数据系统,既要包括现有的传染病和突发公共卫生事件网络直报系统,还应包括居民基础防疫数据、居民健康监测数据(电子病历)、医保社保数据、医院药品器械采购数据等。

(3) 着力人才培养,促进区域医疗资源均衡发展。

目前高端医疗人才负担较重,除了需承担日常医疗任务之外,还要承担科研任务,且各医学院校普遍将论文发表数量作为人才考核的重要指标,上述做法从长远看不利于医疗领域人才的培养。因此,建议在长三角地区,首先应将人才培养作为考核标准之一,综合评价高端医疗人才价值,提高"师傅带徒弟"的积极性。其次,应增强医疗人员的"技术流动性",通过共建科室、远程指导、定期进修,给基层医院的优秀人才提供良好的学习培养机会。

除了高端医疗人才之外,长三角地区基层医疗人才也面临着严重缺乏的问题。基层医疗人员培养分为两类:基础护理人员培养及稀缺类全科医生培养。建议借鉴国际先进护理、康复专业培养模式培养基础护理人员,同时,引进国外先进护理理念和仪器设备,在长三角区域内共建护理人员培训基地,逐步实现向长三角地区稳定输出护理人才的目标。此外,全科医生是社区医疗的重要环节,建议增加全科医生供给,保障社区医疗水平。

高端和基层医疗人才需要增加互通机会,建议做实分级诊疗,并充分利用上海优质医疗资源丰富等优势,支持高端医疗人才赴基层进行义诊、手术带教,从而在长三角地区打造高端和基层互通、分级诊疗落地的示范单位。

(4) 建立长三角公共卫生信息和储备物资信息共享平台。

在整个区域防范重大公共卫生风险和应急管理的过程中,信息共享起着至关重要的作用。因此,建议建立长三角地区统一的公共卫生信息和储备物资信息共享平台。在防范重大公共卫生风险时,通过信息共享可以加强风险联合研判、评估、决策、通报、防控协同等全流程机制,不断推进治理关口前移,实现"预防为主、治理为辅"。例如,可选择以上海市公共卫生临床中心为长三角地区公共卫生信息枢纽,充实完善整个长三角区域的公共卫生数据采集与聚合,推进公共卫生大数据分析。此外,当重大公共卫生突发事件发生时,应急期间区域内物资的动态平衡是重要保障。因此,建议在长三角应急管理信息大平台中专门开辟战略储备物资信息模块,以便应急期间快速开展有针对性的物资调配和互助。

（5）常态化区域公共卫生突发事件的联合演练。

要实现区域风险共治目标，须不断优化协作机制，磨合协作行动。建议定期开展频次更高，场景更多元、更真实的联合应急演练活动。演练可以模拟重大传染性疾病暴发场景，或者选择在省市交界区域模拟公共卫生突发事件应急管理的真实场景，按照风险判断、预警、响应、处置等步骤，进行覆盖全流程各环节的应急处置实战操作，以检验区域应急管理平台的联合调度能力，以及防控处置的及时性、规范性、顺畅度和有效性，同时利用联合演练的机会也可以促进各省市应急人才队伍的业务交流。

综上所述，通过长三角区域公共卫生服务系统一体化建设，以及多模式的基层医联体共建，依托信息共享平台和定期联合演练机制，可以在专家、设备、资金、运营、公益、品牌等方面全面赋能基层医院，切实帮助当地医院在某一个或几个学科率先取得突破，成为区域内的标杆专科，助力解决人民群众"看病难、看病贵"这一长期民生问题，提升百姓幸福生活指数，提高医疗体系的效率和质量，为区域共治和经济社会高质量发展提供安全稳定的环境。

2）推动养老一体化

长三角地区人口老龄化程度较高，面临的人口老龄化压力较大，养老服务发展需求比较迫切。截至 2019 年底，长三角地区老年人口，即 60 周岁及以上人口达 4 676.9 万人，占全国总老年人口的 18.4%。上海、江苏、浙江、安徽的老龄化率分别达到 34%、23%、22% 和 19%[①]，均已超过全国平均水平。保障老年人基本养老需求，既关系着人民日常生活需要，也是推动长三角一体化高质量发展的必然要求。目前，上海、江苏、浙江、安徽的民政部门已经建立了长三角养老服务合作机制，积极分享养老服务发展经验，共同探讨养老服务发展难题，研究制定下一步养老工作安排，推动长三角一体化发展战略的落实。

为应对人口老龄化，发挥上海在长三角一体化过程中的龙头带动作用，上海依托"五大新城"建设规划，提前布局，预先谋划，超前配置，统筹养老服务供给，保障老年福祉，服务新城建设。上海市首次将"区域养老一体化发展"写入法规，经市人大常委会表决通过的《上海市养老服务条例》（以下简称《条例》）明确了区域养老服务一体化的发展战略，确定了资源互补、信息互通、市场共享、协同发展的原则。

---

① 腾讯网.一体化养老背后的数学题：在长三角建一座养老院需要多少钱？［EB/OL］.（2021-09-09）
［2021-09-11］.https://new.qq.com/omn/20210909/20210909A018ZC00.html.

目前,长三角地区养老服务主要存在服务供给结构失衡与缺乏体系化监管两大突出难题,还存在医保异地结算、长护险、养老服务补贴待遇异地享受、异地大型养老基地配套医疗服务水平等影响老年人异地养老的因素。长三角地区已有一批城市实施"异地门诊就医直接结算",但尚未实现异地打通养老补贴等政策。对此,《条例》明确,上海要持续推进长三角区域养老服务合作与发展,建立健全政府间合作机制,落实异地就医结算,推动上海老年人异地享受本市长期护理保险、养老服务补贴等待遇。

当前,养老服务内容已从"老有所养"的单一需求向"老有所学、老有所乐、老有所医"的多元化需求转变。因此,需要针对不同需求,精准分类提供养老服务。面向健康老人,应完善终身学习体系,积极发展老年教育。针对不同身体状况的老人应提供不同的服务,例如慢性病老人需要得到高质量医疗服务和康复训练,失能失智老人需要多层次长期照护服务等。长三角地区要进一步推动完善异地养老政府间合作机制,以异地养老模式促进地区间养老资源互补和供需对接,实现养老资源均衡分布、合理配置,探索养老机构服务质量标准化、机构管理规范化机制。应推动长三角三省一市养老人才的交流机制,建立起长三角养老服务人才储备平台。应推动长三角养老服务供需资源有效对接,使长三角三省一市的老年人有更加丰富的异地养老选择。

(1)便利异地养老。

建议全面开展长三角三省一市长期护理保险试点合作,推动上海长护险等政策待遇异地延伸结算,助力异地养老服务新发展。建议以推动异地结算为目标,研究建立养老服务补贴异地结算机制,方便老年人共享优待和服务资源。建议构建区域养老信息咨询、信息发布及行业服务管理平台,实现养老信息互通,提升区域内老年人异地养老的便利性。

(2)强化专业培训。

应加强养老服务人才队伍建设。建议通过建立健全养老服务人才培养体系、提升养老机构工作人员待遇水平等措施,提高养老服务人员专业素质。建议以提升养老护理从业人员队伍专业化水平为目标,研究建立长三角区域共同承认的护理员资质评价制度,强化专业培训,培育养老从业人员专业化市场,推动区域内各地养老服务人力资源合理流动和有效配置。建议为养老领域的学者提供政策、数据等各种便利,加强研究成果的交流共享,促进养老领域的科学研究。建议建立一批长三角养老服务人才培训基地,加强养老服务实务教学,促进养老服务优秀案例的推广。

（3）加强交流协作。

建议构建在市场经济条件下省市间、城市间、部门间和行业间多层面、立体化的区域协调体系，从而在区域性发展目标、区域性重大基础设施建设等方面保持常态化沟通。建议长三角地区民政部门通过组织会议、研讨等形式，建立健全区域养老工作协作协商机制，加快打造区域合作的平台和载体，以项目为抓手推进解决涉及长三角一体化养老的具体问题，全面提升协同能力。

（4）强化联动监管。

建议以建立长三角养老行业综合监管机制为目标，健全跨部门、跨地区协同监管机制，建立养老诚信系统和失信登记制度，对列入失信名单的企业和个人，实行区域内信息互通互联。建议建立异地处罚及时通报机制，对违反有关规定的养老服务机构实施区域内行业准入限制。

第 4 章

长三角城镇建设管理体制机制
一体化与协调发展研究

目前,长三角地区在一体化发展的体制机制改革创新方面已经取得了一些成果,在实践中不断涌现出好做法、好经验。对标世界级城市群,长三角一体化城镇建设与协调发展应以建设管理体制机制一体化为保障。但是,由于行政区划的约束和现代化治理能力的不足,目前在建设管理体制机制方面,存在着标准不统一、政策有冲突、管理难协作、信息缺共享、执法难联动等问题,给长三角一体化城镇建设与协调发展带来了极大的阻碍。

今后很长一段时间内,长三角地区在推进城镇化过程中将开展大规模工程建设。然而,现有工程建设管理体制机制在信息管理、标准制度、协作机制层面仍存在一系列问题。工程建设领域一体化探索较少,并且更多从项目角度而非行业角度出发来着力。在工程建设体制机制上进行创新和突破,突出区域特色,是长三角一体化背景下城镇建设中亟须研究突破的一个重要问题。

为实现长三角城镇建设管理体制机制一体化与协调发展,本章从顶层设计的角度提出如下原则:一是不破行政隶属,打破行政壁垒;二是从项目层面的协同走向制度层面的一体化创新;三是形成政府、市场、社会相结合的一体化协调发展制度体系;四是从信息管理、标准制度、机制协作层面推进系统性改革;五是加快覆盖三省一市的平台建设。

通过广泛调研、座谈等方式,本研究团队明确了行业转型发展、区域高质量发展、破除行政壁垒是管理体制机制一体化与协调发展的重要目标,装配式建筑发展、信用体系建设、工程建设操作模式创新是其中的重点也是难点。对此,在长三角一体化城镇建设过程中,需要推进以装配式建筑为代表的绿色建筑和先进建造方式的发展,需要深化行业、区域的"信用一体化",需要加强工程建设操作模式的融合创新。为此,本章提出如下战略对策:政府和市场各司其职,促进装配式建筑高质量健康发展;深化工程建设信用体系建设,加快实现长三角"信用一体化";创新工程建设操作模式,提升城镇建设协调发展质量,在管理体制机制一体化与协调发展的重点、难点领域予以先行突破,并积极开展示范应用。

4.1 城镇建设管理体制机制
现状与改革探索

本节从信息管理、标准制度、机制协作三方面提炼了长三角现行城镇建设管理体制机制中存在的问题,梳理了长三角地区为实现一体化城镇建设与协调发展在体制机制改革探索方面采取的举措,并根据体制机制建设现状提出建议。

4.1.1 我国城镇建设管理体制机制现状分析

目前,长三角区域城镇建设管理体制主要存在跨部门协同管理难、工程数据管理缺失、合同管理难度大、信用体系建设不统一、投融资制度不完善等问题。这些问题可以总结为递进式的三个层面,依次为:信息管理、标准制度、机制协作。只有解决了上一层面的问题,才能着手解决下一层面的问题。信息管理是最基本也是最简单的。在标准制度方面,首先应对长三角地区各个省市的城镇建设管理部门及其职责进行梳理,然后才能找到制度层面的冲突点。而第三层面的机制协作问题,主要来源于第一、第二层面的问题——只有当信息数据和标准制度问题得到了解决,才能更好地促进协作机制上的改革。

4.1.1.1 信息管理层面

工程数据管理缺失。传统工程项目管理中各参与方分别产生和管理各自的数据,不愿意共享,由此导致数据透明度低、兼容性差、易丢失、易被篡改且无法追溯等问题,不利于工程质量的监管以及安全事故的追责。此外,操作软件、办事平台及系统之间的数据流通难度大,如企业准入、投标,都要办密钥,各地操作系统和流程都不一样,造成了"数据孤岛"现象。

4.1.1.2 标准制度层面

合同管理难度大。一个大型的建设项目会涉及几十甚至上百个合同,并且往往存在合同履约率低、阴阳合同、合同双方权利义务不对等、合同索赔事项不完善、合同不规范不统一等问题。如何加强对合同的动态管理和政府监管,以及为合同履行中的索赔、变更提供便利是需要重点研究的问题。

投融资制度不完善。政府平台公司通过专项贷款做融资,由于手续不全,导致承包商被动垫资。政府和社会资本合作(public-private partnership,PPP)模式当前推动不顺,应重视其风险承担和利益的对等性,以及社会资本方运营能力的提升。交钥匙工程(engineering procurement construction,EPC)是一种较好的模式,但其方法模式和传统方式存在差异,国内管理制度、手段、经验还相对欠缺,容易出现"假"的 EPC。

4.1.1.3　机制协作层面

跨部门协同管理难。工程建设涉及多个参与方,如政府方、监理方、施工方、建设方等。从项目角度而言,还会涉及很多分包方和供应商。当前,项目实施过程中存在管理效率低下、信息沟通不畅、协作沟通难度大等问题,不利于工程质量、安全、工期和造价等方面的管理。此外,工程项目建设手续涉及多个政府部门审批,一定程度上也导致管理效率不高。

信用体系建设不统一。目前,长三角地区各部门对企业征信管理处于条块分割状态,各方采集的信息不共享,并且各部门之间的企业信用评定标准不统一。例如,长三角地区各省市对企业信用各自单独评分(取决于企业在该区域内的业绩、声誉、处罚等情况),并在招标时将企业信用分作为评标的基础分,从而增加了企业跨区域广泛开展业务的制度性交易成本,阻碍了守信企业异地公平参与工程建设。因此,需要建立统一的信用评价体系,在长三角三省一市实现信用分的互通互认,使所有单位均能公平地参与工程建设。

4.1.2　长三角一体化管理体制机制改革探索

4.1.2.1　一体化管理体制机制建设情况

《长江三角洲区域一体化发展规划纲要》要求:到 2025 年,长三角一体化发展取得实质性进展。跨界区域、城市乡村等板块一体化发展达到较高水平,在科创产业、基础设施、生态环境、公共服务等领域基本实现一体化发展,全面建立一体化发展的体制机制。对此,长三角地区三省一市在持续推进长三角一体化发展的实践中不断探索、创新、优化一体化发展的体制机制。

1)积极探索,创新落实长三角区域合作体制机制

自长三角一体化发展上升为国家战略以来,长三角区域合作机制从"三级运作、统分结合"升级为"上下联动、三级运作、统分结合、各负其责"。其中,上下联动,体现为在国家领导小组统领下,共同推动《长江三角洲区域一体化发展规划纲要》的全面实施,国家层面各部委在专项规划、重点项目、重大政策等方面予以支持,省市层面积极配合,同向发力,形成共同推进的良好格局。三级运作,体现为

"主要领导座谈会明确任务方向、联席会议抓协调推进、联席会议办公室和重点专题组抓具体落实"的机制框架的确立。统分结合,体现为轮值制度的建立。每年由一个省(市)作为轮值方牵头负责区域合作工作,各专题合作组实行"固定＋轮值"的灵活模式。各负其责,体现为地方分工协作原则的确定。按照"谁有条件谁牵头、谁先创新谁来做、谁能做成谁负责"的原则,让三省一市各级政府各部门、有关单位努力"拉长板"、贡献长板,共同提升区域综合竞争力和发展优势。

2)聚焦重点,探索创新适应重点区域和重大合作平台建设的体制机制

在长三角一体化发展推进过程中,是以重点区域和重大合作平台为重要抓手,推进一体化体制机制创新的先行先试。例如,在长三角生态绿色一体化发展示范区这个重点区域,对管理体制机制进行了创新谋划,搭建了"理事会＋执委会＋发展公司"的三层管理架构。同时,积极探索重大跨区域合作平台的管理体制机制,先后搭建了G60科创走廊、嘉昆太协同创新圈、长三角"田园五镇"乡村振兴先行区、长江口生态保护战略协同区等一批合作平台,取得了积极进展和成效。

4.1.2.2 示范区探索一体化制度创新

探索跨区域一体化制度创新,是长三角生态绿色一体化发展示范区(以下简称示范区)的核心使命。2020年5月,示范区第一批制度创新成果发布,从规划管理、生态保护、土地管理、项目管理、要素流动、财税分享、公共服务和公共信用八个方面,为推进一体化体制机制创新探索开路。

1)规划管理

苏浙沪两省一市加紧编制示范区"1＋1＋6"的规划体系,包括示范区国土空间规划、先行启动区国土空间规划,以及生态环境、水利、产业、综合交通、文旅等六个领域的专项规划。这在全国范围内第一次实现了"跨不同省级行政区一张蓝图管全城"的目标。

2)生态保护

苏浙沪两省一市生态环保部门共同研究建立了示范区生态环境"三统一"制度。在标准统一方面,建成了示范区现有污染排放标准库;在监测统一方面,同步推进了智慧环保信息平台建设;在执法统一方面,编制完成了区域环境执法自由裁量权管理办法。

3)土地管理

已形成了示范区存量土地盘活初步方案,将探索跨区域统筹土地指标、盘活

空间资源的土地管理机制,为示范区建设拓展新的空间。

4）项目管理

苏浙沪两省一市经信部门共同研究形成了示范区产业发展指导目录、先行启动区产业准入标准。在指导目录方面,提出了以功能型总部经济、特色型服务经济、融合型数字经济、前沿型创新经济、生态型湖区经济"五大经济"为主导的产业发展指导目录,以推动示范区第一产业、第二产业和第三产业的融合创新发展。在项目准入方面,将坚持"生态底色、高端引领、集约高效、统筹协调"的原则,采用刚性门槛与定向供给相结合的评估体系,从产业契合度、环境友好度、创新浓度、经济密度等维度明确准入条件,提升示范区、先行启动区新项目招引质量。上述指导目录和准入标准分别回答了"示范区应当发展什么样的产业"和"先行启动区可以落地什么样的项目"两大问题,实现了示范区产业发展导向、项目准入标准的跨省域统一,推动了示范区产业绿色创新发展。

此外,苏浙沪两省一市发展改革委共同研究形成了示范区核准的投资项目目录,贯彻坚持最大限度地缩小核准范围、坚持最大限度地下放核准权限的原则,除规定由国家核准的事项外,省界跨区域项目由示范区执委会负责核准;除国家明确要求保留在省级、不得下放的核准事项外,非跨界项目能放尽放,核准权限全部下沉至青浦、吴江、嘉善,以释放投资改革的政策红利。

5）要素流动

首先,通过优化公共资源配置,推进公共资源交易平台信息共享、资源整合,促进排污权、碳排放权等环境权益交易场所的互联互通。其次,通过推动示范区内科技创新券通用通兑,探索"揭榜制"科研项目立项和组织机制。再次,通过统一相关职业资格考试合格标准和职称评审标准,推进专业技术任职资格和职业技能等级互认。最后,通过加快推进外国人工作、居留"单一窗口"建设,减少对外国高科技人才的相关限制,提供稳定的工作许可预期。

6）财税分享

示范区探索跨区域投入共担、利益共享的财税分享管理制度。苏浙沪两省一市税务机关就示范区涉税事项,完成了跨区域通力合作签约,通过采取"标准统一、异地受理、内部流转、属地办理、限时反馈"的服务模式,分批推进信息报告、发票办理、信息查询、证明开具等高频涉税事项跨区域通办,稳步推进税收征管服务一体化,进一步优化区域税收营商环境。

7）公共服务

苏浙沪两省一市医保部门通过示范区医保"信息一体化、服务一体化、保障一体化、共享一体化、管理一体化"五个一体化建设试点，打造了示范区医保一卡通 2.0 版，力争在示范区内率先实现医疗保障领域的同城化，进而促进长三角地区医疗保障服务均等化、普惠化、便捷化发展。

8）公共信用

苏浙沪两省一市信用环保部门统一了 14 条严重失信行为认定标准，建立了信用"红黑名单"互认制度，并对涉及环保处罚的失信企业，在信用长三角网站进行信息披露，联合 100 多家商业银行开展惩戒行动。

在一体化制度创新上，示范区的改革突破还有很多值得提及的方面。例如，2020 年 4 月，示范区执委会会同人民银行上海总部等 12 个部门，围绕推进同城化金融服务、试点跨区域联合授信、提升移动支付水平、支持设立一体化金融机构等 8 个方面，提出了 16 条先行先试举措，包括示范区内跨区转账不收手续费等。又如，苏浙沪两省一市外专部门还会同执委会制定了《一体化示范区外国高端人才工作许可互认实施方案》，支持授予青浦、吴江、嘉善三地外国人工作许可审批权，设立外国人业务单一窗口，建立了外国人跨区域转聘减免材料绿色通道，实现青、吴、嘉三地外国高端人才工作许可互认。

4.1.2.3　一体化管理体制机制改革探索总结

综上，目前长三角地区在一体化发展的体制机制改革创新方面已经取得了一些成果，如探索建立长效的区域合作机制，积极开展重大改革试验试点等。作为一体化制度创新的"样板间"和"试验田"，长三角生态绿色一体化发展示范区也在跨区域一体化制度创新的探索上进行积极尝试，做出了卓越贡献。

但是，在城镇建设管理体制机制创新方面，长三角地区还存在着较大的发展空间。例如，制度创新的力度还要加强，工程建设管理创新更多的是从项目角度而非行业角度出发等。未来，应继续发扬长三角生态绿色一体化发展示范区制度创新"样板间"和"试验田"的作用，大胆创新，积极试验，在城镇建设管理体制机制一体化及融合发展方面实现更大突破。

4.2　装配式建筑高质量健康发展

针对我国装配式建筑在快速发展过程中暴露出的问题，以及现行装配率政策在实践中争议较大的实际情况,本节通过借鉴发达国家装配式建筑发展的先进经验,结合我国国情,研究如何发挥政府和市场的作用,提出了在长三角一体化应用与示范中的相关建议,促进装配式建筑高质量健康发展。

4.2.1　装配式建筑的发展历程

"十三五"时期,我国人口红利淡出、劳动力成本上升、资源压力日益增加,建立在高成本、高消耗、廉价劳动力基础上的传统建筑行业亟待向绿色低碳和工业化转型。传统建筑行业"高消耗、高排放"的发展模式,对生态环境造成严重破坏的同时,也消耗了大量的资源和能源。同时,由于传统建筑行业建造方式较为粗放,技术含量较低且非常依赖低端劳动力,从而导致生产效率低下,常常造成项目成本不可控、建筑性能和品质无法保证等问题。再者,传统建筑行业的设计理念与工程建设标准和发达国家存在差距,部分技术措施未充分考虑节能环保要求,工程建设标准中对建筑耐久性要求有待提高。

在此背景下,装配式建筑成为我国建筑业转型发展的重要抓手和标志。装配式建筑通过运用工业化、标准化、现代化技术,进行集成化设计、工业化工厂制作和机械化装配施工,实现由传统分散、落后的手工业生产方式向社会化大工业生产方式的过渡,有利于缩短工期、降低能耗、提升施工质量、减少建设污染和工人需求。装配式建筑满足国家的建筑节能规划,是建筑产业化的必由之路。

装配式建筑在我国已经有近 70 年的发展历史。从 20 世纪 50 年代开始,我国借鉴苏联以及东欧各国的发展经验,在国内推行装配式建筑。到了 20 世纪 80 年代,由于抗震性能差、渗水漏水、隔音效果差等问题的出现,我国装配式建筑发展进入低谷期[①]。

"十三五"以来,装配式技术发展日趋成熟,中央及地方持续出台相关政策大力推广装配式建筑,我国装配式建筑迎来快速发展的新阶段。据住房和城乡建设部的统计数据显示[②],2016 年至 2019 年,31 个省、自治区、直辖市共出台装配式建筑相关政策文件 686 份,出台相关标准规范 389 个。2019 年,全国新开工装配式建筑 4.2 亿平方米,同比增长 45.0%,占新建建筑面积的比例约为13.4%,最近 4 年年均增长率达到 55.0%,如图 4 - 1 所示。2019 年,我国拥有预制混凝土构配件生产线 2 483 条,设计产能 1.62 亿立方米;钢结构构件生产线 2 548 条,

---

① 　王俊,赵基达,胡宗羽.我国建筑工业化发展现状与思考[J].土木工程学报,2016,49(5):1 - 8.
② 　住建部科技与产业化发展中心.2019 装配式建筑发展概况[J].中国建筑金属结构,2020(6):32 - 35.

设计产能 5 423 万吨。新开工装配化装修建筑面积由 2018 年的 699 万平方米增长为 2019 年的 4 529 万平方米。

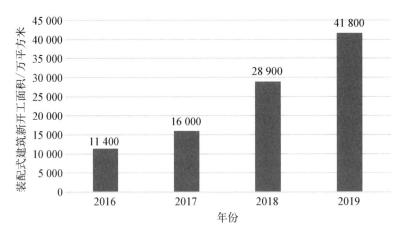

图 4‑1　2016—2019 年全国装配式建筑新开工建筑面积

资料来源：住建部科技与产业化发展中心.2019 装配式建筑发展概况[J].中国建筑金属结构,2020(6)：32 - 35.

4.2.2　我国装配式建筑发展中的问题分析

1）装配式建筑整体性、系统性、一体化程度不够

目前,我国装配式建筑行业内设计理念普遍沿袭传统现浇建筑,难以契合装配式建筑的特点。整体来看,前期设计、工厂加工和现场装配一体化程度严重不足。由于前期设计与其他环节严重脱节,预制构件加工、安装不便现象频发,进而导致工厂生产和现场装配的工序复杂、效率低下以及总成本增加[①]。

2）预制构件标准化设计、生产能力不足

目前装配式建筑相关技术体系亟须规范,行业内缺乏一套行之有效的设计标准,各预制构件工厂针对模具加工、工艺参数等尚未建立统一标准,难以通过规模化制造降低整体建造成本、提高构件质量,难以充分彰显建筑工业化的优势。

3）缺乏成熟的监管机制保障

装配式建筑的大力推广需要一套合适的底层监管机制做保障。目前针对装

---

① 苗野.叶浩文.装配式建筑发展有 7 个难题、突破口是机制[EB/OL].[2021 - 09 - 11].http://www.creb.com.cn/zpsjz/82069.jhtml.

配式建筑的施工许可、施工图纸审查、预制构件及建筑质量检测、竣工验收等流程监管机制的缺失,进一步加剧了装配式建筑一体化建造的难度。

4.2.3　装配率:装配式建筑发展的双刃剑

为推动装配式建筑快速发展,我国制定了建筑单体装配率(装配率)和建筑单体预制率(预制率)两项重要指标,其中装配率常为政策制定的核心指标。

"十三五"以来,中央及地方政府持续出台相关政策,大力推广装配式建筑。其中的核心做法是:通过对装配率、预制率做出明文规定,对预制化程度提出硬性的要求,以此来推动装配式建筑的应用。然而,在政策实际执行过程中,地方政府对预制率、装配率的硬性要求层层加码,呈现"大跃进"式发展的趋势。本研究团队认为,我国装配率政策存在的主要问题是政策要求与行业发展水平不匹配,具体呈现出以下问题:

1) 建筑安全隐患

目前,我国装配式建筑生产建造及运营管理过程中的相关技术体系有待规范;同时,极度缺乏经过系统培训的具有高技艺水平的装配式建筑工人。现有的工地现场一线施工人员的施工操作水平,难以满足高装配率工程在工艺上的高要求;并且,少数工程为满足装配率、预制率要求,存在一系列违规操作,给装配式建筑带来严重的安全隐患问题。

2) 成本效益低

由于标准化设计、生产、装配能力不足,在过高装配率的要求下,装配式建筑成本明显高于传统现浇施工方式。这导致大量建筑企业不愿投入,业主不愿要,施工企业不愿用,呈现"叫好不叫座"的现象。

3) 工期延长

由于我国装配式建筑设计中普遍没有采用正向设计,前期设计环节与生产、装配环节严重脱钩,为满足强制性装配率要求,设计出的构件不利于生产、运输及装配,导致实际工期较现浇生产模式反而有所延长。

纵观装配式建筑在世界范围内的发展,发达国家在其发展历史中也面临过同样的两难问题。所谓他山之石,可以攻玉。发达国家的经验对我国推动装配式建筑业的健康发展有重要借鉴作用。与此同时,我国装配式建筑发展也必须考虑社会发展的现实情况,不可盲目借鉴模仿,应找到一条适合我国国情的装配式建筑发展道路。

综上,现阶段应正视我国装配式建筑发展存在的问题,借鉴发达国家的先进发展经验,基于我国国情来合理规定装配率指标,推动我国装配式建筑健康发展。

4.2.4　国外装配式建筑发展经验借鉴

装配式建筑的核心是建筑工业化。当前,日本、新加坡、美国等国的建筑工业化比率维持在70%~80%,而我国建筑工业化水平仅有5%。相比之下,我国建筑行业工业化水平较低。考虑到我国的城镇化率尚有较大发展空间,所以,在快速城镇化的大趋势下,可以借鉴世界发达国家的先进经验,不断推动我国装配式建筑的发展。

4.2.4.1　日本装配式建筑发展经验

第二次世界大战后,由于劳动力大量缺失以及战争对城市的破坏,为满足住宅市场需求,日本的建筑工业化逐渐发展。得益于日本经济腾飞、城市化进程显著发展,日本装配式建筑在20世纪50—70年代飞速发展,装配式住宅在城市占据了大量市场份额。日本的主体结构工业化以预制装配式混凝土结构(简称 PC 结构)为主,同时在多层住宅中也大量采用钢结构集成住宅和木结构住宅。PC 结构住宅经历了从 WPC(预制混凝土墙板结构)到 RPC(预制混凝土框架结构)、WRPC(预制混凝土框架—墙板结构)、HRPC(预制混凝土—钢混合结构)的发展过程[①]。近年来,日本装配式住宅市场保持平稳运行,自2009年金融危机以来平均每年新建13.5万户,常年稳定占到全部新建住宅的15%左右。截至2019年,日本新建装配式住宅中钢结构、木结构和钢筋混凝土结构的比例分别为88%、9%和3%[②]。

日本装配式建筑发展历程中,以下经验值得我国借鉴。

1) 推动装配式建筑发展技术标准化

1969年,日本政府制定了《推动住宅产业标准化五年计划》,开展材料、设备、制品标准、住宅性能标准、结构材料安全标准等方面的调查研究工作,并依靠各有关协会推进住宅产品标准化工作。同时,大集团公司积极参与装配式住宅领域引领技术发展,政府则通过颁布企业规范和流程标准,给装配式行业提供了

---

① 肖明.日本装配式建筑主体结构工业化体系分类[J].住宅产业,2017(5):17-19.
② 毕春辉,李家明.山川异域,殊途同归:日本装配式建筑发展的启示[R].长江证券,2020.

标杆依据,从而带动了专业性公司发展,形成了共同发展的完整产业链①。

2) 创建独特的创新产业体系

依据法律规定,日本大型建筑公司需要投入大约 0.5％的营业额到技术研发上。企业与政府基金协会的共同投入,使得日本成为世界上最大的建筑研究基地。同时,日本政府多次组织技术方案竞赛,调动了企业进行技术研发的积极性,满足了客户对住宅的多样化需求。政府和行业的独特创新框架,将装配式建筑行业的设计、监管和研究等进行了有机串联,成为建筑工业化进程的重要推动力量。

3) 发展目标实现由"量"到"质"的转变

日本政府推动装配式建筑发展目标非常明确,每五年颁布一次住宅建设五年计划,在其中明确促进住宅产业发展和性能品质提升方面的政策和措施。同时,通过政府的强制性政策推动,日本装配式建筑实现了从"单纯追求数量"到"数量与质量并重",再到"多方面综合发展"的显著提升②。

4.2.4.2　新加坡装配式建筑发展及经验借鉴

20 世纪 60 年代,为解决住房问题,新加坡政府推行保障性住房制度,并成立建屋发展局(HDB)主导公共住房(即"组屋")的建设。HDB 于 20 世纪 80 年代开始将装配式建筑理念引入住宅工程。在 1981—1983 年,3 家外国承建商中标获得了 HDB 的 5 个重点工程,通过这些重点工程,预制装配式技术被引入新加坡。20 世纪 90 年代初,新加坡的装配式住宅已颇具规模,全国 12 家预制企业,年生产总额达 1.5 亿新币,占建筑业总额的 5％。至 20 世纪 90 年代后期,组屋建设已进入全构件预制阶段。近几年,新加坡新建组屋的装配率已超过 70％,部分组屋装配率超过 90％③。

新加坡装配式建筑发展历程中,以下经验值得我国借鉴。

1) 在政府投资建设的公共组屋项目中推行建筑工业化

新加坡政府通过大规模组屋建设,大力推动了装配式技术的应用与发展。截至 2019 年 3 月,建屋发展局总共建设了约 100 万户的组屋单位①,装配式建筑也通过组屋建设在新加坡得以普及,推动了建筑工业化在新加坡的发展。

---

① 肖明.日本装配式建筑发展研究[J].住宅产业,2016(6):10-19.

② 毛泉松.赴日本考察建筑工业化的体会与启示[EB/OL].[2021-09-11].http://www.precast.com.cn/index.php/subject_detail-id-10488.html.

③ 季穆楚.闲话新加坡装配式建筑[EB/OL].[2021-09-11].https://zhuanlan.zhihu.com/p/148054623.

2) 合理的指标引导与物质激励

2000 年开始，新加坡建设局（BCA）决定对所有新的建筑项目实行"建筑物易建性评分"，其目的是使建筑物相对容易施工，并且能减少工人的数量，提高生产效率。近 20 多年来，易建性制度对新加坡建筑业劳动生产率的提高起到了明显的作用，促进了新加坡住宅工业化的发展。

同时，新加坡政府成立了"预制技术中心"来开展研发工作，并通过推行刺激计划（如 Mech-C 和 PIP 计划）和组织竞赛评奖（如 BCA Awards），鼓励企业进行技术研发。

4.2.5 基于我国国情的装配率政策分析

4.2.5.1 劳动力视角下：装配率政策不可"大跃进"式发展

近几年，随着我国生育率的降低，老龄化程度加深，人口红利明显下降。据国家统计局数据显示，我国 16～59 周岁的劳动人口数量从 2011 年的 9.41 亿人下降到 2018 年的 8.97 亿人，减少了 0.44 亿人，平均每年减少 620 多万人[①]。据人社部预测，到 2050 年我国劳动人口将降到 7 亿左右[②]。

基于我国劳动力长期缺失的事实，高度机械化的装配式建筑有其发展的必然性。但从短期情况来看，我国农民工数量依旧居高不下。2019 年，我国农民工总量达到 29 077 万人，较上年增加 241 万人[③]。高装配率意味着高度机械化，同时也意味着传统劳作岗位的消失。因此，与之相匹配的装配式建筑发展亦需遵循此规律，短期内需要保障工人就业，长期内做到应对人口老龄化、劳动力缺失的社会问题，采取循序渐进式的发展才能更好地满足社会大环境的需求。所以，装配率政策要求应逐步提升，契合我国劳动力的变化趋势，不可"大跃进"式发展。

4.2.5.2 环保与经济综合发展视角下：不必追求过高的装配率

新时代下社会发展不得不考虑对环境的保护，而装配式建筑作为节能环保型生产方式，完美契合了社会的发展需求。但要从发展的综合效益出发来统筹装配式建筑的发展。凡是符合产业绿色化建设要求的建设模式，只要能"两提两

---

① 时代财经.中国劳动力首次跌破 9 亿开发人口质量红利刻不容缓[EB/OL].[2021-09-11].https://www.163.com/dy/article/E6ALST7F05495BM9.html.
② 人社部：预测到 2050 年中国劳动年龄人口降至 7 亿左右[EB/OL].[2021-09-11].https://stock.qq.com/a/20160722/028742.htm.
③ 国家统计局.2019 年农民工监测调查报告[R].2020.

减"，即提升质量、提高效率、减少用工、减少污染，都应该加以应用，协同发展。

在现阶段技术体系不成熟的情况下，过度追求"高装配率"会导致建造成本大幅增加，同时会使运输和吊装的难度加大，综合效益并不明显。同时，装配率越高，现场的连接量越大，对材料、机具和操作人员的要求更高，若连接不好，就容易出现安全隐患。

本研究团队认为，装配式建筑发展不必追求过高的装配率，也可以有一定比例的现浇。只要现浇和预制的结合符合绿色化发展需求，同时能提升发展的综合效益，都可以为我们所用。

4.2.5.3　现代化发展视角下：装配率不是发展的核心

建筑业的转型升级离不开建筑产业现代化，而装配式建造则是建筑产业现代化的一种重要实现方式。其他建造模式，只要是符合产业现代化的要求、具备产业现代化的特征，也可以与装配式建造模式相结合，同步推进。也就是说，钢筋混凝土结构的预制装配或现浇，并不是一对矛盾存在，可以也应该互为补充。

在实际的工程建造过程中，受限于道路运输条件及运输吊装能力，预制构件的尺寸与重量都不能过大。因此，可将手工作业量小、方便混凝土泵送浇筑的建筑物部位仍由工地现场现浇施工，这样可减少预制构件的重量，降低预制构件的制作、运输、吊装工作量，但并没有降低装配式建筑建造的总体工业化、自动化与机械化程度。尤其对于预制构件的连接，如果采用现场浇筑的方式会更有利于提升预制建筑整体的可靠性。本研究团队认为，装配率的高或低，并不是装配式建造模式与传统建造模式的本质区别。设计的集成化，生产技术的标准化、工业化，建筑产业的现代化才是发展的真正核心。

4.2.5.4　市场化发展视角下：未来的装配率应由市场需求决定

一些学者提出："对于先进科学技术的使用需要掌握好度，不能一味觉得技术先进就一定要疯狂推广，需要从全寿命周期去考察其合理性，实用才是至上原则。"考虑到装配式建筑在我国的发展历史，例如唐山大地震等惨痛的历史教训也不应该被忘记，现浇建筑现在大行其道必定有其重要的技术及历史原因，当前也不应该用行政命令排斥现浇建筑的发展。相反，通过建立合理的市场机制让装配式建筑与现浇建筑充分竞争，在各自适合的场景发光发热，更有利于传统建筑行业的升级转型。本研究团队认为，未来的装配率政策制定应交由高度自由、充分竞争的市场规则来决定，让市场来决定资源配置，亦是践行"放、管、服"的制度革命。

4.2.6 推动我国装配式建筑高质量健康发展的对策建议

图4-2展示了推动我国装配式建筑高质量发展的对策建议。

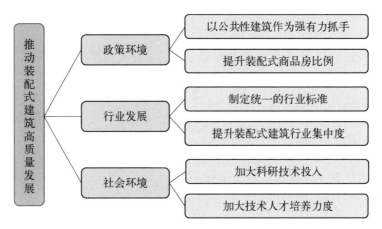

图4-2 推动我国装配式建筑高质量发展的对策建议

1) 以公共性建筑作为强有力抓手

从发展机制来看,装配式建筑发展主要分为政府推动和市场化发展两种方式。日本、新加坡和中国香港地区以政府推动为主;美国、德国则以市场化、社会化发展为主。考虑到我国装配式建筑在成本、技术、社会认知度等方面的差异,应坚持采用政府推动机制,通过政策鼓励、财税支持、技术保障等手段推进装配式建筑的发展与成熟。从日本、新加坡和中国香港地区的发展速度来看,以政府推动方式发展装配式建筑将明显快于市场化、社会化发展。

我国装配式建筑发展可以借鉴日本及新加坡的经验,从公共性建筑入手,通过强制性政策创造建造需求。顺应我国城镇化快速发展的总趋势,将装配式建筑应用到保障性住房、棚户区改造、农村危房改造、公厕改造等公共性建筑中,在大量工程实践中夯实行业核心技术基础、发展产业配套集群。

2) 提升装配式商品房比例

相较于公共性建筑,商品房更加贴近于市场。而目前装配式生产模式在我国商品房中的应用比例较低,从长期发展角度看,不利于装配式建筑发展,不利于建筑行业的升级转型。

政府应进一步制定政策,通过对大型房地产开发商设定强制性指标要求,推动装配式建筑在商品房中的应用。同时,考虑到我国装配式建筑行业整体技术水平、设计理念、一体化水平等与世界先进水平仍存在较大差距,比例指标的制定应因地制宜。如在三、四线城市,装配式成本增量压缩了开发商的利润,开发商对其接受度较低,前期可采取相对灵活的考核办法。

3)制定统一的行业标准

国外一些发达国家预制化水平较高的重要原因,就是有一套统一的、成熟的行业标准。美国国会在 1976 年出台了美国装配住宅和城市发展部(HUD)的一系列严格的行业标准。其中具有强制性的规范法规——《制造装配住宅建造和安全标准》,一直沿用至今,并与后来的美国建筑体系逐步融合。日本亦是如此。早在 20 世纪 70 年代,日本就开展材料、设备、构件标准、结构安全标准方面的调研工作,大力推动预制构件标准化工作。

目前我国装配式建筑正处于快速发展期,在大量政策驱动的建造需求背后,迫切地需要一套统一的技术标准与设计规范,从而实现预制构件设计、生产、装配的统一化、通用化及规模化,为装配式建筑大规模推广以及向纵深发展做好准备。

4)提升装配式建筑行业集中度

目前我国装配式建筑行业市场参与者众多,整个行业的集中度相对较低。对于装配式建筑发展而言,行业内的龙头企业可以通过大量项目建设经验积累技术优势,快速发展规模化、经济化的生产方式,从而提升建造效率、提高生产质量、降低生产成本,最终提升企业的盈利能力。

现阶段,我国装配式建筑行业潜在市场巨大,通过适当的政策引导可以带动行业内龙头企业的发展,有利于提升行业集中度,从而提升装配式建筑技术及理念的市场渗透度。随着规范的细化、激励扶持政策的进一步落地、技术体系的完备以及用工成本的逐渐提高,装配式建筑对预制构件厂商、技术实力强的施工央企、地方施工龙头企业和建筑设计企业都将是长期的利好。

5)加大技术研发投入

纵观世界各国装配式建筑发展史,其快速发展都离不开巨大的技术研发投入。例如,日本通过立法规定一定比例的营业额作为企业技术研发基金,新加坡推行技术研发大赛鼓励企业增加科研投入,从而提升企业形象等。对此,一方面,我国政府部门应发挥主导力量,加大科研投入,尽快完善技术标准体系。另一方面,我国应借鉴国际上的先进经验,通过立法、科技竞赛、课题开展及学术论坛的形式,营造有利于企业积极开展技术研发的社会氛围。

6) 加大技术人才培养力度

目前我国缺乏培养装配式建筑相关人才的社会环境。无论是高等院校还是职业院校,均缺乏装配式建筑技术相关的课程安排,导致行业内无论是技术研发人才还是高级技术工人均极度匮乏,不利于装配式建筑行业的快速发展。因此,国家应从学校教育及社会培训入手,从理论和实践两个方面出发,加大技术人才的培养力度,为装配式建筑又好又快地发展培育人才。

4.2.7 合理制定装配率的政策建议

1) 正视区域发展差距,因地制宜制定装配率政策

各地政府应因地制宜地确定装配率和预制率要求,可明确最低要求,但不搞"一刀切"。发展水平高的城市可以较好地消化因装配式建造方式带来的增量成本,也因为技术相对成熟可以满足更高的装配率政策要求,从而承担更多的装配式建筑发展责任。但对于欠发达区域,装配式建造模式的接受度较低,前期可采取相对宽松的考核办法。

2) 因"结构"制宜,大力发展钢结构

不能盲目追求主体结构的预制率,应根据不同的结构形式合理制定政策要求。钢结构是天然的装配式建筑,相较于木质结构和混凝土结构强度更高、抗震性能好、工业化程度高、施工速度快,预制率要求可以更高,应大力发展。

3) 政策松绑,逐步建立市场化机制

政府不宜用强制性行政手段制约现浇建筑发展,应逐步建立市场化机制,让装配式与现浇生产模式充分竞争,在各自适合的地方发光发热,助力传统建筑行业的升级转型。未来的装配率政策制定应交由充分竞争的市场来决定。

4) 从技术研发、理论创新角度寻求突破

目前我国装配式建筑技术体系尚不成熟,例如剪力墙结构等将完整的墙体拆分成多个部分,增加了施工装配的难度。此外,为满足装配率政策要求,装配式建筑成本效益低、工期延长等问题也逐渐显露。因此,未来应创造适合企业、高校开展科技研发的社会氛围,开设装配式建筑相关课程,培养装配式建筑人才,从技术水平及底层理论的维度实现创新,从而更好地实现建筑工业化转型。

4.3 工程建设信用一体化

针对工程建设领域企业失信情况突出,以及"信用长三角"建设仍存在空

白点、薄弱点、障碍点的区域信用治理现状,本节基于问题分析和国内外信用体系建设经验总结,在立法、制度、信息、市场、意识等多个层面提出深化长三角信用体系建设的配套建议,并提出推进长三角工程建设领域信用一体化的具体举措。

4.3.1　工程建设领域的信用体系建设

信用,可直观理解为个人诚信、企业守信、政府公信。人无信不立,事无信不成,商无信不兴。长远来说,信用必将成为个人、企业、城市乃至国家发展最核心的竞争力之一。

信用建设应以健全的信用体系作为支撑。2014 年 6 月,国务院印发了《社会信用体系建设规划纲要(2014—2020 年)》,提出了我国信用体系建设的整体思路和基本原则。当前,我国社会信用体系建设已取得了一定成效,社会整体信用水平显著提升,政务诚信、商务诚信、社会诚信和司法公信建设不断深化。

然而,具体到工程建设领域,信用问题仍较突出,管理仍待加强。工程建设领域中的信用主体以企业为主,包括设计、施工、咨询、监理等各类企业。工程建设企业失信,主要表现为安全、环境保护管理不到位,如场地防火、垃圾清运不合规,施工现场警示标志未到位;建设质量不达标,如偷工减料、以次充好,建筑材料或设备器件不按合同约定履行;资金支付不到位,如不按约定支付工程款和工人工资;市场交易钻空子,如投标进场人员前后不一,串标问题频发,转包违法分包;资质获得钻漏洞,如企业资质挂靠问题普遍存在等。2018 年,中国建筑业协会公布的《建筑业企业不良行为记分标准》,从资质管理、承揽业务、履行合同、工程质量、工程安全、劳动者权益、纳税、银行信贷及其他等方面梳理了 9 类 53 条不良行为,是当前工程建设企业失信问题的集中反映。

随着信息化时代市场跨区域、跨行业融合发展的趋势不断深化,区域信用治理成为解决重点领域信用问题的重要途径和深化社会信用体系建设的必然方向。长三角是我国首个得到国家发展和改革委员会批复的区域信用合作示范区。以工程建设领域信用问题为突破口,深化长三角信用一体化建设,有助于进一步规范工程建设管理,提升城镇发展质量;有助于优化营商环境,强化区域竞争力;有助于推动"简政放权",促进政府职能转变和体制机制革新;有助于为全国深化信用体系建设寻求创新思路、探索实践路径。

4.3.2 长三角区域信用体系建设历程及问题梳理

4.3.2.1 长三角"信用一体化"发展历程

长三角探索"信用一体化"呈现地域边界不断延伸、管理领域不断扩展、合作事项不断丰富、制度体系不断完善的趋势。纵观长三角信用一体化的历程,有三个时间节点比较关键:一是 2004 年,《共建信用长三角宣言》发布,《江苏省、浙江省、上海市信用体系建设合作备忘录》也随之发布,拉开了长三角地区探索区域信用体系建设合作的序幕;二是 2010 年,安徽省正式加入长三角区域信用合作体系;三是 2016 年,国家发展改革委正式批复同意长三角地区创建国家社会信用体系建设区域合作示范区。据此,将长三角信用一体化的发展历程划分为三阶段,分别为起步期(2004—2009 年)、发展期(2010—2015 年)、密集建设期(2016 年至今)。表 4 - 1 梳理了长三角地区不同发展阶段发布的信用政策文件,可鲜明地看到不同发展阶段的信用一体化建设重点和整体发展趋势。

表 4 - 1 长三角"信用一体化"各发展阶段主要政策文件汇总

阶 段	文件类型	文 件 名 称	发布年份
起步期 (2004— 2009 年)	纲领性文件	《共建信用长三角宣言》	2004
		《江苏省、浙江省、上海市信用体系建设合作备忘录》	2005
		《共建"信用长三角"合作备忘录》	2008
	信用服务机 构相关文件	《长三角信用服务机构合作框架协议》	2007
		《长三角地区信用服务机构备案互认协议书》	2008
发展期 (2010— 2015 年)	纲领性文件	《长三角区域社会信用体系合作与发展规划纲要 (2010—2020)》	2010
	平台信息规 范相关文件	《"信用长三角"网络共享平台的共享范围扩大至安徽 省工作方案》	2010
	信用服务机 构相关文件	《长三角地区信用服务机构规范服务倡议书》	2012
密集建设 期 (2016 年 至今)	纲领性文件	《长三角地区深化推进国家社会信用体系建设区域合 作示范区建设行动方案(2018—2020 年)》	2018
		《长三角地区信用(行业)协会一体化建设合作备忘录》	2019
	平台信息规 范相关文件	《长三角区域信用"数据清单"》	2016
		《长三角生态绿色一体化发展示范区公共信用信息归 集标准(试行)》	2020

（续表）

阶　段	文件类型	文　件　名　称	发布年份
密集建设期（2016年至今）	专家人才培育相关文件	《长三角地区信用专家库建设方案》	2017
	重点领域监管相关文件	《长三角区域食品药品安全领域信用联动奖惩合作备忘录》	2017
		《长三角食药严重失信名单互认协议》	2019
		《长三角地区旅游领域市场主体及其有关人员守信行为认定标准和联合激励措施（试行）》	2019
		《长三角地区旅游领域市场主体及其有关人员严重失信行为认定标准和联合惩戒措施（试行）》	2019
		《长三角区域食品安全领域严重违法生产经营者黑名单互认合作协议》	2020
	城市信用合作相关文件	《杭州都市圈信用建设合作机制框架协议》	2019
		《嘉昆太三地生态环境领域社会信用体系建设合作协议》	2019
		《长三角生态绿色一体化发展示范区信用合作备忘录》	2019
		《加强信用联动推动长三角信用一体化战略合作备忘录》	2019
		《长三角区域生态环境领域实施信用联合奖惩合作备忘录（2020年版）》	2020
		《长三角产品质量安全监管合作备忘录》	2020
		《苏锡常信用应用一体化战略合作协议》	2020
		《嘉昆太三地市场监管领域社会信用体系建设合作协议》	2020

4.3.2.2 "信用长三角"建设中的问题分析

当前，长三角在省际合作治理信用方面仍存在困境，区域信用体系建设与实践推进存在空白点、薄弱点、障碍点。

1）立法层面

尚未建成完善的区域性信用法律法规体系。以信用信息的归集为例，由于上位法的缺失或行业法律法规的限制，平台归集信用信息常常遇阻。如何界定有效的信用数据边界和开发采集程序权责，如何保障与促进数据在不同部门间的开放共享，如何界定和保护个人隐私与商业秘密等问题，也尚无答案。此外，由于当前立法较为分散，难以对社会上的各种失信行为形成强有力的法律约束。

2) 制度层面

当前,长三角各级部门企业征信条块分割,采集的信息不共享。信用信息在不同平台、行业间的流动性较差,开放程度较低,制度障碍突出。

缺乏统一的企业信用评价办法。以工程建设领域为例,工程建设企业在招投标时须将信用分作为评标基础分,而目前信用分由各省市根据企业在当地的业绩、荣誉、处罚等情况单独评定。表 4-2 汇总了长三角建筑业企业信用评价办法,其中显现出了较为明显的地区差异,增加了企业跨区域广泛开展业务的制度性交易成本,损害了区域内所有企业公平参与工程建设的机会,阻碍了区域信用一体化的发展。

表 4-2 长三角建筑业企业信用评价办法

地区	条 例 规 章	信 用 评 价 办 法
上海	《上海市在沪建筑业企业信用评价标准(2020 版)》《上海市在沪建筑业企业信用评价管理办法》	● 信用评分=基础分+加分项分数-扣分项分数 ● 基础分最高 65 分,加分项最高 35 分;扣分项分数从基础分中扣除,扣完为止
江苏	《江苏省建筑业企业信用综合评价办法》《江苏省建筑业企业信用计分原则》	● 信用评分=基本信用计分+业绩奖励计分-扣减计分 ● 基本信用分最高 85 分,业绩和奖励计分最高 15 分,扣减积分可累加计算,不封顶
浙江	《浙江省建筑市场公共信用信息管理办法》	● 设区市建设主管部门可以结合本地实际情况,探索由行业主管部门、行业协会或中介机构开展对建筑市场各方主体的信用评价工作
	《杭州市建设市场主体信用管理办法》《杭州建设市场主体信用记录记分标准(2019 版)》	● 信用评分=良好信用信息记分-不良行为信用信息记分-警示信用信息扣分
	《宁波市建筑市场房屋建筑工程建设单位信用评价管理办法(试行)》	● 采取守信加分、失信减分模式 ● 信用评价内容分为工程项目管理信用信息、建筑市场行为信用信息和其他信用信息 ● 房地产开发项目建设单位信用评价分通过对房地产开发企业所有全资和参股房地产开发项目分别进行信用评分,再根据其投资额占比由计算机采用数理统计方法根据计算程序获得;其他项目建设单位信用评价分通过对其所有开发建设项目信用评价分算术平均获得

地区	条 例 规 章	信 用 评 价 办 法
安徽	《安徽省建筑施工企业信用评分内容和评分标准（2018 版）》	● 信用评分＝基本信用分＋项目信用分 ● 基本信用分＝优良信用信息分－不良信用信息分（各市决定） ● 项目信用分由建筑施工企业所有单个项目信用分的平均分构成，单个项目信用分＝安徽省工程建设监管检查系统中单个项目分值＋单个项目优良信用加分，单个项目优良信用加分由建筑市场（含招投标）、质量、安全文明施工构成

此外，长三角地区的信用体系建设相对强调失信惩戒，归集信息多为失信信息，信用评价以负面信息为主要维度。在"一处失信，处处制约"的跨区域失信惩戒机制仍未全面建成的背景下，企业发展好坏与自身信用相关性较弱，导致企业信用建设积极性下降，企业发展更多和自身业绩、注册资本金等要素挂钩，难以适应当前长三角城镇建设高质量一体化发展的要求。

3）信息层面

对于行政机关、司法机关、公共企业事业单位等公共信用信息提供单位，以及信用服务机构及其他企业事业单位等市场信用信息提供单位而言，二者产生、采集、获取的信用信息层级不一，公共信用信息与市场信用信息融合存在壁垒。

长三角地区各地政府出台的地方条例或规章对公共信用信息归集的范围、标准不统一。以信用信息分类为例，沪苏浙皖四地的分类标准各不相同，导致了长三角公共信用信息规范、管理各自为政。此外，行业分割、区域分割现象仍然存在，数据分散、行业垄断、地方割据的供给格局阻碍了社会服务的完整统一。

4）市场层面

公共信用服务机构和社会信用服务机构互为补充，以及信用基础服务和增值服务的相辅相成，尚未实现，信用服务组织服务体系仍待完善。

5）意识层面

目前，工程建设等领域的企业失信问题仍较突出。根据企查查发布的《2020 年失信被执行人风险数据报告》，长三角三省一市处于中国个人失信密度较高（每万人失信被执行人数量）的地区前列，其中安徽、上海现存失信被执行人的数量较 2019 年分别同比增加 18.7％、11.6％。由此可见，不仅个人守信意识仍待加强，企业信用建设意识也需进一步强化。

4.3.3　国内外信用体系建设经验借鉴

4.3.3.1　国外信用体系建设先进经验

由于基本国情的差异，各国建立的信用体系各具特色，大体可分为以下两类：一是市场化自愿的私有信用信息交换或合作形式，其信用数据主要来自银行、金融公司、信贷协会、零售商等成员机构自愿提供。该模式又分为征信所模式和会员制模式，分别以美国、日本为代表。二是政府主导强制的公共信用登记形式，其信用数据主要通过政府法规强制银行、非银行类金融机构、贸易债权人、信用服务公司等机构向中央银行或政府指定部门或机构汇报。该模式以德国、法国等欧洲国家为代表，政府通过立法保证数据的真实性。

分析信用建设先进国家的做法，可以总结出如下值得借鉴的经验：

（1）建立完备的信用法律法规体系。各国结合自身国情，形成了符合自身、各有侧重的信用法律法规体系。美国将权益保护、信息采集、信息披露、信用消费等内容的规范、监督、保障一并纳入法律范畴，实现对信用的直接管理、个人隐私的保护和政府信息公开的规范；德国对收集、使用个人信用信息数据的条件和程序进行了较为严格的规定；日本对个人信用信息范围的限定、行为规制对象范围限定、个人信用信息保存的期限等内容进行了详尽的规定，违反守密义务将承担违宪风险[①]。

（2）建立"多管齐下"的信用监管机制。世界上信用体系发展较为完善的国家，均建立了有效的监管机制，包括完备的法律制度、健全的监管机构、行业组织和协会的自律性管理。

（3）完善信用信息共享机制。美国在信用信息共享方面的成果较为显著：一是对信用信息的采集、披露、交流、使用等有明确的法律规定，使各项工作的开展有法可依；二是建立覆盖全域的信用信息数据库，并不断拓展数据库的规模和丰富程度；三是充分发挥征信公司的作用。

（4）重视信用文化教育环境建设。美国以其信用文化支撑个人隐私权保护。日本重视诚信道德实践教育，制定了严格的诚信行为意识规范，强化民众的道德自律意识。

---

① 池建新.日本个人信用信息保护方针对我国的启示[J].电子政务，2007(3)：71-76.

4.3.3.2　国内区域信用协同治理借鉴启示

2020 年 11 月,京津冀社会信用体系建设主管部门联合印发了《京津冀全国守信联合激励试点建设方案(2020—2024 年)》,总结其中一些独特思想与举措,可为长三角在下一个规划阶段提供借鉴:

(1) 突出正向激励。在标准规范方面,重视规范守信行为认定标准和守信"红名单"的使用。在守信红利方面,京津冀探索了更为丰富的"信用惠民""信用便企"应用场景,应用区域也更为广泛。

(2) 拓展重点领域。在区域信用协同治理的重点领域方面,京津冀地区较长三角地区增加了教育、家政、人力资源、精准扶贫等重点领域,可为长三角地区下一规划阶段拓展重点领域提供思路。

(3) 建设特色示范区。京津冀地区积极推进特色示范区建设专项行动,在雄安新区示范区、奥运示范区、北京城市副中心及周边示范区、滨海新区示范区分别推进各具特色、各有侧重的区域信用建设工作。

(4) 探索社会化信用联合激励。京津冀地区推进建立社会化守信联合激励服务标准,鼓励行业协会、金融机构、各类社会服务机构、信用机构等社会机构制定市场化信用联合惩戒措施清单,建立市场化信用联合惩戒服务标准,有助于发挥市场在信用体系建设中的作用,形成政府引导、社会组织推进、社会力量共同参与的良性建设模式。

(5) 集聚科技研发力量。京津冀地区发挥政府与社会机构在数据、技术和治理等方面的优势,共同推进打造京津冀信用科技实验室,有助于在标准体系创制、服务模式探索、评价模型计算等方面加快实现联合创新突破。

4.3.4　长三角深化信用体系建设配套政策建议

1) 加强立法

推进信用立法。建议进一步梳理现有法律法规,对于法律缺失的部分,应加快推进立法进程;对于地方立法冲突的部分,应尽快建立长三角区域间的协调机制。

加强法治合作。长三角三省一市相关部门可充分利用长三角地区人大工作协作机制,推动长三角社会信用协同立法。此外,还可筹建长三角律所区域性合作组织,建设"云案件库",实现案件"云归档"。

2) 完善制度

统一信用评价办法。建议以信息互通、规划互通、信用互认、属地化管理为先行举措,以重点领域为突破口,发挥行业协会在建立区域性信用团体标准中的作用,长期探索建立统一的信用评价体系。

健全联合奖惩机制。开展联合惩戒行动,标准的制定是关键。目前,长三角信用联合奖惩机制的实施仍在起步阶段。建议以重点领域为突破口,以生态等先进领域的经验为参考,继续探索制定统一的奖惩制度和标准。

3)融通信息

推动信息共享。借鉴国际上在信用信息共享方面的先进经验,建议对信用信息在长三角地区的采集和使用进行统一的法律规定,对有差异的部分应进行解释说明;推动长三角信用信息数据库的互通,建立一体化数据库或征信链;在推进市场信用信息和公共信用信息融合的过程中,第三方服务机构扮演着至关重要的角色,应强化征信公司作用的发挥。

4)培育市场

发展信用服务市场。政府应充分认识信用服务业在现代服务业中的地位和作用,发挥其引导、示范作用,在行政管理和公共服务的各个领域率先嵌入信用信息应用;大力培育和发展信用服务机构,为信用服务行业的发展提供政策引导和资金支持。

培育信用科技市场。应加快培育长三角信用科技市场,进一步激发信用科技市场活力,让产品创新、技术创新、应用转化不断涌现。

5)意识养成

加强守信激励,严格惩戒失信行为。借鉴"京津冀"模式,建议进一步强调对守信主体的激励,加快守信行为认定标准和守信"红名单"使用规范等实施细则的制定;拓展"信易+"应用场景、领域和区域,使信用状况和个人、企业的发展紧密相连,充分激发信用主体提升自身信用水平的热情与动力;借鉴日本模式,建议加大失信惩戒力度,落实信用监督和信用处罚机制,强化区域内黑名单制度,对某些失信个人和企业,可实行"一票否决"制。

6)聚焦重点

拓展重点领域。在目前环境保护、食品安全、产品质量、旅游等重点领域的基础上,建议优先考虑将工程建设、知识产权、乡村振兴、金融作为长三角信用体系建设的新增重点领域,更好地发挥"信用一体化"在长三角一体化城镇建设协调发展中的作用。

打造信用示范区。基于长三角地区现有的城市信用建设合作,建议打造一批信用建设特色示范区,在示范区进行"信用一体化"举措的先行先试,发挥信用建设特色示范区在长三角全域的带动作用。

4.3.5　推进长三角工程建设领域信用一体化的举措

4.3.5.1　利用人工智能技术推动工程建设企业信用评价一体化

受限于当前的信用评价框架,要实现长三角工程建设企业信用评价一体化道阻且长。为实现公平和效率,让机器取代人工是一个重要的思路。首先,建议对长三角各地现行信用评价办法涉及的指标进行整合,建立统一的长三角工程建设企业信用评价指标库和信用分级标准,其难度远小于直接建立统一的信用评价指标体系。其次,建议统一信用数据征集范围、数据结构、实施技术,推动企业信用信息数据库的互通。

长三角地区各地政府协调统一信用评价办法的过程,不可避免地会受到地方主义的影响,难以形成统一意见。因此,建议让人工智能发挥先行作用,基于上述统一的长三角工程建设企业信用评价指标库和信用信息数据库,通过模型训练,确定合理的评价指标和计算方法,自动生成一套长三角工程建设企业信用评价方法的草案。在此基础上,长三角地区各地政府、行业协会、专家共同讨论上述草案的合理性、科学性,通过适当调整,确定最终方案,使其实施难度更小、效率更高,如图 4-3 所示。此外,考虑到各类工程建设企业信用管理风险点不同,针对工程建设领域不同类型的企业,基于上述统一的信用评价指标库和信用信息数据库,分类进行模型训练,形成统一框架下各具特色的工程建设咨询、设计、施工等企业信用评价具体办法。在此办法下,对信用评价方案的调整也更为便利,可显著提升信用管理的灵活性和有效性。

进一步地,借鉴个人征信中的"信用画像"实践经验,可集成运用大数据、人工智能等技术手段,提炼总结工程建设企业的信用特征,构建长三角地区工程建设企业信用画像,从多维度投影企业在不同方面、不同领域、不同区域的信用状况和整体信用水平,进一步实现信用评价的智能化、精准化、可视化。

4.3.5.2　从线上到线下,打造工程建设企业信用链

《经济学人》杂志将区块链技术誉为"信任的机器"(trust machine)。我们应认识到区块链技术在信用建设中具有天然的优越性,利用区块链技术分布式存储、数据可追溯、不可篡改和公开透明的特性,打造长三角工程建设企业信用链,可彻底解决当前长三角工程建设企业征信问题。然而,由于我国区块链技术仍

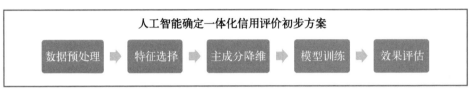

图 4‑3 基于人工智能技术的长三角工程建设企业信用评价一体化办法

处于发展阶段,数据容量有限,难以承载真正意义上的"大数据"。此外,该方案投资大、耗时长,短期难以实现。因此,在长三角打造工程建设企业信用链的过程中,采取从线下到线上的征信应用模式,是当下最可行的方案,如图 4‑4 所示。

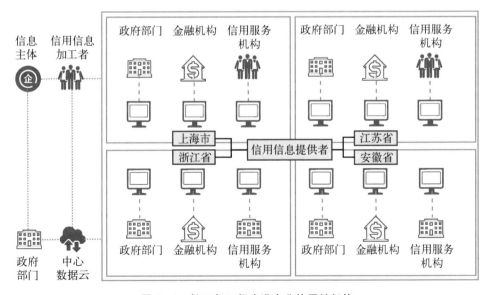

图 4‑4 长三角工程建设企业信用链架构

该方案采取联盟链的架构,主要节点包括长三角地区各地政府、银行等金融机构、工程建设企业、企业征信机构等,以此链连接各方数据库,同时建立中心数据云。在征得信息主体——工程建设企业授权的前提下,企业征信机构向上链的信用信息提供者发布信息共享请求。信用信息提供者若在数据库内发现与需求相符的信息,则将信息格式化加密上传到中心数据云,并将数据摘要等信息以交易形式广播到区块链网络。企业征信机构下载信用信息,通过有效性检测并补充缺失数据之后可形成完整的征信数据模块。若有异议,可通过链上的监管机构进行裁决,保证公平、可行的共享环境。

4.4　工程建设操作模式创新

本节从工程建设操作模式创新的角度出发,在融资模式创新、组织模式创新和交付模式创新三个方面深入研究,同时积极探索区块链技术在工程建设领域的应用场景,并提出区域性推广应用建议,为工程建设操作模式创新赋能。

4.4.1　推广 REITs 融资模式,促进基础设施协调发展

4.4.1.1　积极创新长三角基础设施投融资机制

基础设施是指为社会生产和居民生活提供公共服务的物质工程设施,是用于保证国家或地区社会经济活动正常进行的公共服务系统。

基础设施的完善程度与区域的发展水平息息相关。当前,长三角地区内部基础设施分布呈现出“东强西弱”“南密北疏”的不平衡现象,存在强烈的“补短板”内在需求。然而,长三角地区中欠发达地区的经济实力和风险承担能力相对较弱,而建立完善的基础设施网络通常需要花费较长的时间和大量的资金,这一矛盾的出现进一步加剧了长三角地区基础设施建设水平的不均衡性。因此,探究长三角地区基础设施投融资协调发展机制,从根源上解决欠发达地区的资金需求问题,加快缩小地区发展差距,对长三角地区基础设施协调发展有着重要意义。

4.4.1.2　我国基础设施投融资模式发展及现状

1) 我国基础设施投融资模式发展历程

我国基础设施投融资模式的发展历程大致可划分为以下五个阶段:

阶段一:1993 年之前。以地方财政和政府为主导,由国家信用发行国债及

通过银行贷款获取基础设施投资资金。此阶段，基础设施建设显著落后于人口的急剧增长和经济的快速发展，又缺少足够的资金投入，政府开始探索将"建设—经营—转让"（build-operate-transfer，BOT）模式引入我国。

阶段二：1994—2002 年。分税制度的改革，导致了地方政府举债受限，这催生了地方融资平台的兴起。政府通过地方融资平台，可实现基础设施建设领域的资金融通。同时，为改善基础设施建设落后于人口增长与经济发展的现状，中国政府颁布了一系列条例法规吸引外资，BOT 模式开始得到政府有计划的推广。

阶段三：2003—2008 年。为克服基础设施对经济持续增长的制约，一些地方政府出台了新的条例法规，降低基础设施领域的准入条件，以期促进基础设施建设，为经济发展提供有力支撑。2005 年 2 月，国务院印发《关于鼓励支持和引导个体私营等非公有制经济发展的若干意见》（国发〔2005〕3 号），将市场竞争机制引入电力、电信、铁路、民航、石油等垄断行业和领域，积极推进投资主体多元化。政策利好的刺激，掀起了市政公用行业基础设施投资的浪潮。

阶段四：2009—2013 年。2008 年金融危机扩散至全球，为进一步扩大内需、促进经济增长，我国提出了一系列总规模约四万亿人民币的财政货币政策。此后，城投模式和房地产经济得到飞速发展。2009 年 3 月，央行和银监会联合提出："支持有条件的地方政府组建投融资平台，发行企业债、中期票据等融资工具，拓宽中央政府投资项目的配套资金融资渠道。"同年，城投债发行数量迅速增长。

阶段五：2014 年至今。2014 年 10 月，国务院印发《关于加强地方政府性债务管理的意见》（国发〔2014〕43 号），给予地方政府发债的权能。至此，新的模式——"政府与社会资本合作"（public-private partnership，PPP）模式被推入基础设施市场，传统的政府融资平台模式逐渐退出。接着，各部委也相继出台相关政策文件支持 PPP 推广，由此掀起了基础设施投资领域的 PPP 热潮。

2）我国主要基础设施投融资模式介绍

当前，我国基础设施投融资模式以专项债、PPP 模式和城投模式为主，其中城投模式又以"F＋EPC"模式（finance＋engineering，procurement，construction，融资＋设计、采购、施工模式）和 ABO 模式最为新颖[①]。

---

① 赵新博，王守清.展望 REIT 之后我国基础设施投融资的发展与创新[EB/OL].[2021-09-11].
https://www.sohu.com/a/404431757_828724.

（1）专项债模式。

专项债是地方政府债的一种，是政府为有一定收益的公益性项目发行的、约定一定期限内以公益性项目对应的政府性基金或专项收入还本付息的政府债券。

2015 年以来，专项债保持快速稳定增长，已成为地方政府的主要发债品种。2020 年 2 月，创新品种专项债累计发行 8 858.35 亿元，占专项债总额的 93%[①]，相比于 2018 年、2019 年，创新品种专项债占比有较大增幅。从类型上来看，2019 年新出现城乡发展、旧城改造、隧道、机场等多个新品种专项债；而在农业农村领域中，城乡发展、乡村振兴两类专项债规模都增长了百亿元以上；2020 年则新出现了物流和卫生防疫专项债。从发行数据上来看，专项债正在蓬勃发展，但发行节点和领域的高度政策性，也使专项债项目的风险悄然增长。同时，在专项债额度的分配上，经济较发达的地区获得的额度大，经济实力较弱的地方获得额度小。尽管这是防控风险的最优解，但从实际情况来看，这是与长三角地区基础设施平衡发展的需求相背离的。

（2）PPP 模式。

政府和社会资本合作模式，是应用于基础设施领域的一种项目建设、运营模式。社会资本与政府合作参与公共基础设施的建设，同时国家允许非公共部门所掌握的资源参与提供公共产品和服务，从而实现社会资本与政府的双赢。

随着国务院和各部委相关政策的颁布，PPP 模式的发展开始进入理性期。然而，财政部 PPP 中心的数据显示，截至 2019 年末，PPP 项目融资落地率不足 10%；再融资方面，截至 2020 年 5 月，发行"PPP＋ABS"共 21 单，融资 215.58 亿元；发行 PPP 专项债 4 笔，融资近 40 亿元[②]。分析以上融资及再融资数据，可以发现，当前 PPP 融资市场并未真正打开，融资难问题是当前 PPP 项目顺利推进的关键掣肘。

（3）"F＋EPC"模式。

"融资＋设计、采购、施工"（finance ＋ engineering，procurement，construction，"F＋EPC"）模式是工程总承包的一种创新延伸模式，是以投资项目并取得投资收益为条件、以总承包项目建设（及运营管理）为主要环节的一种

① 李丹丹.对地方政府专项债用于基础设施项目的梳理和分析[R].睿立方咨询,2020.
② 赵新博,王守清.展望 REIT 之后我国基础设施投融资的发展与创新[EB/OL].[2021－09－11]. https://www.sohu.com/a/404431757_828724.

新型模式。"F+EPC"模式通过对项目融资与承包、发包环节的整合,在提供项目资金来源的基础上,以设计为核心,从源头对项目整体进行方案优化,完成设计、采购、施工(及运营管理)的协调发展,发挥企业在融资和项目管理方面上的优势,更好地实现工程建设目标。

"F+EPC"中的投融资通常包括两种方式:一是工程总承包单位负责协助建设单位融资,中标后引入金融机构向建设单位提供融资,建设单位根据工程的不同阶段分期支付工程款;二是工程总承包单位自行对工程款进行垫资或与社会投资人组成联合体,由社会投资人进行垫资,工程完工后由建设单位按照一定比例、节奏再向工程总承包单位或社会投资人支付工程款。目前国内的"F+EPC"模式以第二种方式居多。

目前,"F+EPC"模式存在的主要问题是:许多先行试点项目有违规打政策"擦边球"的风险,且整个项目的投资与收益是否能实现自平衡是关键。如果出现还款困难,政府将有形成隐性债务的风险。

(4) ABO 模式。

"授权—建设—经营"(authorize-build-operate,ABO)模式是对 PPP 模式的一种革新,即由政府授权建设运营单位履行业主职责,依约提供所需公共产品及服务,而政府则履行规则制定、绩效考核等职责,同时支付授权运营费用。

ABO 模式能够让经营主体更有效地发挥自身的资源整合能力,提高项目的经营效益。但由于补贴规则尚无标准可参考,可能导致补贴条件与项目建设不匹配,阻碍政府有效对接,难以充分发挥 ABO 的效用,甚至可能导致资金浪费、流向不明,或者导致项目公司无法按时还款。

综上,专项债模式已成为地方政府发债的主力品种,创新品种不断增加,但其发行节点和领域的高度政策性易产生高风险,现行专项债额度分配模式有时与地方投资建设需求相背离;PPP 模式虽已进入理性期,项目落地率提高,规范性加强,但融资难问题仍是一大制约;"F+EPC"模式是融资+工程总承包一体化的创新型建设模式,但存在部分项目打政策"擦边球"的问题和政府形成隐性债务的风险;ABO 模式是 PPP 的创新模式,能够充分激发经营主体的资源整合能力,提高项目经营效益,但也存在缺乏统一、规范的标准和科学、透明的补贴支付机制等问题。

3) REITs 模式的提出

不动产投资信托基金(real estate investment trusts,REITs)是我国近期推

出的创新投融资模式。它是一种以发行收益凭证的方式汇集特定多数投资者的资金,由专门投资机构进行不动产投资经营管理,并将投资综合收益按比例分配给投资者的一种信托基金。根据国家发展改革委和证监会发布的相关指导文件,我国 REITs 的交易结构按照"公募基金＋资产证券化"的形式进行。该交易结构是在综合考虑规则制定成本和我国现有法律可操作性之后的结果。我国基础设施 REITs 项目交易结构如图 4－5 所示。

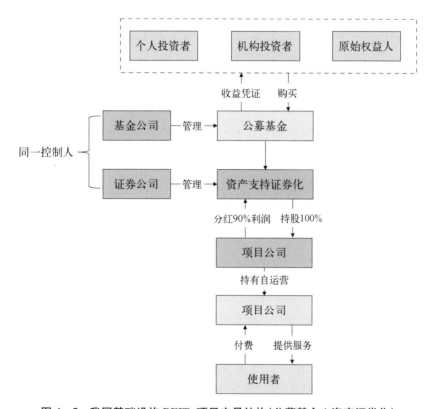

图 4－5　我国基础设施 REITs 项目交易结构(公募基金＋资产证券化)

4.4.1.3　长三角基础设施投融资机制创新的建议

1) 投融资模式的选择

从基础设施投资资金的流向上来看,REITs 模式将原有的基础设施的投资周期从"投资→建设→运营→投资"向"投资→建设→运营→退出→投资"转变①。与

---

①　韩志峰.充分认识基础设施 REITs 的重要意义[EB/OL].[2021－09－11].https://www.sohu.com/a/419477943_480400.

常用且比较成熟的专项债、PPP、"F＋EPC"、ABO 模式等不同，REITs 从提供资金退出渠道的角度出发解决投资回报周期过长的问题。

经过改革开放 40 多年的建设，当前我国已经逐渐从增量时代步入存量时代。北京大学光华管理学院的相关研究表明，近 25 年来，长三角已形成约 26 万亿元的基础设施存量资产，迫切需要盘活存量资产，实现资产价值的最大化①。

从时代需求来看，REITs 是一种符合存量时代特点的融资方式。首先，REITs 增强了基础设施的"流通性"，让基础设施的价值能以低成本的方式进行交易，在短周期内实现高效的流通。每一次流通都意味着买卖双方对资产进行价值重估和充分利用。其次，REITs 能让基础设施资产得到更好的管理，实现资产的保值乃至增值，从而实现资产价值最大化。最后，REITs 能够让基础设施资产金融化，有利于实现基础设施资产的变现与投资。

从海外成熟市场的经验来看，一方面，REITs 有利于盘活基础设施存量资产，提供新一轮投资资金来源，畅通经济内循环。另一方面，REITs 作为权益性金融产品，有利于提升股权融资比重，降低杠杆率、改善资产负债结构，增强风险抵御能力。与此同时，REITs 回收的资金将用于短板领域，有利于促进基础设施的平衡发展。另外，REITs 具有流动性大、收益稳定的特点，可填补当前大类金融产品的空白。

综上，与专项债、PPP、"F＋EPC"、ABO 等模式相比，REITs 模式从提供资金退出渠道的角度出发解决投资回报周期过长的问题，更符合我国从"增量"建设逐渐转向"存量"经营的时代发展需要。具体来说，REITs 模式让基础设施的价值能以低成本的方式进行交易，可在短周期内实现高效流通；REITs 模式能优化基础设施资产管理，实现资产价值最大化；REITs 模式能加快实现基础设施资产金融化，促进基础设施资产的变现与投资。

2) REITs 模式推广应用的对策建议

底层资产方面，构建明确的基础设施 REITs 项目筛选体系。长三角地区推行 REITs 模式时，需要重点解决底层资产甄别问题。通过文本挖掘、专家咨询、调查问卷的方式，本书梳理出 REITs 试点项目在长三角地区落地的 15 项关键影响因素，如图 4-6 所示。通过该 15 项关键影响因素构成的筛选体系，有关方面可建立长三角基础设施 REITs 项目储备库，培育优质项目。

---

① 新浪财经.公募 REITs 产品潜在规模超 5 万亿,基础设施领域进入实操阶段[EB/OL].[2021-09-11].https://baijiahao.baidu.com/s? id=1678990079095134082&wfr=spider&for=pc.

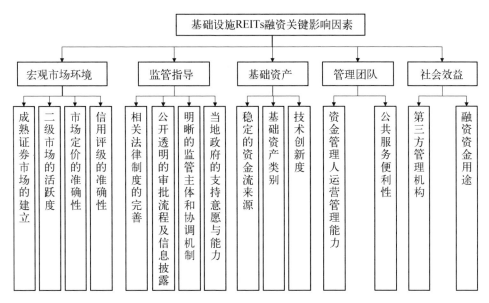

图 4 - 6　基础设施 REITs 关键影响因素

运营管理方面,重新确定 REITs 运营管理人之间的权属关系。相比于基金管理人,目前基础设施项目原始权益人的运营管理能力更强,建议在 REITs 项目中提高项目原始权益人的地位,促使原始权益人主动管理底层资产,激发其主观能动性。

投资人方面,积极尝试引导保险资金进入基础设施 REITs 市场。建议各相关监管部门、市场主体和行业协会深入研究,提出方案,为保险资金参与基础设施 REITs 市场建设和发展创造有利的政策环境、技术支持和创新氛围。保险机构也要充分发挥专业化的基础设施资产运营管理能力、产业链延伸优势和其他领域的投资管理经验,积极开发具有中国特色的基础设施 REITs 产品,如同居民养老保险结合的 REITs 产品的研发等。

制度政策方面,提供基础设施 REITs 项目税收优惠。公募 REITs 的健康发展,离不开税收制度的相应安排,建议根据首批基础设施 REITs 项目落地的运营情况,同时参考国外税收优惠经验,制定符合我国国情的 REITs 税收优惠法律条文,推动更多项目参与基础设施 REITs 融资。

4.4.2　培育全过程工程咨询模式,提升长三角工程建设质量

4.4.2.1　全过程工程咨询概述

全过程工程咨询是指在项目投资决策、工程建设、运营管理过程中,为投资

者或建设单位提供涉及经济、技术、组织、管理等方面的综合性、跨阶段、一体化的咨询服务。它具有科学性、独立性、业务范围宽、服务阶段长、适合中大型规模项目、适合房屋建筑与市政基础设施建设项目等特点,它有利于控制投资成本、加快工程进度、规避工程风险、提高工程质量。2017 年 2 月 21 日,国务院办公厅发布了《国务院办公厅关于促进建筑业持续健康发展的意见》(国办发〔2017〕19 号),提出要"完善工程建设组织模式,培育全过程工程咨询"。

目前,我国工程咨询服务市场在投资咨询、招标代理、勘察、设计、监理、造价、项目管理等多个维度已形成专业化的咨询服务业态。然而,传统工程咨询模式采用单向服务供给的模式,由于存在政府部门多头主管、专业公司"各自为政"等问题,导致了工程咨询服务方式、咨询能力和咨询服务产业链的松散化、碎片化。

随着长三角一体化城镇建设进程的加速,房屋建筑和市政基础设施等固定资产项目的建设需求大幅增加,工程项目的范围不断扩大,对工期和功能的要求日益提升,对整体的协调管理提出了更高要求。投资者或建设单位在决策、工程建设、项目运营过程中,对综合性、跨阶段、一体化的咨询服务需求日益增强,如图 4-7 所示。在此背景下,深化全过程工程咨询试点,对实现工程建设"整体性治理",提升长三角一体化城镇建设协调发展质量,具有重要意义。

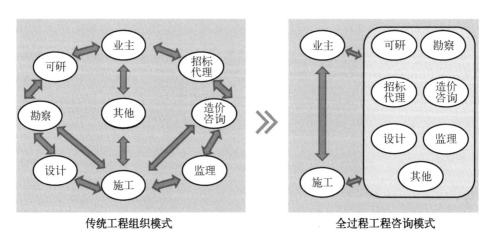

传统工程组织模式　　　　　　　　**全过程工程咨询模式**

图 4-7　全过程工程咨询对工程建设组织模式的改变

4.4.2.2　全过程工程咨询与其他工程建设组织模式的关系

1)建筑师负责制

2017 年 2 月,国务院办公厅发布了《国务院办公厅关于促进建筑业持续健康发展的意见》(国办发〔2017〕19 号),明确指出,要"在民用建筑项目中,充分发挥建筑师的主导作用,鼓励提供全过程工程咨询服务"。2017 年 12 月,住房和城乡建设部也发布了《关于征求在民用建筑工程中推进建筑师负责制指导意见(征求意见稿)意见的函》(建市设函〔2017〕62 号),明确了建筑师负责制的定义为"以担任民用建筑工程项目设计主持人或设计总负责人的注册建筑师(以下称为建筑师)为核心的设计团队,依托所在的设计企业为实施主体,依据合同约定,对民用建筑工程全过程或部分阶段提供全寿命周期设计咨询管理服务,最终将符合建设单位要求的建筑产品和服务交付给建设单位的一种工作模式"。在建筑师负责制中,建筑师对工程质量、进度、投资进行统筹控制,有利于提升工程质量,保证建设安全。

按照国家现行有关文件的规定,建筑师负责制与全过程工程咨询既有联系又有区别。建筑师负责制是全过程工程咨询在民用建筑工程领域的实施方式之一,在民用建筑全过程工程咨询项目中推行建筑师负责制,需以由设计单位牵头为基本前提。建设单位应结合项目的实际需求与特点,选择是否在民用建筑全过程工程咨询项目中采用建筑师负责制。全过程工程咨询的试点推广,也有利于建筑师负责制的进一步推广。

2) 工程总承包

工程总承包模式是一种向承包方集成的工程建设组织模式。最早起源于欧洲,其核心在于设计和施工的组织集成,从而克服传统承发包模式中二者分离的弊端。工程总承包有利于设计单位、施工单位和业主各方。尤其是对于业主而言,有利于降低工程造价,有效缩短工期,简化合同管理,减少协调工作与费用。由于工程总承包制度的优越性,我国自 1982 年起即开始工程总承包的试点探索工作,但推广效果一直不尽如人意,原因之一在于业主担心失去对项目质量、进度和造价等环节的有效控制。而业主之所以会产生这样的顾虑,是由于传统的工程咨询服务普遍只针对工程建设中的某一环节或内容,业主难以实现对项目建设各环节的监督和管理。

全过程工程咨询可协助工程总承包模式下的业主有效实现对项目建设全流程的控制,如图 4-8 所示。全过程工程咨询企业,受业主方委托,提供综合性、跨阶段、一体化、专业化的咨询服务,可提升工程总项目管理的规范性与科学性。全过程工程咨询与工程总承包相结合,有助于共同促进工程建设管理总目标的实现。

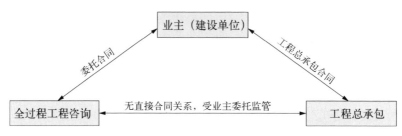

图 4‑8　全过程工程咨询与工程总承包相结合的一般做法

3) 代建制

代建制最早起源于美国建筑工程管理模式(construction management approach),是一种由项目出资人委托有相应资质的项目代建人对项目的可行性研究、勘察、设计、监理、施工等全过程进行管理,并按照建设项目工期和设计要求完成建设任务,直至项目竣工验收后交付使用人的项目建设管理模式①。

2004 年,《国务院关于投资体制改革的决定》(国发〔2004〕20 号)正式颁布,明确对非经营性政府投资项目加快推行"代建制"。目前,项目代建制已发展出以深圳模式为代表的事业代建模式(集中统建模式)和以上海、北京模式为代表的企业代建模式,并在我国政府投资非经营性项目上得到了广泛的运用②。

在事业代建模式下,政府组建行政事业单位性质的常设机构,对政府投资项目进行相对集中统一的管理。在企业代建模式下,政府通过招标或直接委托等方式,将政府投资项目交由专业的代建公司建设管理,代建公司可以是纯社会性的中介机构(北京模式),也可以是国有专业公司(上海模式)。代建制也在不断地与时俱进。2017 年 6 月,深圳市福田区政府出台《福田区政府投资建设项目代建制管理办法(试行)》(福府办规〔2017〕4 号),在全国率先推出全过程市场化代建制度体系。

4.4.2.3　全过程工程咨询推行现状

1) 国外全过程工程咨询推广现状

全过程工程咨询形成于国外工程咨询业的综合发展阶段。20 世纪 90 年代以后,全球涌现出一批大型综合性国际工程咨询服务公司,提供基于建筑全生命周期的跨阶段多元性服务。经过多年的发展,国外全过程工程咨询已经发展成为专业化程度深、横向沟通强、服务全生命周期的咨询服务行业,同时衍生出各

① 董军.代建制与工程项目管理[J].中国工程咨询,2011(3):64-65.
② 韩美贵,金德智.政府投资项目代建制两种典型模式比较[J].科技管理研究,2009(10):79-82.

种特殊的针对性服务。

2）国内全过程工程咨询试点情况

自国家发展改革委和住建部出台相关文件以来，各省市积极响应试点工作要求。2017 年，在《住房城乡建设部关于开展全过程工程咨询试点工作的通知（建市〔2017〕101 号）》公布的首批试点省市中，北京、上海、江苏、浙江、福建、湖南、广东、四川 8 省（市）被列入全过程工程咨询试点地区，重庆市和黑龙江省地方政府主管部门自发开展试点工作。2018 年，试点地区进一步扩大，全年新增 9个全过程工程咨询试点地区，分别为：广西、贵州、宁夏、山东、吉林、河南、安徽、内蒙古、陕西。此外，江西、湖北、海南、云南、西藏、甘肃等地区也以多种形式加入全过程工程咨询的实践中去。如海南先后成立全过程工程咨询服务产业联盟和全过程工程咨询研究会，为全过程工程咨询在地方的培育和发展作出重要贡献。

综上，目前全过程工程咨询在我国各省市的推行，主要是通过发布试点工作方案或指导意见，公布试点项目和实施企业名单，以及发布全过程工程咨询服务导则和合同示范文本等配套文件的方式。进一步地，对全过程工程咨询项目的供应方和参与方进行调查分析可以发现：供应方以民营企业为主，大部分企业业务涉及工程监理、项目管理和造价咨询、招标代理等；同时，部分企业业务涉及项目策划、规划咨询、工程设计等领域。需求方仍以民营企业为主，主要业务领域集中在房地产、公共建筑和工业建筑，项目资金主要来源为政府资金、国有资金和社会资金。

然而，在试点过程中，也出现了以下问题：一是参与各方在政策认识、理解上存在差异；二是咨询计费缺乏依据；三是咨询资信评价政策推行时间较短，缺乏健全的信用评价相关制度；四是市场供需双方对其前景的看法有分歧，态度存在冷热差异；五是存在市场观望与政策滞后现象，需求程度或市场意愿转化为实际项目的比例明显偏低；六是咨询方能力尚不能满足需求方的要求；七是"一地一政"的做法阻碍了跨区域业务的开展与合作。

4.4.2.4　国内外全过程工程咨询实践的借鉴启示

1）国外全过程工程咨询推广经验

（1）采购模式方面。1972 年，美国工程公司协会（Association of Consulting Engineering Companies，ACEC）推动通讨了著名的《布鲁克斯法案》（The Brooks Act），又称《基于资格的选择法》（Qualifications-Based Selection，QBS）。根据《布鲁克斯法案》，美国联邦政府在采购工程咨询服务时，应以能力、资格、经验为衡量标准，在众多候选公司中进行选择。相较仅考虑价格的《竞争招标法》(Competitive Bidding)，QBS 更为科学合理，更有利于美国工程咨询业的长期稳定发展。

（2）政府管理方面。国外工程咨询的市场化程度高，政府对咨询市场的管理主要通过行业协会进行自律性管理。行业协会具有重要影响力，既能作为咨询机构、个人的代表，负责与政府和有关团体联系，又负责把政府的法律法规、政策变成具体的制度、方法和标准。

（3）市场准入方面。国外对咨询市场的管理主要体现在对个人执业资格的要求，对企业准入不设置门槛。

（4）费用计取方面。国外通过制定条例等方式形成一定的取费标准，服务范围也涵盖了项目的全过程。例如德国的咨询工程师对项目管理的取费主要依据《建筑师和工程师咨询服务收费条例》(HOAI)。HOAI 仅对基本任务的计费标准进行了统一规定，其他专项任务的费用计取可由合同双方自行协定①。

此外，国际范围内通过兼并重组等方式形成了一大批成熟的全过程工程咨询公司，为业主提供全生命周期的工程顾问服务。这对于我国培育符合资质的全过程工程咨询企业具有一定的参考价值。

纵观国外全过程工程咨询的发展历程，可总结出以下经验：一是完善相关法律法规，对全过程工程咨询费用计取、市场准入、招投标等方面进行规范；二是让政府进行引导并提供立法支持，发挥行业协会的协调、管理作用，提高工程咨询的市场化程度；三是培育一批符合资质要求的全过程工程咨询企业。

2）国内全过程工程咨询代表性项目启示

通过收集整理国内全过程工程咨询的代表性项目，可以提炼出如下经验启示：一是全过程工程咨询适合大规模工程项目（群）的建设管理；二是工程设计在全过程工程咨询中应发挥主导作用；三是全过程工程咨询和工程总承包相结合可充分发挥效用；四是全过程工程咨询应具体问题具体分析，从业主方的实际需求和工程项目的实际建设环境出发，提供高质量全过程工程咨询服务；五是完善的管理制度，有助于全过程工程咨询的顺利开展；六是 BIM 等先进技术的运用可为全过程工程咨询赋能增效；七是专业工程咨询公司以合作组建联合体的形式，可快速提升咨询服务能力，有利于提高全过程工程咨询服务的质量；八是

---

① 雷艺君.德国工程项目管理考察报告[J].建设监理,2000(3):42-44.

国内的全过程工程咨询试点实践中,已涌现出一批先进试点地区与试点企业,应充分发挥其引领带动作用。

4.4.2.5　长三角深化全过程工程咨询试点建议

1) 政府层面

制度融合,综合创新。以全过程工程咨询为中心,试点推广多种工程建设组织模式有机组合的综合性管理模式,重点推广"工程总承包＋全过程工程咨询"。

试点跟踪,动态调整。跟踪试点企业的全过程工程咨询实践情况,建立全过程工程咨询项目评估机制,定期调整试点企业名单。

完善全过程工程咨询招投标制度。建立科学合理的全过程工程招投标制度,不以酬金为唯一标准。

鼓励跨区域组建联合体。鼓励企业跨区域组建联合体,提供全过程工程咨询服务,促进要素流动。

2) 行业层面

共建共享,形成合力。打破制度壁垒,杜绝地方、行业保护思维,共建长三角工程咨询高端智库。

技术引领,发展特色。依托长三角数字经济优势,运用 BIM、大数据、物联网等现代信息技术,为工程咨询行业提质增效。

3) 企业层面

以管理能力为重点,加强综合能力建设。完善管理制度和体系,改进管理手段与方法,实现对项目的全过程统筹管理,同时加强投资控制、风险控制、资源整合、创新等能力建设。

把握市场需求和项目特点,丰富服务模式。从业主方的实际需求和工程项目的实际建设环境出发,提供差异化的服务,提升客户满意度。

4.4.3　借鉴集成项目交付理念,优化工程总承包模式

4.4.3.1　集成项目交付模式(IPD)简介

集成项目交付模式(integrated project delivery,IPD)是美国建筑师协会(American Institute of Architects,AIA)在 2007 年发布的《集成项目交付指南》[①]中给出的定义,又称项目综合交付或项目整体交付,是将人、各系统、业务

---

① AIA. Integrated project delivery: a guide[R].2007.

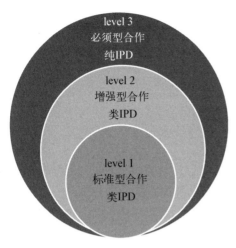

图 4-9 IPD 模式的三种层级

结构以及实践经验集成为一个过程的项目交付方式。

按照集成程度从弱到强，以及各参与方合约签订模式的不同，IPD 可以分为三个层级，如图 4-9 所示。第一级为标准型合作（typical）IPD，各参与方仍采用传统交付模式的合同，以"集成、协作"的思想进行项目管理和合作；第二级为增强型合作（enhanced）IPD，部分参与方签订多方合作合同，或各参与方在合同中有部分条款约定集成和协作的要素；第三级为必须型合作（required）IPD，项目各参与方签订统一的多方合作协议，明确集成交付形式、风险承担、利益分享形式。

区别于第三级签订多方合约的"纯 IPD 项目"（pure IPD），第一级和第二级的 IPD 也被称为"类 IPD 项目"（IPD-lite，或 IPD-ish）。近年来，IPD 试点项目的推广促进了工程建设领域对于实践 IPD 理念的关注，虽然完全意义上的"纯 IPD"模式尚未在国内或国际上广泛推广，但许多传统的项目交付模式亦在实际操作环节中融入了部分协作执行的做法或合约关系，促进了项目实施过程中的集成协作，提高了工程管理的效率，提升了项目的产出效益。

IPD 模式在发展实践过程中，形成了较为丰富的 IPD 理念（IPD principles）体系，包括主要参与者平等地参与项目（key participants bound together as equals）、共同制定项目目标（jointly developed project target criteria）、财务风险共担和利益共享（shared financial risk and reward based on project outcome）、协同决策制度（collaborative decision-making）、主要参与者之间的责任豁免（liability waivers between key participants）等。同时，AIA 还发布了一系列 IPD 应用案例，并形成了一些 IPD 专属的合同体系用以指导这种交付模式的实践，并为其他项目交付模式发挥 IPD 集成、协作的理念提供参考。

目前国内的工程建设领域，在大部分项目采用传统的"设计—招标—建造"（design-bid-build，DBB）模式的同时，也在不断进行工程交付模式方面的改革创新。尤其是 2016 年以来，国家和地方出台了一系列政策性文件推进建设领域的工程总承包发展,大力推进工程总承包模式在房屋建筑和市政基础设施项目中的实施。工程总承包模式有利于发挥工程总承包单位的管理优势,整合工程项目勘察、设计、采购、施工等阶段,实现项目各阶段技术管理的目标统一性、方案一贯性和管理融合性,有利于明确项目管理的责任主体,提高管理水平和工程质量,同时促进建筑企业的转型升级,推动建筑行业的结构调整和资源整合。从实施范围上看,工程总承包模式隶属于签订了多方合作协议的 IPD 模式。

4.4.3.2　我国现有工程交付模式梳理

我国现有的项目交付模式是随着市场经济的发展逐步形成的,并在不断进行着工程交付模式方面的创新和改革,朝着工程总承包模式不断推进。其发展可划分为三个阶段:

阶段一:从 20 世纪 80 年代起,借鉴西方工程项目管理的理念,逐步建立适合市场经济机制的工程承包制度,其间颁布了一系列政策指导建筑行业建立基本建设管理体制,开始实施"设计—施工"(design-build,DB),或"设计—招标—施工"(design-bid-build,DBB)交付模式,并进行"工程建设总承包"试点。

阶段二:从 20 世纪 90 年代开始,随着中国建筑企业在市场竞争中逐渐做大做强,国家开始培育和发展对外承包工程的工程总承包单位,鼓励建筑企业走出国门,在国际建筑工程承包市场中做大做强;同时,国内的 DBB 模式日渐发展成熟,并在某些项目中尝试实行不同专业的集成模式,如勘察设计一体化、设计施工一体化,或将土建、机电、幕墙等专业工程统一实施的工程施工总承包模式。

阶段三:自 2016 年以来,国家和地方出台了一系列政策性文件推进建设领域的工程总承包交付模式的发展,在国内建设领域推进工程总承包模式,促进国内建筑企业的产业结构调整,以更好地服务于"一带一路"国家倡议。

在现阶段,国内建设领域正在大力推进工程总承包模式。例如,2016 年 5 月,住建部印发《关于进一步推进工程总承包发展的若干意见》(建市〔2016〕93 号);2017 年 5 月,住建部发布国家标准《建设项目工程总承包管理规范》(GB／T50358－2017);2017 年至 2018 年,上海、河北、陕西等省市发布了工程总承包招标的示范文本或招标管理办法,推动工程总承包试点项目的落地;2019 年 12 月,住建部和发展改革委颁布了《房屋建筑和市政基础设施项目工程总承包管理办法》,大力推进工程总承包模式在房屋建筑和市政基础设施项目中的实施。工程总承包模式在我国建筑业的推广将会丰富 IPD 模式的实践内涵。同时,国外 IPD 模式的相关理念也将为我国工程总承包模式的发展提供指导和借鉴。

在我国建筑施工领域推进工程总承包模式的过程中,随着工程管理技术和方法的发展,项目交付模式也经历了不同的探索阶段,出现和实践了很多与"集成项目交付"相关的模式和概念①。

1) 工程总承包交付模式

根据《中华人民共和国建筑法》的规定:建筑工程的发包单位可以将建筑工程的勘察、设计、施工、设备采购一并发包给一个工程总承包单位,也可以将建筑工程勘察、设计、施工、设备采购的一项或者多项发包给一个工程总承包单位。我国现阶段推行的工程总承包,是指从事工程总承包的企业按照与建设单位签订的合同,对工程项目的勘察、设计、采购、施工等实行全过程的承包,并对工程的质量、安全、工期和造价等全面负责的承包方式。工程总承包一般采用"设计—采购—施工"总承包或者"设计—施工"总承包模式。建设单位也可以根据项目特点和实际需要,按照风险合理分担原则和承包工作内容采用其他工程总承包模式。

2) 交钥匙工程

EPC(engineering procurement construction,EPC)是"设计—建造—施工一体化"交付模式,又称为交钥匙工程,是一种较为常用的工程总承包形式。EPC模式在国外的发展较为成熟。

3) 一体化工程

一体化工程是我国工程交付模式在向着"总承包""集成交付"模式实践发展过程的一种探索性产物,即将"勘察、设计、施工、设备采购"中的部分项目一体化委托给一家有相应资质的单位实施,如勘察设计一体化、设计施工一体化等。

4) 施工总承包交付模式

施工总承包一般包括土建、安装等工程施工任务。施工总承包交付模式是指建筑工程发包方将"勘察、设计、施工、设备采购"中的"施工"任务发包给具有相应资质条件的施工总承包单位。

5) 全过程工程咨询

全过程工程咨询是指建设单位将工程项目的前期研究、规划和设计等工程设计类服务,以及项目管理、工程监理、造价咨询等工程项目控制和管理类服务,委托给一家工程咨询企业或由多家企业组成的联合体或合作体。因此,全过程

① 杨一帆,杜静.建设项目IPD模式及其管理框架研究[J].工程管理学报,2015,29(1):107-112.

工程咨询是我国建设工程项目在勘察、设计、监理、造价等工程咨询领域的"集成"。

图 4-10 呈现了我国工程项目交付模式中相关概念的范围比较。其中,工程总承包、一体化工程、施工总承包、全过程工程咨询等概念均表示了建设项目在"设计、勘察、施工、设备采购"的过程中对整体各项或若干项目的总体委托,均体现了"集成"和"协同"的理念。从实施范围和集成程度来看,IPD 模式的范围大于工程总承包模式。

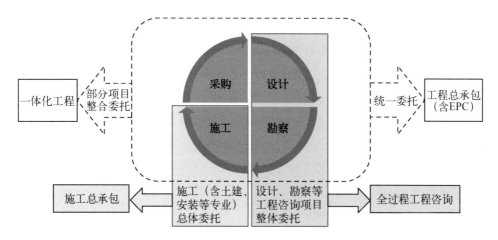

图 4-10　我国工程交付模式相关概念的比较关系图

图 4-11 呈现了我国现行的部分工程承包模式与 IPD 的关系。其中,采用勘察、设计、采购、施工等全过程工程总承包的项目,相当于签订了多方合约的 IPD 模式,即"纯 IPD 项目"。而在传统的 DBB 或 DB 模式中加入"集成、协作"理念,或设计施工一体化、施工总承包、全过程造价咨询等交付模式中践行了部分 IPD 理念,或由部分参与方履行了多方合作合同,可以定义为"类 IPD 项目"。

虽然我国建筑行业实施工程总承包模式已有数十年的时间,也积累了很多实践经验,并且在对外承担国际工程项目的工程总承包管理领域取得了不小的成绩,但目前国内大部分工程建设项目仍采用传统的 DBB 模式,工程总承包的管理理念实践范围较小,市场发育不够完善。在国家和地方相继出台相关政策,鼓励工程总承包模式在国内落地的背景下,有必要探寻研究科学的实践方式,促进工程总承包模式这一集成程度较高的 IPD 模式在国内建筑行业的发展。

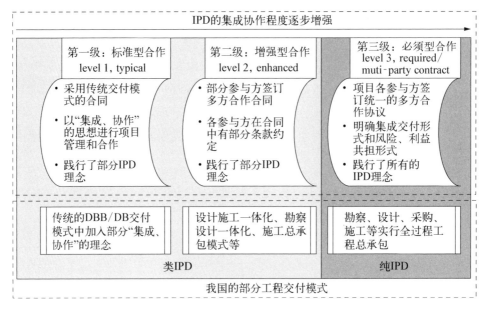

图 4-11 我国的工程交付模式与 IPD 模式的关联和不同

4.4.3.3 长三角借鉴 IPD 理念以推进工程总承包模式的意义

2016 年以来,国家和地方出台了一系列政策性文件推进建设领域工程总承包的发展,大力推进工程总承包模式在房屋建筑和市政基础设施项目中的应用。当前,建设工程总承包模式在国内尚处于起步阶段,在长三角借鉴"集成、协作"的 IPD 理念,推广应用工程总承包模式,具有如下实际意义:

(1) 有利于工程总承包模式在长三角的实施推广。可有效运用 IPD 理念指导工程总承包模式的各参建单位明确权责、进行团队组建及完成合约签署,从而促进工程总承包模式在长三角内率先落地推广,为国内其他省市推行工程总承包模式提供参考经验。

(2) 有利于改善和提升现有交付模式的实施效果。通过推广应用 IPD 理念,并在现有交付模式中对 IPD 理念的特点和优势加以借鉴,有助于实现工程管理中"部分集成"的做法,实现管理优化。

(3) 有利于促进长三角地区建筑企业的产业结构调整。可帮助长三角建筑企业在新的项目交付模式下优化企业内部资源,提升企业自身竞争力,促进建筑业的产业结构调整,更好地服务于区域工程建设项目。

4.4.3.4 借鉴 IPD 理念推进长三角工程总承包模式的政策建议

(1) 建立健全政策体系。项目交付模式的落地实施需要以招投标及签署合约的方式来实现,并需要在项目报批报建、方案审批、施工图审查、合同备案管理、施工安全和施工质量监管、竣工验收等一系列审批监管政策下依法依规实施。因此,应建立健全长三角地区的建设行业政策体系,推动政务流程再造,提供便捷的公共服务,借鉴 IPD 的集成、协作理念,为工程总承包模式的顺利推进提供优良的政策环境。

（2）实施工程总承包试点项目。工程总承包模式属于集成程度较高的 IPD 模式,建议以试点和推广工程总承包模式为契机,充分发挥 IPD 的系统集成理念,实施优化高效的工程建设和项目交付管理,为长三角全面推广工程总承包模式做好示范。为引导工程总承包模式的试点和推广,建议从开展工程总承包的项目的招投标工作试点开始,研究制定工程总承包的招投标范围、评标方案、招标文件文本及示范合同文本等,形成完善的招投标实施体系,促进工程总承包模式的试点实施和推广应用。

（3）加快推进工程领域全过程工程咨询服务。加强规划咨询引导,促进项目前期的集成,以全过程工程咨询助力工程总承包模式的推广。从实施范围和操作模式来看,全过程工程咨询也属于 IPD 模式的一种,它强化了工程实施过程中工程咨询业态的集成合作。建议长三角地区将推广全过程工程咨询作为一个着力点,提升工程管理决策的科学化水平,进一步完善工程建设组织模式,充分发挥工程咨询的规划引导优势,助力工程总承包模式的推广。

（4）加强"类 IPD 项目"与 BIM 技术的相互促进。BIM 技术可以为实践 IPD 理念提供协同合作的技术平台。建议在长三角推广应用 BIM 技术,通过促进项目参建单位之间的数据共享,加强沟通协作,在现有交付模式的基础上大力推进"类 IPD 项目"的实施,将新型交付模式与先进的建筑信息模型技术相结合,推进建设管理的创新和优化,为工程总承包模式的全面推广提供技术和管理经验方面的支撑。

（5）指导企业转型发展,加强人才技术的集成。工程总承包模式的实施主体是各类建筑施工企业,应指导建筑施工企业的内涵建设和发展,推进数字化转型,实施高质量发展,同时加强企业人才队伍建设,优化其产品结构。

4.4.3.5　推进工程总承包模式落地应用的实施方案

1）明确建设项目实行工程总承包模式的适用性

通过研究国家及各省市关于推广工程总承包模式的相关政策,从项目资金来源、项目施工专业分类、项目实施复杂程度等多个维度,制定项目实施工程总承包模式的相关推荐方案。在维度分类中,施工专业分类的标准参照国家关于建筑施工企业资质分类的相应标准进行界定,工程复杂程度的分类参照国家《工程勘察设计手法标准》中关于各类工程的复杂程度进行定义和分类。

在资金来源方面,建议使用财政性资金及部分使用财政性资金的项目,优先考虑工程总承包的发包模式,并在申请试点项目等方面给予优先考虑,从而促进政府投资项目率先实践工程总承包模式。

在施工专业分类方面,建议地基基础工程、机电工程、幕墙工程、建筑智能化工程等专业集成程度较高的工程项目,优先考虑工程总承包模式。因为该类项目的专业性较为单一,便于工程总承包模式的开展,从而促进该细分领域内设计和施工的高效协作。

在工程复杂程度方面,建议从工程复杂程度较低的项目开始,优先选用工程总承包模式进行试点和推广。工程复杂程度较高的项目则仍沿用现有的"设计—招标—施工"的模式,在项目施工招标之前进行详细的施工图设计审核,明确实施内容。

2) 确定工程总承包模式发包前应当完成的程序和条件

在项目前期,建设单位应当根据项目情况和自身管理能力等,合理选择工程交付模式,完成项目的核准、审批或备案,也可与有相应能力的咨询单位合作,初步确定项目的设计标准、投资估算等关键要素。根据《住房和城乡建设部关于落实建设单位工程质量首要责任的通知》等政策性文件,建设单位应落实工程项目的首要质量责任。因此,建设单位还应关注自身的项目管理团队建设和管理措施的计划落实。

同时,根据工程总承包相关管理办法的规定,建设内容明确、技术方案成熟的项目,适宜采用工程总承包模式。对于政府投资项目,如采用工程总承包模式进行发包,应在初步设计审批完成后实施发包程序。对于企业投资项目,目前法规中对于工程总承包的发包前提条件无明确限制,但建设单位也应在"建设内容明确、技术方案成熟"的条件前提下实施。

3) 在工程总承包建设模式中推进招投标模式的落地应用

项目交付模式定义了项目各参建方的角色和权利义务,构建了项目实施的合约框架。其中,项目交付模式的"落地实施"需要以"招投标"的方式来实现。对此,应推进招投标模式在长三角地区工程总承包建设模式中的落地应用,包括制定统一规范的招标方案、形成招标文件示范文本、建立招投标网上标准操作流程,制定统一规范的评标定标方案、形成长三角共建共享的评标专家库、编制工程总承包模式的示范合同文本等,如图 4-12 所示。在形成完善的工程总承包建设模式中的招标实施体系之后,应考虑将该体系纳入长三角一体化"一网通办"的平台体系。

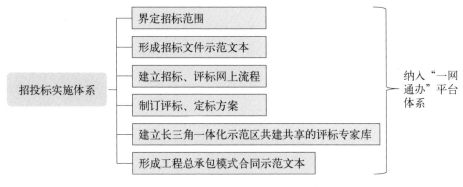

图 4-12　推广 IPD 模式的招标实施体系

4) 类 IPD 模式的实践和推广

受制于项目的投资预算、技术难度、施工环境、工期要求等多方面的因素,短时间内较难实现在所有建设项目中全面推广工程总承包模式。在我国现行的各类交付模式中,已经有项目代建制、设计施工一体化、勘察设计一体化、施工总承包等较为成熟的类 IPD 模式。建议在长三角生态绿色一体化发展示范区内,根据项目条件,有计划地推动上述"类 IPD 项目"的落地应用,从而促进项目各参建单位在技术和管理方面的集成协作,提高项目管理效率。

4.4.4　发展区块链技术,赋能工程建设管理

4.4.4.1　区块链技术概述

2008 年 10 月,中本聪(Satoshi Nakamoto)在《比特币:一种点对点的电子现金系统》一文中发表比特币原理①。作为去中心化数字货币的技术基础,区块链技术应运而生。根据我国工信部通信院发布的《区块链白皮书(2018 年)》,区块链技术是一种由多方共同维护,使用密码学保证传输和访问安全,能够实现数据一致存储、难以篡改、防止抵赖的记账技术,又称为分布式账本技术。整体而

---

① NAKAMOTO S. Bitcoin:a peer-to-peer electronic cash system[R].2008.

言,区块链技术并不是一种全新的技术,而是由分布式存储技术、加密算法、共识机制、智能合约等核心技术组成的技术栈,通过一些独创性的组合和创新,实现了去中心化、开放性、防篡改性、匿名性、可追溯性等功能特性的集成。

（1）分布式存储技术。参与的节点各自都有独立、完整的数据存储方式,依靠共识机制保证存储的一致性。

（2）加密算法。区块链中信息传播按照公钥、私钥的非对称数字加密技术实现交易双方的互相信任。

（3）共识机制。共识是指多方参与的节点在预设规则下,通过多个节点交互对某些数据、行为或流程达成一致的过程。共识机制则是定义共识过程的算法、协议和规则,如 POW 共识机制、POS 共识机制、DPOS 共识机制。

（4）智能合约。以信息化方式传播、验证或执行合同的计算机协议。它允许在没有第三方的情况下进行可信交易,可追踪且不可逆转。

典型的区块链以"块—链"结构存储数据。在区块链中,每个分布式节点通过哈希算法和 Merkle 树数据结构生成一个数据区块,并链接到主区块链上,如图 4 - 13 所示。

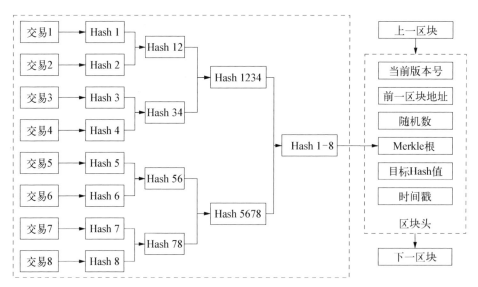

图 4 - 13　区块链数据结构

当前,区块链技术已在全球范围内掀起发展热潮。2019 年,美国国会批准《区块链促进法案 2019》（*Blockchain Promotion Act of 2019*）,要求在联邦政府层面成立区块链工作组,推动区块链技术在定义及标准方面形成广泛共识,促进区块链技术创新。德国经济与能源部以及财政部联合发布了《德国国家区块链战略》(*Blockchain-Strategie der Bundesregierung*),明确了区块链技术应用的五大领域四十四项行动措施。欧盟委员会联合研究中心发布一份科学政策报告——《区块链的当下和未来:评估分布式账本技术的多维影响》(*Blockchain Now and Tomorrow—Assessing Multidimensional Impacts of Distributed Ledger Technologies*),展示了分布式账本技术在金融系统、产业、贸易和市场以及政府和公共部门领域的应用潜力,深入剖析了区块链技术在发展和应用过程中的潜在机遇和挑战[①]。微软、谷歌、IBM、Facebook等国际互联网或IT头部公司也纷纷布局区块链。由此可见,区块链技术正在引领全球新一轮技术变革和产业变革,将对行业、经济、社会产生深刻影响。

国内区块链技术起步相对较晚,但发展势头强劲。当前,我国政府主要从构建技术体系、核心关键技术突破、打造产业生态、培育领先企业、建设产业高地、拓展应用场景、加强人才引培、优化发展环境等方面推动区块链产业创新发展,探索区块链在实体经济(如智能制造、智慧农业、智慧旅游、供应链、商品防伪、资产数字化等)、政府治理(如政务服务、综合监管、智慧法院、数字身份等)、民生服务(如医疗健康、精准脱贫、教育就业、公共服务等),以及新型智慧城市(如智慧交通、能源电力、信息基础设施等)等领域中的融合应用。

区块链技术的应用,目前主要集中在一线城市及互联网信息技术发达地区,其应用效果也逐渐凸显,已经从金融领域延伸到农业、工业、商业服务、建筑业等实体领域,在各行业不同场景落地应用。

4.4.4.2 区块链技术在工程建设领域中的应用场景

区块链与工程建设领域的融合仍处于初始阶段,但已显现出一定潜力。利用区块链技术不可篡改、可追溯等主要特性和分布式账本、智能合约等核心技术,在招投标管理、勘察设计管理、建筑材料管理、预制构件管理、建筑废弃物管理、建设资金管理、工程合同管理等方面,可进行丰富多样的工程建设机制模式创新探索。表4-3设想了区块链技术在工程建设创新中的潜在应用场景,并提供了解决思路。

---

① 江晓波,罗彧,曹学伟.区块链的现在和未来:评估分布式账本技术的多维影响[J].今日科苑,2020(3):20-24.

表4‑3　区块链技术在工程建设领域的应用场景

应用场景	问　　题	区块链解决方案
招投标管理	传统招投标：信息虚假、围标串标、暗箱操作、交易主体间存在信任危机等；电子招投标：系统数据被篡改、操作行为不可溯、专家信息被泄露等	利用区块链技术不可篡改、可追溯的特性，将建设工程招投标交易数据上链，实现招投标全过程留痕、全流程溯源、全数据真实；利用区块链加密算法、智能合约技术，结合智能呼叫功能，实现专家抽取的自动化、加密化
勘察设计管理	勘察设计各方主体责任需加强落实	基于现有的工程勘察设计文件管理系统，利用区块链技术不可篡改、可追溯的特性，将涉及的所有主体信息上链，实现勘察设计文件全流程责任可追溯
建筑材料管理	建材生产商伪造数据、篡改产品检验记录、变更工艺参数、建材源头不可追、去向不可查、检测报告造假等	利用区块链技术，建立建材生命周期全监控、涉及主体全覆盖的可追溯数据库，加强质量管控；结合区块链分布式记账技术和BIM技术，实现对建材生产、配送、签收、使用等全生命周期信息的实时采集和三维可视，保证建材质量数据的永久可溯
预制构件管理	构件产品质量参差不齐，传统信息化管理存在数据伪造、数据篡改、责任追溯不明等问题	通过区块链技术、RFID技术、BIM技术的集成应用，建立预制构件质量管控追溯机制
建筑废弃物管理	非法倾倒现象频发，监管难度大	利用区块链技术不可篡改、可追溯的特性，将建筑废弃物排放工地、排放数量、排放时间、运输车辆、车牌、受纳时间、受纳场信息、综合利用企业信息、各签字负责人等电子联单通证化，关键信息及时上链、分布式存储，让建筑废弃物"晒在阳光下"
建设资金管理	资金截流、挪用、拖欠等问题突出，政府投资项目资金监管、防范腐败难度大	建立财政建设资金管理区块链信息系统，利用区块链技术不可篡改、可追溯的特性，实现相关信息的透明化、留痕化；利用智能合约生产支付指令，保证资金及时、足额支付，让资金流向透明化
工程合同管理	工程项目违法转包、肢解发包、资金挪用等；小微企业账期长、融资难、融资贵；农民工工资拖欠、维权难等	利用区块链中的智能合约技术替代工程合同，实现合同条款的自动执行，避免阴阳合同，降低合同签订、履行和监管成本

4.4.4.3　应用区块链技术推进工程建设管理模式创新的建议

1) 科学论证和打造工程建设领域的区块链应用场景

每一种技术都有其独特的优势和适用范围。区块链主要适用于"多个相互没有隶属或指令关系的实体之间相互协作；各方均不愿让渡数据主权或数据治权，也不愿意无条件共享数据；由信息不透明导致的过度博弈严重降低协作效率"的应用场景。实际应用中应以问题和需求为导向，考虑是否必须采用区块链、有无更优技术方案、能否实现降本增效等问题，杜绝打着区块链口号做着传统信息化的工作。

2）政府牵头以联盟链为主实现渐进式发展

从当前区块链落地应用来看，联盟链是主流方向，如 R3 Corda、超级账本等。联盟区块链可以建立准入机制、利用智能合约设定监管规则、支持穿透式监管、实现标准化接口，可在金融、政务、供应链、版权保护、司法等领域广泛应用。工程建设领域亦是如此，通过有别于公有链的共识机制，由政府牵头搭建多主体参与的联盟区块链，来实现监管的作用，提升各主体间的协作管理水平。

3）加强区块链、物联网、大数据等技术的集成应用

区块链技术落地的关键在于"事实上链"。上链之前源头数据的可信度，即上链的数字对象与资产实物或虚拟资产之间牢固、可信的一一对应关系，应保证其牢固可信，不可伪造或打断。为此，需要配合物联网技术，建立"物"与"数"之间的硬链接，如二维码标签、智能标签等。数据的有效应用是区块链系统落地的另一关键，应结合大数据技术，对上链数据从各种管理维度进行统计分析并支持决策。

第 5 章

长三角城镇建设安全与风险管控
一体化与协调发展研究

《长江三角洲区域一体化发展规划纲要》的规划范围包括上海市、江苏省、浙江省和安徽省的全域。长三角三省一市的地域面积为 35.8 万平方公里,常住人口为 2.352 1 亿(第七次人口普查结果),2020 年的经济总量达 24.5 万亿元[①]。由此可见,长三角地区以占全国 16.7% 的人口和 4% 的土地,贡献了全国近 1/4 的经济总量。长三角地区已成为我国经济发展的重要载体和依托,也是我国经济发展最活跃、开放程度最高、创新能力最强的区域之一。当前,随着长三角区域发展一体化上升为国家战略,作为区域经济社会发展的重要保障,城镇建设过程中安全风险管控的重要性进一步凸显,其管控的需求和要求不断上升。

　　从国际发展经验看,当一个地区的城镇化率超过 60% 时,城市将进入快速发展期,同时也是人口、资源、公共卫生、环境等因素的社会矛盾制约比较严重、突发性灾害极易发生的时期。据上海社会科学院 2019 年的统计,长三角地区的平均城镇化率已经超过了 60%,达到了 68.4%[②],并且长三角地区人口密集、资源密集、财富密集,造成各类安全风险更加集中,其后果也更加严重。从总体上看,当前长三角一体化城镇建设的安全风险形势依然十分复杂,安全风险治理任务仍旧十分繁重。因此,面临如此严峻且错综复杂的安全风险形势,开展长三角一体化城镇建设安全风险管控及协调发展探索极其重要。

　　本章立足于国家安全观,聚焦于长三角一体化城镇建设大安全,即由于受到社会、环境、资源等多方面因素影响而导致的城镇建设受到阻碍、危害人民生命财产安全、破坏社会稳定和经济发展的长三角区域重大安全风险,从问题提出、模式建设和系统管控等方面开展讨论,提出系统性解决方案。

① 国务院.印发《长江三角洲区域一体化发展规划纲要》解读[EB/OL].(2021 - 02 - 28)[2021 - 09 - 11]. http://www.gov.cn/xinwen/2021 - 02/28/content_5589283.htm.
② 薛艳杰.长江经济带城市群发展报告(2019—2020)[EB/OL].(2021 - 01 - 22)[2021 - 09 - 11].http://cjjjd.ndrc.gov.cn/zhongshuochangjiang/xsyj/202101/t20210122_1265738.htm.

5.1 安全风险管控一体化现状与前景

安全风险管控是长三角一体化城镇建设的重要问题,考虑安全风险的管控,首先需要明确管控的风险对象及其影响。本节对长三角一体化城镇建设中的安全风险问题进行了系统梳理,整理了三类共八项重大风险,并就当前长三角安全风险管控的开展情况进行了整理,梳理了当前的发展目标和难点。

5.1.1 城镇建设重大安全风险

根据风险来源的不同,可将长三角一体化城镇建设安全风险分为社会风险、环境风险、资源风险三大类。本章主要针对这三个分类中需要特别重视的疫情、战争、极端天气、地质灾害、洪涝灾害、水污染、空气污染、粮食安全八个重大风险进行讨论,如图 5-1 所示。

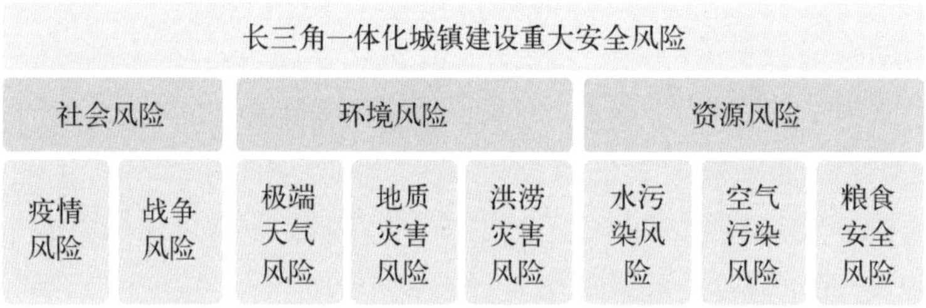

图 5-1 长三角一体化城镇建设重大安全风险

5.1.1.1 社会风险

1) 疫情风险

疫情风险是公共卫生风险的核心内容之一,主要包括暴发性的、难防控的传染性疾病风险。在长三角一体化发展的背景下,人员聚集、产业聚集,以及人员流通、物资流通等各种要素的流通,成为长三角地区的一大特点,因此,长三角地区一旦发生重大公共卫生事件,受到的冲击尤为突出。

以 2019 年末以来暴发的新型冠状病毒肺炎疫情为例,疫情导致长三角地区在很长一段时间内处于隔离状态,后续复产复工阶段也受到了较大阻碍,这给长三角一体化城镇建设发展带来了巨大不利。首先,由于长三角地区人口基数大、人员流动性强,新冠肺炎确诊人数一度排在全国各区域前列,严重地威胁了人民群众生命安全。其次,疫情带来的隔离管理,给长三角地区对外开放和供应链要素流动带来了巨大冲击,给长三角一体化区域经济发展带来了巨大的负面影响。

疫情具有暴发性、持续性等特征,在疫情出现初期需要快速响应,后期又需要持续监管。在长三角一体化背景下,疫情管控需要各地集中力量,形成联防联控态势,实现安全共建。目前,长三角一体化规划中较多的是经济社会发展的内容,而缺少公共卫生安全一体化防范建设规划;同时,当前的疫情风险管控侧重于专项专防,缺少整体性、全局性把控,特别是长三角地区各城市间疫情风险防控的系统化研究与布局仍旧比较缺乏。这对于长三角一体化城镇建设过程中的疫情风险管控是极其不利的,亟须引起重视。

2) 战争风险

战争风险具有破坏力强、后果十分严重的特征,尤其对于经济发达地区,其产生的破坏力是超强的,造成的后果也是极其严重的。所以,经济总量占全国近四分之一的长三角地区,必须对战争风险给予高度重视。

长三角东部沿海地区是经济发达地区,面临的战争风险也是最严重的,而安徽作为内陆省份面临的战争风险较小。因此,可以将安徽作为长三角东部沿海地区应对战争风险的腹地(缓冲区域),即安徽是长三角一体化城镇建设过程中应对战争风险的韧性所在。这为长三角一体化城镇建设过程中应对战争风险提供了新的思路。另外,近年来,随着智能技术的不断发展,未来的战争形势也必然是智能化、无人化的。所以,如何构建新的战争形势下的人防建设,也是长三角一体化城镇建设过程中应对战争风险的重点内容之一。

5.1.1.2　环境风险

由于长三角地区位于长江下游流域,平原地区多,受到东南季风的影响,台风、暴雨等气象灾害比较突出,再加上长三角地区经济发达、城市人口密集,雨涝、台风、洪水等水文地质气象灾害在长三角地区极易造成巨大的破坏,从而给长三角一体化城镇建设发展带来了严重影响。图 5-2 展示了长三角地区环境风险的起因及严重后果。

1) 极端天气风险

长三角地区东临太平洋,经常会出现以台风、冰雹、极端高温、极端低温为代表的极端天气现象,冲击着整片长三角地区,给长三角地区经济造成了巨大的损失。此外,随着近年来全球变暖问题不断加剧,厄尔尼诺、拉尼娜现象交替发生,为长三角一体化城镇建设带来了新的挑战。由此可见,极端天气风险是长三角一体化城镇建设过程中不可忽视的重大风险之一。

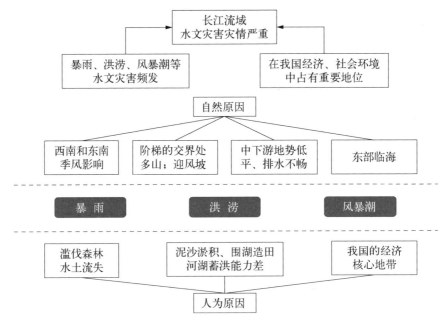

图5-2 长三角地区环境风险的起因及后果

相比于其他突发性的自然灾害风险,极端天气风险虽然危害巨大,但在短期内通过一定技术手段,可有一定的可预见性,能够通过长三角一体化下各地的协同防范,在很大程度上可以减小损失。

2)地质灾害风险

长三角地区在地理上位于长江三角洲,该区域地质条件普遍较差,地基多为河流冲积形成的软土;加上长三角地区在地质上又位于环太平洋火山地震带,虽不比中西部地区,但该区域仍存在一定的地震灾害风险。不仅如此,长三角地区还会受到滑坡、泥石流等次生地质灾害的影响。长三角地区的地质灾害风险具有比较强的时空特征。长三角东部沿海地区的冲积平原受到地震和软弱地基的影响较大,面临着较强的地震风险;而长三角西部地区则受到滑坡、泥石流的影响更突出,面临着较强的滑坡风险和泥石流风险。

3)洪涝灾害风险

长三角地区位于长江水系末端,以洪水为主的水环境自然灾害一直是长三角地区的历史性难题。尽管近年来长三角地区各地都已经建成了比较完善的水文预警机制,但在面对突发重大洪涝灾害时仍存在一些管理、处置机制上的不足。2020年,长江流域连续多轮强降雨,给长三角区域带来了大面积洪涝灾害。

长三角地区的洪涝灾害风险受到长江上游水水系的影响较大。目前,在长三角地区,各省市间尚缺乏面对洪涝灾害风险的统一的、协同的处置和响应机制,各地在应对洪涝灾害风险时本位主义倾向严重,缺少系统、全局的视野,上游地区的防洪政策有时会给下游地区带来巨大洪涝灾害风险压力。所以,在长三角一体化城镇建设过程中,如何建立统一的、协同的洪涝灾害风险处置和响应机制,将是今后的重点工作内容之一。

5.1.1.3　资源风险

资源风险带来的影响与后果往往是潜移默化的,但能造成巨大的破坏性损失。特别是长三角地区的水资源,一旦发生污染,其补偿和修复的代价将是巨大的。而空气污染和粮食安全风险,则直接影响了长三角地区对人才的吸引力。因此,规避资源风险,需要推动长三角一体化下跨区域的联防联控,从源头上实现对资源风险的有效治理。

1) 水污染风险

水资源是长三角地区最具特色的资源之一。长三角区域地处淮河水系中下游与长江水系下游,区域内水域密集,也是南水北调东线工程的水源地。近年来,随着经济的发展,长三角地区的水资源质量和分配出现了较多问题,跨界水体管理较为困难,水质与水生态遭到破坏,城市用水安全受到影响,部分地区甚至出现了水质性缺水的现象。前些年,由于监管不力,还发生过危险化学品运输船倾覆的事故,为长三角地区的用水安全再添阴影。而在长江入海口区域,用水安全还面临着海洋咸潮入侵等自然灾害的威胁。

由于长三角地区的河流、湖泊往往是跨区域的,所以,长三角地区水资源污染风险的一个重要特征是跨行政区的水污染。同时,水体污染也有一定的传播性,特别是长三角三省一市的交界处,因为污染造成的水质破坏将会影响一大片相邻行政区域的用水安全。此外,由于长三角地区水体的多样性,使得不同水体面临的污染风险不尽相同,造成长三角地区水资源污染风险还具有来源多样化的特征。由此可见,长三角一体化城镇建设过程中的水资源污染风险面临的形势是十分严峻的,需要引起高度重视。

2) 空气污染风险

2013 年以来,以长三角地区为代表的大城市群出现频繁的雾霾天气,表明空气污染已经成为影响人们正常生产生活的一大重要因素,严重威胁着人们的身体健康。除此之外,空气污染会通过酸雨、沙尘暴、光化学烟雾等多种形式,对生态系统、建筑物、交通和供电等基础设施、农作物造成极大的危害。

随着社会发展和城镇化进程的加快,长三角地区空气污染问题也日益严重,空气污染风险也表现出逐步从局地性污染向区域性污染转变的特征[①]。同时,空气污染具有反复性和移动性的特点,使得长三角地区空气污染风险的区域性特征更加明显。因此,空气污染风险由于其跨区域性的特点,更需要打破区域间的行政壁垒进行治理,这对长三角一体化城镇建设是一个不小的挑战。

3) 粮食安全风险

中国是自古以来是农业大国,强大的粮食生产、储备、农产品保障能力是中国粮食安全的最大底气。但我们必须清醒地认识到,由于高度城镇化、工业化,造成耕地流失严重,加之人口大量涌入,使得长三角地区面临着较高的粮食数量安全风险。根据国家统计局公布的数据,近年来上海、浙江的粮食自给率都不足四成[②]。目前长三角地区需要大量调入来自东北等地的粮食,形成了现在的"北粮南运"的局面。

另外,粮食质量安全也是长三角地区必须重视的风险。目前在长三角地区,粮食在生产、加工、销售和消费的环节中缺少统一的质量标准体系,粮食质量安全追溯体系不健全,导致市场上粮食农药残留、重金属超标、发芽、霉变等情况时有发生,影响城镇居民的生活质量。此外,粮食安全风险涉及农村、质检、市场等多个参与方,特别是在长三角地区,由于各地质检政策不一,使得对跨行政区域销售的粮食产品的质量进行监管更加困难,也给长三角一体化下的粮食安全带来了更大风险。

5.1.2 城镇建设安全风险管控现状

5.1.2.1 现状梳理

随着长三角一体化进程的逐步推进,长三角地区城镇建设安全风险也形成了串联关系,不同地区的安全风险出现了互相影响的现象。对此,长三角地区三省一市都针对性地开展了城镇建设安全风险应对管控工作。

1) 上海市城镇建设安全风险管控现状

上海市率先采用智慧协同管理模式(在上海被称为"一网统管"模式)进行城

---

① 韩博威,马晓燕.2014—2018年冬季长三角强霾事件及天气形势影响分析[J].环境科学学报,2020,40(7):2333-2345.

② 牛站奎.各省粮食产量与人均粮食消费缺口分析[EB/OL].(2021-03-26)[2021-09-11].https://baijiahao.baidu.com/s? id=1695287913145439488&wfr=spider&for=pc.

镇建设安全风险管控。在政府宏观管理层面上,围绕"城市动态""城市环境""城市交通""城市保障供应""城市基础设施"5 个维度,"一网统管"平台整合接入了公共安全、绿化市容、卫生健康、气象、水务等 30 多个部门的 100 多项基础数据,实现了"一块屏里的城市治理"。[①]"一网统管"平台借助于"市—区—街镇"三级架构,以责任网格作为城市管理执法的最小治理单元,聚焦重点区域、重点领域、重点时段,充分利用物联网、地图信息技术和大数据手段,借助无人机、清洗机器人、传感器等新治理干预手段,结合管线、工地、住宅小区等应用场景,实现城市治理问题"发现—立案—派单—处置"的闭环管理,通过主动排查、被动接收、自动发现等多种途径连接城市神经元感知末端,识别甚至预测城市运行安全风险,开展基于智能研判的安全风险高效处置。

但同时要清醒地认识到,目前上海仍有大量的安全风险数据未能接入"一网统管"平台,加上不同安全风险类型的数据标准不统一,造成数据收集和管理监管仍存在较大阻力。

2）浙江省城镇建设安全风险管控现状

浙江省在 2016 年就开始进行城市智慧化管控的尝试。杭州尝试建设了"城市大脑",作为现代城市问题的数字系统解决方案。在安全风险管控层面,基于"城市大脑"通用平台,整合吸收、迁移升级原有智慧安防建设成果,深化推动"雪亮工程"建设,加快以视频资源"全网共享、全时可用、全程可控、全面智能"为核心的平安系统特色应用;强化公安、建设、卫生健康、交通运输、市场监管、生态环境、应急管理、自然资源等部门数据的有效采集和安全共享;推广智能感知与分析技术在社会治安、生产安全、自然灾害等场景的部署应用,实现智能预测预警,实时精准推送灾害信息、处置建议、资源调度方案,形成各方联动应急机制,提升社会公共安全保障能力和实战效能。而在城市运营治理方面,诸暨市建立了县域数字化治理平台,常山县建立了全社会风险防控体系平台,玉环市建立了"云上玉环"智慧消防预警大数据平台。

需要注意的是,目前浙江省各县市均建立了一定的城镇建设智慧管控平台,但各个平台间的数据仍没有打通,缺少一定的安全风险协同治理手段。

3）江苏省城镇建设安全风险管控现状

江苏省在 2018 年提出了智慧江苏建设行动计划,通过构建基础设施层、数

---

① 人民网.上海建设"一网统管"平台,让城市更智慧[EB/OL].(2020 - 04 - 29)[2021 - 09 - 11].http://scitech.people.com.cn/n1/2020/0429/c1007 - 31692649.html.

据层、平台层、展现层四个层次和标准规范体系、安全保障体系两个体系,打造智慧江苏门户平台群。其具体举措包括:① 支持南京、苏州等有条件的地区先行探索建设"城市大脑",打造智慧城市运营中心;② 整合城市电子政务资源中心数据,接入通信运营商、基础设施运营商以及互联网企业等社会数据,形成城市大数据,通过对终端信息的全面感知和数据处理,构建完整的"智慧城市运行图";③ 实现智慧城管,建立全面感知、智能分析、信息共享、协同作业的城市管理体系,扩大城市管理可视可控范围,强化城市公共设施精细化管控、公共安全应急预警、执法管理监督、环境卫生监测等方面的管理效能;④ 实现智慧应急防灾,构建以省智慧应急平台为枢纽,省、市、县三级应急平台互联互通的智慧化应急指挥体系,形成覆盖全部地域、面向不同群体的气象信息发布立体网络,健全动态感知、智能监控、综合研判、指挥调度等功能,加强气象及次生灾害定时、定点、定量的精细化预报预警,提高应对自然灾害和突发公共事件的应急处置能力。

目前的智慧江苏建设存在的问题主要包括:覆盖范围有限,主要涉及城市政务、民生、交通、生活、娱乐和旅游等几个方面,应用功能较为单一,以数据查询为主,应用深度有限,缺乏数据分析挖掘。

4) 安徽省城镇建设安全风险管控现状

目前,安徽省城镇建设安全风险的智慧化管理程度较长三角其他地区相对滞后,但是也在积极推进当中。近年来,合肥市加速推进智慧城市建设,不断拓展各行业信息化应用场景建设,统筹构建市级大数据平台、新一代政务云、政务信息能力支撑平台三位一体的"城市大脑"底座。其建设思路为"1+2+4",即一个中心:政务共享数据中心;两个体系:政策标准规范体系和安全保障体系;四个主要功能:政务信息共享交换、政务数据治理、政务大数据开发、政务数据开放。合肥市大数据平台着眼于让数据和资源信息实现零距离共享,截至 2020 年已先后接入近 200 个系统、231 亿条数据,编制 8 955 类数据资源共享目录,已实现与安徽省信息交换共享平台的互通①。

但是,目前安徽省城镇建设安全风险的智慧管控未能普及至大部分县市,接入数据的种类也比较有限,多为城市交通数据、医疗卫生数据等,要实现城镇建设安全风险智慧协同管理模式的韧性治理目标,还有较大的发展缺口。

---

① 合肥晚报."城市大脑"让合肥更智慧[EB/OL].(2020 - 11 - 27)[2021 - 09 - 11]. http://www.ah. xinhuanet.com/2020 -11/27/c_1126792364.htm.

5.1.2.2　困境分析

面对如此错综复杂的长三角地区城镇建设安全风险严峻形势,提高长三角一体化城镇建设安全风险管控水平迫在眉睫。对此,需要通过智慧协同管理模式,快速协调各方资源,打破行政壁垒和区域限制,增强长三角地区在一体化背景下应对重大安全风险时的韧性。尽管长三角地区三省一市均走在安全风险智慧化管控的道路上,但是由于各地的实际情况大不相同,长三角一体化城镇建设安全风险智慧协同管理模式的实施和推行,仍面临着较大的困境。

1) 长三角地区区域间协作程度有待提升

长三角一体化城镇建设安全风险的管控,不仅是对风险、隐患等进行全方位的闭环管理,在智慧协同管理模式的助力下,还可以实现事故或隐患出现后及时联合整改、应急、处理。这对于长三角地区区域间的协同合作具有较高的要求,特别是跨区域的城镇建设项目,以及传播性较强的水资源污染风险和空气污染风险,其风险事故处理的权责如何分配,以及应急措施如何协同,是管理方首先应完善的。

2) 长三角地区新基建布控不平衡

智慧协同管理模式依赖基础单位的数据收集,它不仅仅要求单个城镇建设项目的规划方、参建方、运营方以及地方政府等主体具有数据上传意愿,且能够完成数据上传操作,还对数据上传的设备、智能算法、云平台等有具体要求。而后者则是新基建的重要内容。所以,在将智慧协同管理模式应用于长三角一体化城镇建设安全风险管控的过程中,新基建具有不可忽视的重要作用。

目前,新基建分为三类:一是信息基础设施;二是融合基础设施;三是创新基础设施。长三角一体化城镇建设安全风险的管控,不仅需要信息基础设施的支持,还需要另外两类新型基础设施发挥重要作用。因此,在长三角一体化背景下,新基建的布局对于城镇建设安全风险管控是十分重要的。然而,目前长三角地区对新基建的布控还在初级阶段。由于长三角地区各地的智慧化建设程度参差不齐,在智慧化建设程度较低且硬件条件差的地区与智慧化建设程度较高且硬件较完备的区域之间,新基建布控达到平衡将具有较大的难度。

3) 长三角地区各区域各部门之间的数据标准不统一

在长三角一体化智慧协同模式下开展城镇建设安全风险管控的过程中,云平台、人工智能算法等要基于海量数据进行智能储存、分析。然而,长三角区域内不同行政区域之间,甚至是同一行政区域内不同部门之间的数据标准并不统一,数据安全管理规范也不统一。上述种种数据方面的不统一,将会是长三角一体化城镇建设安全风险管控的另一个重要难题。而建立统一、规范并且唯一的数据标准,即数据标准化,用于帮助基础单位将数据上传至"网"中是十分必要的。例如,极端天气风险、地质灾害风险、洪涝灾害风险等环境风险影响范围较大,但其对各个地区产生的影响具有时间上的滞后性,所以,统一的数据信息共享标准可以极大地提高长三角一体化下环境风险管控的有效性。

此外,还有一个不容忽视的因素,就是长三角一体化下数据安全管理规范的统一问题。这不仅包括数据传输过程中的安全,还包括数据的开放程度。总之,运用长三角一体化智慧协同模式开展城镇建设安全风险管控时,其数据需要有密级管理功能,能够给予不同管理层级不同的管理权限,上级权限具有对下级数据的访问权,而同级之间数据是相对保密和封闭的。

5.1.3　安全风险管控一体化目标

长三角城镇建设安全风险管控一体化的目标,是以韧性治理为核心,以智慧协同管理为抓手,建立系统的长三角一体化城镇建设安全风险管控体系。据此,本书从长三角一体化国家战略高度给出安全风险管控政策建议。长三角城镇建设安全风险管控一体化目标的实现,可以分为四个步骤。

首先,基于韧性城市建设与系统安全韧性理论,提出长三角一体化城镇建设安全风险的韧性治理模型。据此,提出长三角一体化城镇建设安全风险韧性治理机制与对策。

其次,针对当前长三角一体化城镇建设安全风险管控困境,探索长三角一体化城镇建设安全风险智慧协同管理模式,并论证该模式能够促进长三角区域协调发展。

再次,以长三角一体化城镇建设安全风险韧性治理模型为核心,以长三角一体化城镇建设安全风险智慧协同管理模式为抓手,构建系统的长三角一体化城镇建设安全风险管控共同体,实现安全风险管控一体化的思路创新。在此基础上,针对长三角一体化城镇建设面临的重大安全风险,提出相应的风险管控对策建议。

最后,综合上述思路,从一体化高质量发展的国家战略高度,本书聚焦重大安全风险的管控,给出如下政策建议:一是统筹长三角安全与发展,加强韧性空间建设;二是节约与高效利用土地资源,保障粮食安全;三是推行垃圾分类和本地无害化处理模式,保障环境安全。

综上,对于长三角一体化城镇建设安全风险的管控,要从一体化高度运用韧性治理模型、智慧化与数字化模式,从整体上管控长三角地区城镇建设安全风险,从根源上挖掘、监控和快速处理长三角地区城镇建设安全风险问题,从而提升长三角一体化城镇建设的韧性。

5.2　城镇建设安全风险韧性治理

韧性是城镇建设的重要一环,体现了城镇建设在应对突发险情时的抵抗能力与恢复能力。风险管控的最终目的就是站在一体化的高度增强城镇的韧性。本节基于韧性城市建设与系统安全韧性理论,提出长三角一体化城镇建设安全风险的韧性治理模型,并提出长三角一体化城镇建设安全风险韧性治理机制与对策,为韧性治理提供顶层理论基础。

5.2.1　安全风险韧性治理模型

5.2.1.1　韧性城市与系统安全韧性

韧性城市(resilient city)是指城市系统及其所有组成的社会—生态和社会技术网络跨时空尺度的能力,在面对干扰的情况下,保持或迅速恢复到期望的功能,以适应变化及快速转换当前限制或未来适应能力的系统。韧性是系统吸收能力、适应能力、恢复能力和学习能力的函数。其中,吸收能力是系统吸收风险冲击和扰动,以及用最小的投入使事故后果最小化的能力。适应能力是系统适应风险冲击和扰动的能力。适应能力和吸收能力的区别是:适应能力是吸收能力已经被超出的情况。恢复能力是系统从灾难事故中恢复到正常状态的能力。而学习能力则是系统从灾难事故中总结预防与应对的能力。因此,可将系统安全韧性定义为:系统在一定时空内面对风险的冲击与扰动时,维持、恢复和优化系统安全状态的能力。它包含四个方面的内涵:① 减少灾难事故发生概率的能力;② 减少灾难事故损失的能力;③ 减少系统从灾难事故中恢复到正常状态的时间的能力;④ 向灾难事故学习的能力[①]。

根据韧性理论,系统安全韧性属性可分为:① 鲁棒性,即系统损毁前承受风

---

① 黄浪,吴超,杨冕,等.韧性理论在安全科学领域中的应用[J].中国安全科学学报,2017,27(3):1-6.

险冲击和扰动的能力,亦即系统在事故中保持期望功能的能力。② 冗余性,即系统中遭受风险冲击和扰动的部件、组件可更换的能力,旨在最大限度地减少系统损失。③ 迅速性,即系统从损毁状态恢复到事前状态的速度。④ 有源性,即系统发现安全问题并确定处理优先顺序的能力,以及灾害事故发生时系统调动应急救灾资源的能力。有源性可进一步概念化为面对灾害事故时,系统人力、物力和财力的可用程度。在上述四个属性中,鲁棒性和迅速性描述的是系统在灾害事故中的动态过程,亦即系统受灾害事故影响的结果;冗余性和有源性描述的是系统在事故中影响结果的手段,它们的作用效果最终体现在系统的动态响应中。基于此,可利用系统在事前、事中和事后的动态响应曲线定义指标,构建系统安全韧性概念框架①,如图 5-3 所示。

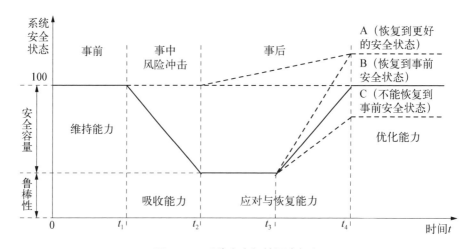

图 5-3　系统安全韧性概念框架

　　由图 5-3 可知,在 $0 < t < t_1$ 时段,系统处于原始安全状态。当系统承灾能力不足以吸收风险时,即 t_1 时刻遭受风险冲击与扰动:① 当风险扰动和破坏超过系统维持安全运作所承受的最大危险总量(安全容量)时,导致事故的发生,系统遭受破坏,系统进入毁损阶段($t_1 < t < t_3$)。在 t_3 时刻,采取恢复措施,系统进入恢复阶段($t_3 < t < t_4$)。在恢复阶段,系统可能恢复到事前安全状态(B);也可能无法恢复到事前安全状态,而只能恢复到较差的安全状态(C);还可能通过学习提高其安全韧性,恢复到更好的安全状态(A)。② 当系统的承灾能力不足以吸收风险时,导致系统遭受破坏和损失,并且不能恢复到事前安全状态(C),系

---

① 黄浪,吴超,杨冕,等.韧性理论在安全科学领域中的应用[J].中国安全科学学报,2017,27(3):1-6.

统依然不能承受未来风险冲击。③ 当系统的承灾能力足以吸收风险冲击时,没有破坏和损失发生,此时系统可保持其事前安全状态(B),也可在应对风险冲击的过程中通过学习提高其韧性功能(A),进而可应对未来更加强烈的风险冲击①。

综上所述,系统安全韧性是安全的一个重要内涵,对其进行讨论是全面认识复杂社会技术系统安全属性的重要途径。本章将基于系统安全韧性管理理论,结合国内外城市建设韧性治理经验与启示,构建长三角一体化城镇建设安全风险韧性治理模型。

5.2.1.2　韧性治理模型构建

安全是经济社会发展的重要基础和保障。近年来,随着长三角一体化战略的快速实施,长三角地区城镇化进程不断加快,相关的人口数量、城镇规模以及建筑功能不断增加,各地城镇建成面积在近十年内迅速扩张,而且不断有新领域、新产业和新业态出现。这导致长三角一体化城镇建设安全风险不断增大。

此外,区域一体化使得长三角地区"风险互联一体"。随着商品、要素、产业和基础设施、公共服务一体化建设的推进,长三角区域内各地区更紧密、更便捷地联系在一起,这不仅使得长三角地区不同的安全风险之间具有比较紧密的串联关系,而且导致安全风险能够在长三角区域内更快捷地传播,从而形成了长三角一体化下的安全风险链。"城门失火,殃及池鱼"的情形在长三角一体化下将频繁出现,这对长三角一体化城镇建设安全风险管控提出了更高的要求。

在此背景之下,本节提出了如图 5-4 所示的长三角一体化城镇建设安全与风险韧性治理模型,它与长三角一体化高质量发展国家战略高度契合。该模型的目标是:从一体化高质量发展的角度出发,使长三角一体化城镇建设过程中对安全风险的管控具有良好的韧性。即通过长三角一体化跨区域协同治理模式,使长三角各城镇具备减轻安全风险事故影响的能力,具备对突发安全风险事故的适应能力,以及具备从突发安全风险事故中高效恢复的能力。

由图 5-4 可知,首先,长三角一体化城镇建设安全风险韧性治理模型包括技术基础、理论基础和方法基础三个基础。它是将安全事故的风险评估技术、系统安全韧性规划理论与长三角一体化高水平跨区域治理相结合,实现对长三角一体化城镇建设各类安全风险的全过程严格管控。其次,长三角一体化城镇建

---

① 黄浪,吴超,杨冕,等.韧性理论在安全科学领域中的应用[J].中国安全科学学报,2017,27(3): 1-6.

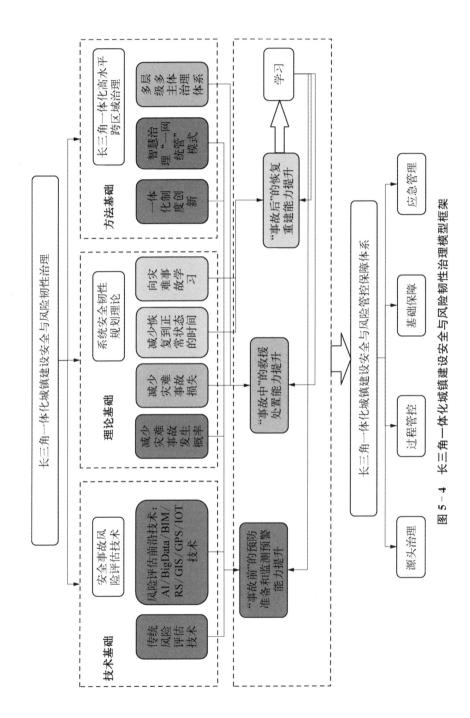

图 5 - 4 长三角一体化城镇建设安全与风险韧性治理模型框架

设安全风险韧性治理模型不仅覆盖了"事故前"的预防准备和监测预警、"事故中"的救援处置、"事故后"的恢复重建等安全风险管控全过程,而且注重通过学习不断提升长三角一体化下各城镇在安全风险协同管控方面的能力,还从加强源头治理、过程管控、基础保障、应急管理等方面,着力构建长三角一体化城镇建设安全与风险管控保障体系。

5.2.2　安全风险韧性治理机制与对策

5.2.2.1　韧性治理机制

为推动长三角一体化城镇建设安全风险韧性治理模型的落地应用,需要合理的机制予以保障。长三角一体化城镇建设安全风险韧性治理机制可以被定义为：在刚性治理和柔性治理之间,构建具有韧性的抵抗安全风险的解压区间,如图 5-5 所示。

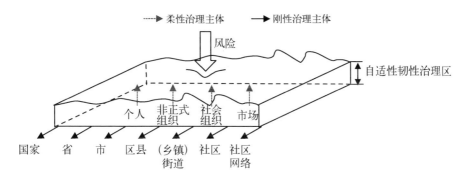

图 5-5　长三角一体化城镇建设安全风险韧性治理机制

由图 5-5 可知,在长三角一体化城镇建设安全风险韧性治理机制中,一方面,国家、省、市、县(区)、乡镇(街道)、社区和社区网格形成层级分明、权力集中的刚性治理主体——安全风险韧性治理的兜底平台,以保障治理资源的及时调度,并形成安全风险快速响应机制和问责机制。另一方面,由个人、非正式组织、社会组织、市场主体构成的柔性治理主体,通过社会自发方式和刚性推动方式,形成社会性的风险认知、风险应对、风险恢复和风险预防的动态应对机制。上述治理过程将构建刚性和柔性治理主体之间的伙伴关系,形成长三角一体化城镇建设安全风险自适性韧性治理区间,从而压缩安全风险扩张的生存空间。当安全风险发生时,刚性和柔性治理主体通过以下四个阶段触发长三角一体化城镇建设安全风险韧性治理行为,如图 5-6 所示。

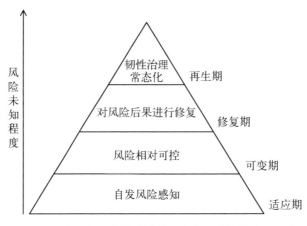

图 5-6 长三角一体化城镇建设安全风险韧性治理行为

1) 第一阶段：适应期

在适应期,安全风险刚刚发生,刚性和柔性治理主体中对风险最为敏感的主体(称为风险感知高敏感性治理主体)率先感知到安全风险的发生,从而自发地对安全风险进行紧急治理,并通过韧性治理网络触发除风险感知高敏感性治理主体之外的其他治理主体,产生全员性和及时性动态治理反应行为,从而对紧急治理后残留的安全风险治理间隙(即紧急治理无法解决的残留安全风险隐患问题,以及因风险感知高敏感性治理主体能力所限无法感知的未知安全风险)迅速进行填充。此时,刚性和柔性治理主体之间能够实现信息共享、资源共享和合作放权。

2) 第二阶段：可变期

在可变期,安全风险已经相对可控,各类安全风险在韧性治理空间中都属于"相对已知可控"。此时,就需要在韧性治理空间中包容刚性和柔性治理主体产生的治理失败,达成刚性治理主体与柔性治理主体之间的相互谅解,倡导刚性和柔性治理主体优势互补、全员参与,并强调"专业的人做专业的事",注重专家的专业治理,从而将"可能可变"变成"完全可控"。

3) 第三阶段：修复期

在修复期,韧性治理进入常态化治理阶段。以政府为代表的刚性治理主体继续进行刚性管控和动态性调整,即政府根据社会需求进行经济和社会政策的必要调控,而市场和社会则自发地对安全风险造成的损害进行修复。

4) 第四阶段：再生期

在再生期,安全风险的常态化治理、韧性治理空间的存在等已经被广泛认同,刚性和柔性治理主体能够通过已知的治理行为模式应对未知的安全风险。此时,应在政府引导下开展常态化的韧性治理制度建设、经济建设和社会建设,并对全社会的风险认知能力、风险防控能力和风险后果恢复能力进行必要的投资,从而将韧性治理变成常态化的安全风险治理模式。

为实现上述安全风险韧性治理常态化的目标,需要从政府韧性、社会韧性、公民韧性和物理韧性四个维度,加强长三角一体化城镇建设安全风险韧性治理建设。

一是提升政府治理能力,加强政府韧性。这就要求打破刚性治理的固化权利结构,构建韧性权利结构;打破刚性治理的标准化评估,构建模糊化韧性评估机制;打破刚性治理的程序导向,强化能力导向的政府韧性。

二是提升社会整合能力,强化社会韧性。首先需要培养社会互信机制,降低社会整合成本;其次需要培育社会风险文化,建立社会危机防控意识;最后需要加大政府社会投资,提升弱势群体防控安全风险的能力。

三是提升公民自身能力,重视公民韧性。一方面,应提高公民知识水平,培育安全风险认知韧性;另一方面,应帮助公民建立心理调适机制,培育安全风险心理韧性。此外,还应促进邻里互帮互助,培育安全风险人际韧性。

四是扩充基础设施冗余度,建构物理韧性。不仅要设计具有灵活性和可变性的公共基础设施,而且要增设具有活动性和便捷性的医疗服务设施,还要提升公共基础设施的信息化和智能化水平。

5.2.2.2　韧性治理对策建议

1) 建立顶层统筹的全方位、综合性韧性治理体制

应保证安全风险突发事件发生之时决策和指挥的权威性。这就要求突破和跨越政府各部门之间、各地方政府之间、公私部门之间、政府和社会之间由于组织分化和社会分化所形成的决策和指挥上的不一致,这对于长三角一体化城镇建设安全风险韧性治理至关重要。

同时,应在决策层的统一领导下,进行全方位、综合性的治理。这样可以更有效地应对具有复杂性和综合性特征的安全风险突发事件,从而纠正以往多部门多头管理的安全风险应对管理体制的种种弊端,解决各部门之间责任模糊、互相推诿、协调困难等问题,最大化地避免了各类资源尤其是应急救援资源重复配置、调度不力状况的出现。

2) 建立健全统一的安全风险韧性治理法律法规和技术规范

众所周知,城镇建设安全风险韧性治理需要政府部门以及行业强有力的法

律法规作指导。所以,应对现有的国家与地方法律法规中城镇建设安全风险管控方面的条款进行梳理,据此建立统一的长三角一体化城镇建设安全风险韧性治理相关法律法规,明确相关主体的安全风险韧性治理责任。同时,针对不同类型的城镇建设安全风险,应分门别类编制统一的长三角一体化城镇建设安全风险韧性治理技术规范。

3) 构建科学高效的安全风险智慧管控系统以提升韧性治理能力

随着现代信息技术、计算机技术、通信技术和网络传感技术等高新技术的进步,开发建立基于BIM、GPS、GIS、物联网、移动定位、5G、人工智能、大数据、云计算等先进技术的安全风险智慧管控系统,已成为提高长三角一体化城镇建设安全风险韧性治理能力与水平的主要方向。上述安全风险智慧管控系统能够对城镇建设过程中的重大安全风险源实现自动感知识别、智能分析评估、动态监控(自动巡检和实时监控)、反馈闭合、空间分布管理等主要功能,并自动分析导致安全风险事故临界状态转化的各种参数的变化趋势,及时发现安全风险事故征兆,以发出预警信息或应急控制指令,从而提升长三角一体化城镇建设安全风险韧性治理水平。

4) 安全风险知识技能普及的多样性和实效性

鉴于对安全风险灾害事件发生时"自助""互助"行为重要性的深刻认识,需要加强长三角一体化城镇建设安全风险韧性治理相关岗位人员,以及城镇全体居民的安全风险及防灾减灾的知识和技能的塑造与培育。首先,应提高各类相关岗位人员的安全风险教育普及程度,确保每一位在岗人员的安全风险教育和应对训练达标。其次,必须保证安全风险教育和应对训练的一丝不苟,并通过完善和更新安全风险教育与应对训练的方式,使得受教受训人员能够实实在在地从教育和训练中掌握有用的技能。最后,在安全风险知识的全民普及方面应不拘泥于单一形式,应采用知识传授、实地实景演练、案例教育等多种多样手段结合的方式,以提高教育和训练的成效。

5.3 城镇建设安全风险智慧协同管理

不同于单一的城镇安全风险,在长三角一体化过程中,城镇建设安全风险也被赋予了联动性、风险互联一体和复杂性等新的特点。同时,数字化长三角建设目前正在长三角地区大力提倡和快速推进。因此,对于城镇建设安全风险管控,应在长三角一体化高质量发展的大目标下实施智慧化协同管理模式。本节就风险管控如何实现长三角一体化的问题出发,从协同管理模式的内涵建设、实施路径等方面进行了讨论,论证了该模式能够促进长三角区域协调发展。

5.3.1　智慧协同管理模式

5.3.1.1　模式内涵

长三角一体化城镇建设安全风险智慧化协同管理模式中的智慧化,涵盖了城镇建设安全风险的感知、辨识、研判、预警、管控及评估的管理闭环,不仅包含了数字化的过程,还包括在数字化时代对数据的智能处理和智慧反馈,即依托城镇网格化管理,通过覆盖城镇全域的基层单元网格对各类安全风险数据进行搜集,形成城镇级别的安全风险数据库,再通过标准化的数据接口将长三角地区各个城镇级别安全风险数据库连接起来,形成长三角一体化城镇建设安全风险大数据中心,然后利用大数据中心的强大算力和人工智能算法,实现对长三角地区城镇建设安全风险的全方位智慧化管控。

长三角一体化城镇建设安全风险智慧化协同管理模式中的协同化,体现在长三角三省一市的深度合作和区域信任上。在面对城镇建设过程中的安全风险时,长三角三省一市组成安全风险管控共同体,将长三角全域协同抗风险能力建设列为目标,建立长三角区域级别的城镇建设安全风险协同管控指挥机构,负责统一调配安全风险管控资源,统筹长三角全域安全风险管控工作。长三角各地区则按照各自的权责分工协作,共同对城镇建设安全风险进行协同管控。

5.3.1.2　模式建设

随着数字长三角建设的深入推进,以及大数据与云计算等现代科学技术的广泛应用,长三角一体化城镇建设安全风险智慧协同管理模式是城市治理智慧化的必然产物。其中,安全风险数据的搜集、传输和智慧感知,是该模式的核心之一,如图 5-7 所示。在该模式中,不仅各个系统之间的耦合匹配非常重要,还需要考虑各个系统之间的衔接和互动问题。

图 5-8 展示了长三角一体化城镇建设安全风险智慧协同管理模式的层级平台建设框架。由图 5-8 可知,在系统建设的层面上,长三角一体化城镇建设安全风险智慧协同管理模式建立了分级系统,即基层(包括区县等)、城镇层和区

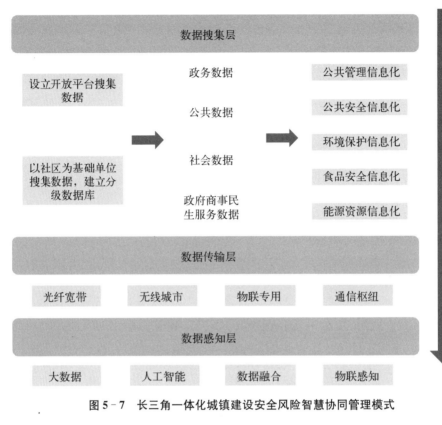

图5-7 长三角一体化城镇建设安全风险智慧协同管理模式

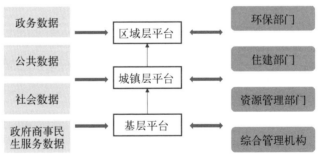

图5-8 长三角一体化城镇建设安全风险智慧
协同管理模式的层级平台建设

域层,并且对各板块数据进行网格化管理,每个基层单元网格的每个板块数据即为一个基层数据块。在平台建设层面上,首先,对于基层平台,公共数据从城镇各个基层单元网格搜集汇总接入,而各公共部门数据则通过统一标准的数据接口进行平台互联,从而建立基层级别的各部门数据库。其次,对于城镇层别的平台,将各基层级别的数据库以部门为分类依据进行分块,并利用人工智能算法进行城镇建设安全风险识别、研判和预警。最后,对于区域层的平台,将各城镇层级的平台打包接入,区域级平台具有实时查看的权限,并可以对区域层级的安全风险进行识别、研判和预警,从而对区域内安全风险管控资源进行全局统筹调配。

在上述工作的基础上,针对不同的城镇建设安全风险,应设立各自单独的机构进行专项管控,并且该机构拥有访问该类安全风险所涉及的相关数据权限。例如,针对大气污染风险,应当通过监控 $PM_{2.5}$、PM_{10} 等指标数值,根据每日的变化趋势和实时测量数值,由环保部门专门监控,当靠近阈值时进行实时提醒,并触发必要的响应措施。而针对水污染风险,考虑到长三角流域的天然地理特性,应由水务部门严密监控上游水和各水库的动态,根据其上传和监测的相关数据进行风险预警和研判,并上报上级平台部门下达整改要求和进一步处理通知。

此外,长三角一体化城镇建设安全风险智慧协同管理模式还应做到在平台建设层面上保持监管的周密性。下面以该模式中区域层级的工程建设安全风险管控智慧平台的建设为例,说明其操作要点,如图 5-9 所示。

(1) 建立长三角区域内统一的数据标准。通过统一的数据标准,可以将各城镇数据进行汇总分析,生成各城镇工程建设行业安全报告和档案,建立施工人员信息库、施工单位信息库,有效评估各城镇的工程建设行业风险和安全管理水平,并有效监控和管理各城镇特殊种类施工机器设备。

(2) 在长三角三省一市层面上的工程建设安全风险管控平台中,还应将工程建设项目类型考虑在内,根据项目的类型生成不同种类项目的安全报告,通过现场实时监控视频数据实现对施工现场安全的不定期巡查,通过人员实名制建立专业技术人员个人工作档案,根据实时监控的环境指标数据进行超标统计并实施相应的处罚措施,实现痕迹化管理。

(3) 对于长三角三省一市层面的下一级工程建设安全风险管控平台,应建立对施工现场更严密的监控、预警、应急处置措施。例如对深基坑、塔吊、升降机、危险区域边界的实时监控,并根据人工智能算法自动识别危险情况,通过管控平台与移动端的交互,及时向施工工地现场提出整改意见和反馈意见。同时,对于人员的不安全行为应当加强管控,建立工人的个性化行为智慧分析机制,以便针对工人开展个性化安全管理,并将结果记录至工人的职业档案中。

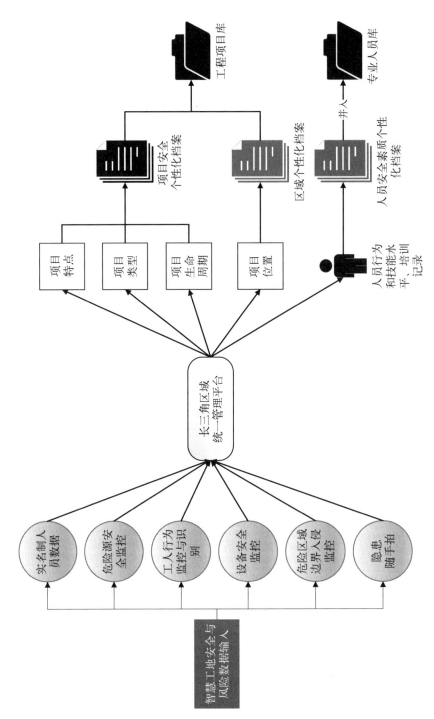

图 5 - 9　长三角一体化下区域层级工程建设安全风险管控智慧平台

通过上述在数据的搜集和汇总上"自下而上"、在管理功能上"自上而下"的智慧协同管控模式,分别可以生成在建项目的个性化档案、工人的个性化档案、各区域的个性化档案,实现分工明确和全方位的安全风险管控。

5.3.1.3　模式实施路径

1)　建立统一的数据标准,完善数据安全立法

长三角一体化城镇建设安全风险智慧协同管理模式的落地实施,离不开大数据的支持。当长三角地区各部门的海量数据蜂拥而至时,统一的数据标准就显得尤为重要。统一的规范化数据采集系统可以帮助大数据处理中心实现高效率的数据存储、传输、处理、反馈等闭环管理。需要注意的是,数据标准的统一,并非指长三角区域内数据搜集设备的统一,而是数据格式、传输路径等方面的统一。

此外,为保证长三角一体化城镇建设安全风险智慧协同管理模式的落地实施,加强和完善数据安全立法是必经之路。其中,对于公共数据,需要设定密级和权限,对于可访问的用户设立访问门槛;对于居民数据,需要注重隐私保护;同时,应通过法治手段建立严密的数据安全体系。

2)　建立多方参与模式,提升区域技术资源帮扶程度

目前,在数字长三角建设方面,长三角各地政府已经意识到了与社会方开展合作的重要性。例如,杭州"城市大脑"的建设由杭州市政府主导,参与者包括阿里巴巴在内的 13 家企业的顶尖人工智能科学家。因此,长三角一体化城镇建设安全风险智慧协同管理模式的实施,离不开政府方和社会各方的共同参与。然而,企业的目标与政府的目标并不完全一致,因此,为防范技术风险,政府应该提升自身的技术能力,对核心算法拥有完全掌控力,避免算法歧视等类似的风险发生。同时,在多方合作中,政府也应平衡其与各建设参与方之间的关系,把控主导角色,促使各参与方开展平等开放的合作,凝聚各方力量完成长三角一体化城镇建设安全风险智慧协同管理模式的实施。

《长江三角洲区域一体化发展规划纲要》中详细规划了长三角地区各都市圈的协同发展路径。其中,在新基建的助力下,长三角智慧城市群将通过数字化和智能化技术实施一体化。为此,应通过资源对接和共享,推动长三角不同区域之间技术资源的帮扶,即促使长三角地区技术水平高的都市圈带动技术水平低的,从而推动长三角地区共同繁荣发展。目前,上海在长三角一体化中处于龙头地位,除了可以带动上海都市圈的发展之外,还可以通过与杭州、苏州、南京、合肥、

安庆等核心城市的多方面技术资源对接,促进这些都市圈共同发展新技术、改善营商环境、提升科创实力、增强产业优势,从而构成新的分支起点。长三角的其余地区则可以通过借力上述分支起点的优势,再进行相应的技术资源对接,走个性化发展道路,打造城镇专属名片,共同营造积极的发展氛围。通过此类技术资源层级传递结构的构建,能够实现技术资源等要素的再分配,从而提升长三角区域间的协同合作水平。

在长三角一体化城镇建设安全风险智慧协同管理模式的实施中,需要调配各方资源,打通各项数据壁垒,融合多源数据。对此,大数据分析、物联网、人工智能、云平台等技术在长三角区域内的交流、帮扶和成果落地等,将帮助长三角区域中技术落后地区推进城镇建设安全风险智慧协同管理模式的构建,从而实现区域内城镇建设安全风险数据信息的互联互通、智慧分析与协同管控。

3) 构建分级管理平台,提升各层级管理的配合度

在长三角一体化城镇建设安全风险智慧协同管理模式的实施中,因为数据搜集是"自下而上",而管理则是"自上而下",所以,该模式中的层级管理平台占据了极其重要的地位。在该模式下,基层数据块将应用于多层级、多板块的平台,并且风险研判和预警也是基于对基层数据块的智慧分析。其中,针对风险的应对,则应当根据风险的评级分类上报与处理。对于微小类安全风险隐患问题,由基层平台管理部门发出整改处理通知,由执行部门具体实施;对于潜在的较大风险和重大战略风险,则应由更高层面的处理平台发出整改处理意见。由此可见,各部门、各层级平台的通力合作是安全风险智慧协同管理模式实施的核心。

在长三角一体化城镇建设安全风险智慧协同管理模式的建设过程中,长三角三省一市的区域认同度也需要提升,需明确各参与方的工作职责与重点,强调从下至上的协同合作能力,提升各基层单位实施的积极性,促进技术层面的成果转化与落地,以实现基层平台的安全风险把控与数据汇总、城镇级平台的安全风险管控效果跟踪评估、区域级平台的安全风险整体控制和应对战略制定的目标。

5.3.2 智慧协同管理促进区域协调发展

在数字化的浪潮中,长三角地区拥有极强的技术优势和资源优势。长三角地区坐拥 52 所高校,且智慧城市试点分布广、数量多,上海有 4 个,江苏有 28 个,浙江有 18 个,安徽有 16 个。例如,杭州推行的"城市大脑"已实现同上海"一

网统管"模式类似的智慧化城市治理功能。据杭州市政府统计,"城市大脑"至2020 年已接入杭州全市 96 个部门、317 个信息化系统项目,每天平均协同数据1.2 亿多条①。同时,为了更精准地预测和管控安全风险,现代通信技术、云计算、边缘计算和人工智能技术等高新技术也将被积极运用到长三角一体化城镇建设安全风险管控中去。可见,数字化和智慧化将是长三角一体化城镇建设安全风险管控的必经之路。

《长江三角洲区域一体化发展规划纲要》中指出,要以创新共建、协调共进、绿色共保、开发共赢、民生共享为原则,围绕构建区域协同发展新格局,加快都市圈一体化发展。因此,长三角三省一市协调发展的核心是:实现深度城乡融合发展,区域联动协作,各地区各取所长,各有分工,共同协作。

在长三角一体化下,城镇建设安全风险管控面临的局面更加复杂,即存在风险互联一体的情况。因此,在一体化协调发展的目标下,长三角区域作为风险共同体,有风险共担和共同解决风险的责任。对此,应建立分工机制,明确各地区的分工和权责,共同抵御安全风险。在长三角一体化城镇建设重大安全风险中,社会风险、环境风险和资源风险是具有一定相关性的。例如,对于环境风险,在环境污染加剧的情况下,往往自然资源也会受到负面影响,从而引发资源风险;而在自然资源受到不良影响时,往往会对城市运维和公共安全产生不利的连锁反应。因此,在面临上述复杂且互联一体的安全风险时,长三角风险共同体应该充分发挥各地区的优势与特长,利用先进的技术手段防患于未然,且在安全风险发生后,打破地域限制,快速调配资源以实现高效应对,从而将安全风险损失降至最低。

由此可见,在目标上,长三角一体化城镇建设安全风险智慧协同管理模式旨在预防、管控长三角一体化进程中城镇建设可能出现的安全风险,提升城镇建设的韧性,以增强城镇在安全风险发生后的应急处置能力和快速重建能力。此外,按照长三角一体化城镇建设安全风险智慧协同管理模式的要求,长三角三省一市应合理布控"城镇感知器"——各个城镇的基层单元网格,及时地搜集、传输、汇总、处理海量的安全风险数据,实现多源数据融合,加速各基层模块安全风险数据的流动和共享。在这个过程中,应打破城乡界限和行政区划壁垒,实现去中心化,从而在某种程度上更好地促进城乡融合。因此,长三角一体化城镇建设安

---

① 人民日报.杭州 让城市更聪明更智慧[EB/OL].(2020－06－17)[2021－09－11].http://cpc.people.com.cn/n1/2020/0617/c64387－31749528.html.

全风险智慧协同管理模式可以较好地促进长三角区域协调发展。

大数据、云计算和 AI 等现代科学技术具有时代特性,安全风险智慧协同管理模式与长三角一体化的结合亦是时代发展的产物。在此助力下的长三角一体化城镇建设安全风险管控,不仅向智能化、科学化迈进,还可以用"计算大脑"协助"人脑",使得长三角一体化城镇建设安全风险的管控更加个性化、智能化、前沿化。

5.4 城镇建设安全风险韧性智慧管控

随着长三角一体化的不断推进,长三角地区的城镇形成了人口密集、经济密集、产业密集、风险密集的特征,使得城镇建设安全风险管控的意义不断凸显。目前,长三角各省市的城镇建设安全风险管理仍旧是各自为政的态势,并且各地的城镇建设安全风险管控手段的发展又存在比较明显的不均衡。在这种情况下,当面临大范围突发安全风险时,长三角各省市间难以快速组织起有效的响应措施,有可能造成风险扩散或引发次生灾害,且不利于后续的灾后恢复。

为应对风险扩散的问题,本节以长三角一体化城镇建设安全风险韧性治理模型为核心,以长三角一体化城镇建设安全风险智慧协同管理模式为抓手,提出构建统一、系统、完整的长三角一体化城镇建设安全风险管控共同体,并针对长三角城镇建设重大风险提出具体管控方案与对策建议。

5.4.1 安全风险管控共同体的建立

近年来,长三角一体化城镇建设过程中的重大安全风险愈发呈现出跨区域影响的态势。虽然风险产生的始末节点和空间信息并不一定明确,但这些安全风险往往能快速升级,从而极大地影响长三角地区人民生产生活和社会经济发展。大气污染、洪涝灾害以及 2020 年的新冠肺炎疫情等安全风险事件的暴发,就是其中的典型代表。但是,对于上述这些产生重大影响的安全风险,要进行溯源追责非常困难;同时,上述安全风险也会因为一体化而在长三角地区各省市之间快速传播,从而给具体的安全风险管控措施的制定与执行带来了更大的困难。

为解决长三角一体化城镇建设安全风险管理中的上述问题,需要建立长三角一体化城镇建设安全风险管控共同体,通过以韧性治理模型为核心,以智慧协同管理模式为手段,形成统一、系统、完整的长三角一体化城镇建设安全风险管理体系,从而增强长三角一体化城镇建设的韧性。

5.4.1.1　安全风险管控共同体的内涵

长三角一体化城镇建设安全风险管控共同体,不仅是长三角各省市具有明确任务分工的安全风险应对共同体,更是一个符合长三角各省市共同利益,倡导安全共建共享的共同体。该共同体的目标是致力于管控长三角一体化城镇建设过程中的重大安全风险,特别是具有跨区域影响的安全风险,即通过政府、执行部门以及社会力量的共同参与,建立安全风险的韧性储备体系、智慧协同模式、协同管控机制,克服长三角地区地理界限与行政管辖边界的约束,提高长三角地区各层级各组织间协同合作的能力,从而强化长三角各省市管控城镇建设重大风险的能力。

5.4.1.2　韧性储备体系

长三角一体化城镇建设安全风险的韧性管控,指的是当长三角地区城镇受到安全风险冲击后,能够迅速完成对风险的吸收、适应、恢复和学习,使城镇快速恢复到遭受风险前的状态,并通过对风险应对的学习,使城镇具有更强的风险应对能力。其中,对于长三角地区跨区域的重大安全风险,通过提高风险应对的韧性,可以最大限度地减小风险的影响范围和影响规模,并在风险传播的关键处掐断其在长三角地区的传递链。

长三角一体化城镇建设安全风险韧性管控的实施,需要在事前对安全风险隐患进行预防和监测,事中对安全风险事故进行快速响应,事后快速进行灾后恢复重建,并通过学习提高下一次的安全风险预测、感知、监测、应对、恢复等能力。为此,需要建立长三角一体化城镇建设安全风险管控的韧性储备体系,通过韧性基础设施和韧性治理方式的建设,提高长三角各省市的安全风险管控韧性储备。

1) 加强韧性基础设施与智慧技术建设

要实现长三角一体化城镇建设安全风险韧性管控,首要的任务是加强长三角各省市的韧性基础设施建设。韧性基础设施是长三角一体化城镇建设安全风险韧性治理的时效性和智慧化的基本保障,缺乏韧性基础设施的支撑,再先进的安全风险管控制度也难以高效地实施。同时,安全风险韧性治理需要对风险的事前、事中和事后进行全过程的监控和管理,这就需要借助于大数据、物联网、人工智能、5G 等数字化技术手段。所以,加强长三角各省市的韧性基础设施和智慧技术建设,是安全风险韧性储备体系建设的重中之重。

针对安全风险的事前预防,需要加强安全风险的智能感知韧性基础设施建设,包括但不限于:一是基于物联网的安全风险数据监控设施。通过它可以对城镇的大气污染信息、资源污染信息、气象数据、医院卫生诊疗数据等与重大安全风险息息相关的数据进行实时采集,据此可以开展大数据分析,从而对与重大安全风险相关的异常现象做到可观测、可追溯,真正实现对风险心里有数。二是基于5G的安全风险数据通信基础设施。通过它可以将分散在长三角各地的数据采集点的数据实时汇总上传,以便下一步进行更深入的数据挖掘和风险分析。三是安全风险大数据超算中心。通过它可以接收、存储长三角各个风险监控采集点上传的安全风险数据信息,并通过人工智能技术的智慧分析手段,对安全风险的发生概率、预计传播范围和预计造成影响等进行预测,实现在安全风险发生之前的准确发现与判断。四是数据可视化安全风险预警平台。通过它可以对上述人工智能分析得到的安全风险数据进行可视化展示,以便政府和相关管理机构对安全风险进行预警和及时响应。

针对安全风险的事中应对,需要加强应急处置韧性基础设施建设。例如,对于长三角地区常见的洪涝灾害风险,长三角各地可通过优化城镇地下排水系统,包括效仿上海建设地下储水深隧系统,以实现面对洪涝灾害风险的适应性调节,吸收洪涝灾害风险发生时带来的冲击;而针对水资源污染和粮食安全风险,则可以通过统筹规划与建立长三角地区饮用水应急保障供应设施、粮食战略储备设施等,以提高长三角地区水资源和粮食的安全储备冗余量,尽可能减少水资源污染问题和粮食安全问题给长三角地区城镇带来的冲击。

针对安全风险的事后恢复,需要加强灾后恢复韧性基础设施建设,主要包括对安全风险预防与救灾系统布局的完善升级,实现在长三角的全域覆盖,以及安全风险预防与救灾资源的长三角全域可调度等。

需要注意的是,长三角地区区域范围大,其中的发达地区和欠发达地区的差异也比较大。目前,上述各项韧性基础设施在长三角发达地区都有建设与试点运行;但对于长三角欠发达地区,上述各项韧性基础设施的建设仍处于起步阶段。所以,当务之急是将成熟可行的韧性基础设施在长三角地区更广泛地进行推广,以提高长三角一体化城镇建设安全风险管控的总体韧性水平。

2) 推广落实长三角韧性城镇建设目标

目前,长三角地区各城镇的韧性建设呈现出不均衡的势态。对此,应借鉴长三角生态绿色一体化发展示范区的经验,推广落实以"优势互补,合理分工;共建共享,协同发展"为主体的长三角韧性城镇建设目标,进一步缩小长三角地区间韧性城镇建设的不平衡,从而将安全风险韧性管控落实为一体化下长三角地区的一项基本福利,惠及长三角各省市人民,据此建成长三角一体化城镇建设安全风险管控共同体,从而将安全风险韧性管控打造成长三角一体化的一张新名片。

长三角韧性城镇建设目标包括以下内容:

(1) 制定长三角城镇建设最低韧性基础设施标准。主要包括安全风险事前、事中和事后韧性管控所需的最基本物质和技术保障,特别是信息化基础设施的建设。为此,应将韧性基础设施建设纳入城镇建设规划中,维护好安全风险韧性管控的底线。

(2) 制定重大安全风险韧性应对策略。在重大安全风险来临前,应制定详细的可操作的安全风险应对预案。一方面,通过长三角各省市之间的交流,学习借鉴安全风险应对的成功经验,将典型安全风险应对方案提升为长三角地区标准化方案。另一方面,发挥长三角各省市各自的特点,在面对安全风险时进行合理分工,将重特大风险分而化之。例如,在应对突发战争风险时,长三角地区靠近内陆的安徽省可作为苏浙沪三地的后撤支援地,以减少战争风险带来的巨大损失。

(3) 以安全风险韧性管控共建共享为原则明确各机构责任。以普遍安全为共同利益,打破长三角各地之间的行政区划壁垒,以建设长三角一体化城镇建设安全风险管控共同体为目标,做到风险韧性管控四地共建、安全韧性四地共享。为此,应明确长三角各省、市、区县、乡镇各层级间安全风险韧性管控建设的任务,对症下药,尽快缩小长三角各地区间城镇建设安全风险韧性治理能力的差异。

5.4.1.3　智慧协同模式

韧性治理作为长三角一体化城镇建设安全风险管控共同体的基本思想,在实际应用的过程中,需要运用数字化、智慧化的技术手段,即通过应用前文建立的长三角一体化城镇建设安全风险智慧协同管理模式,实现长三角三省一市之间安全风险管控的信息共享和协同治理。

1) 数据共享平台的建立

安全风险数据共享是长三角一体化城镇建设安全风险智慧协同管理模式的核心。无论是风险数据收集、风险数据分析,还是风险管控措施的部署,都离不开一个全面的安全风险数据共享与协同管理平台。

目前,长三角各省市在环境监测、小型项目建设、卫生医疗系统、城市公安等领域均建成了一定的数据共享平台,但这些数据共享平台都只是适用于小规模领域,并且其涵盖的数据量也比较有限。当前,长三角地区仍缺乏一个可适用于全区域各领域、可实时更新数据、能实现多源数据整合分析的长三角一体化城镇建设安全风险数据共享平台。该安全风险数据共享平台的缺失,在长三角各省市之间尤为明显——各省市往往只能获取本省或本市的安全风险数据信息,而缺乏对其他省市安全风险状态的了解,从而严重影响了长三角各省市之间对安全风险开展协同管控的效果。因此,建立一个统一的、完整的安全风险管控数据共享平台,是长三角一体化城镇建设安全风险管控共同体建设的核心内容之一。

安全风险数据共享平台的建立,需要依靠大数据等相关技术作为支撑。大量的安全风险数据在传入平台时,数据的处理、储存和分析都需要依靠大量的运算。所以,线上安全风险数据共享平台的搭建,本质是线下大型数据基础设施的建设过程。对此,为了减小数据运算压力,增强数据安全,可按照"省—市—区县"的层次分级别建立相应的数据处理中心,并通过区块链等技术保证数据的真实性,进一步减小长三角欠发达地区信息化与智慧化转型压力。

除加强数据基础设施建设以拓宽安全风险数据的接入面以外,在安全风险数据共享平台建立的过程中,最重要的是建立一套规范化的统一数据标准,实现安全风险数据格式、数据传输路径等要素的统一。安全风险数据接入标准的统一,能够在提高数据传输效率的同时,降低低层次数据上传的门槛;同时,统一的数据标准也减少了长三角各地在数据上传时的格式转换工作量。此外,在安全风险数据共享平台的建设过程中,还应注意数据的可视化处理,以及通过运用人工智能技术从海量数据中提取安全风险的关键信息,从而进一步提高安全风险数据对于韧性风险管控的指导价值。

2)智慧协作系统的构建

注重安全风险协同管控能力的建设,是长三角一体化城镇建设安全风险智慧协同管理模式的另一个核心内容。其主要目标是建立长三角一体化城镇建设安全风险智慧协作系统。该系统通过对长三角各地安全风险数据的共享和智慧化利用,以及对安全风险应对资源的协同运用,实现"1+1>2"的安全风险管控效果。以 2020 年初新型冠状肺炎疫情风险的管控为例。长三角各地都通过大数据分析等智慧化技术建立了各自的疫情风险监控体系,也都出台了各自的居民健康码与车辆通行证等;而后,通过长三角各省市之间的疫情信息互通和检疫结果互认方案,实现了长三角区域内一码通行,很好地解决了长三角不同地区之间保障物资运输和重点人员通勤等问题,成为长三角三省一市协作应对重大安全风险、遏制风险蔓延、促进灾后恢复的成功案例。

由此可见,长三角一体化城镇建设安全风险智慧协作系统的具体实施,需要建立长三角三省一市分级分权的安全风险协同管理平台。在该平台上,上级管理人员在接收下级数据终端传来的安全风险数据后,可以自由地与同级别不同部门管理者开展安全风险协同管控的交流,并制订相应的安全风险应对多方协作方案,进而通过多方协作"自上而下"高效地开展安全风险的应对和管控。

5.4.1.4　协同管控机制

目前,建立长三角一体化城镇建设安全风险管控共同体的一个重大阻碍,就是长三角各省市间的行政壁垒。它突出表现为:长三角地区安全风险管控仍受限于行政壁垒,各地的安全风险管控仍以属地化管理为主,导致近年来建立的长三角地区一系列安全风险应急合作框架是比较松散的,各地参与安全风险协同管控的积极性不高。在这种情况下,当应对跨区域的安全风险时,长三角各省市间缺乏平级的协调方案,往往需要依靠更高层次政府组织来进行应急资源调度,从而严重影响了安全风险应对措施实施的及时性和有效性。因此,借助于前文提出的安全风险韧性治理模型和智慧协同管理模式,构建长三角一体化城镇建设安全风险协同管控的新机制,是十分必要的。

1) 无缝交流机制的建立

安全风险协同管控的一大难点在于,在安全风险管控过程中,各个环节与各个级别的参与方缺乏一定的交流机制,相关交流往往需要更高层次的管理者来组织,导致安全风险协同管控效率的低下。对于长三角三省一市而言,各地区的安全风险管控参与者受控于地方政府,当其需要进行安全风险协同管控交流时,需要通过同级地方政府之间的交流才能实现,相关安全风险协同管控方案也需要经过各地区地方政府的分别审批,极大地降低了安全风险协同管控的效率。

对此,需要在长三角地区建立安全风险协同管控无缝交流平台,横向上连接参与安全风险管控的各个管理部门,包括政府、应急、公安、卫生、媒体、企业等,高效制订安全风险协同管控方案;纵向上打通各个区域和不同层级的阻碍,使得安全风险协同管控方案在长三角各省、市、区县、乡镇之间能无障碍地被执行与落实。为此,上述安全风险协同管控方案应由长三角各地方政府共同审阅,审阅通过后使其具有高于地方政府的执行权限,以避免在执行时受阻。

对于需要长期监控并实行风险预警的跨区域重大安全风险,如大气污染风险、水资源污染风险等,还可组建长三角专项安全风险长期监测机构。该机构隶属于长三角一体化城镇建设安全风险管控共同体,不受各地方政府管辖,而是从一体化全局的高度对专项安全风险进行长期监测,并制订相应的风险治理方案,力求尽可能减少专项安全风险对长三角地区带来的不利影响。

2）监管与激励机制的构建

目前,长三角地区缺乏规范化的安全风险协同管控的监督机制和激励机制。一方面,在开展安全风险协同管控的过程中,长三角各省市之间的合作是比较松散的,对安全风险协同管控付出较多的省市缺少一定的激励,而对于安全风险协同管控不到位的省市,又缺少一定的追责机制。另一方面,在开展安全风险协同管控的过程中,长三角各省市的利益并不是完全一致的,存在着一定的利益冲突。以水资源污染治理为例,下游城市受到水资源污染影响较为严重,对水资源治理投入了较多资源;但上游城市受到水资源污染的影响相对较小,若要进行水资源污染的系统治理,势必要求上游城市放弃部分排污严重的利税大户企业,这不符合上游城市的核心利益。若以生态补偿方式来解决此问题,则生态补偿方案要花费大量时间进行协商;如果参与生态补偿方案协商的城市较多,那么补偿协商的效率又会进一步降低。由此可见,长三角一体化城镇建设安全风险协同管控的推进困难重重。

在应对长三角跨区域安全风险时,单一政府或管理机构的力量往往是不足的,只有长三角各省市都清楚地认识到跨域安全风险对长三角城镇建设带来的巨大危害,并深刻理解必须在一定程度上放弃局部利益,以长三角一体化城镇建设安全风险管控共同体的思路进行治理,才能真正提高长三角全域的安全风险管控水平。因此,长三角各省市需要抛开传统的以利益为导向的安全风险管控思路,从建设长三角一体化城镇建设安全风险管控共同体的高度出发,针对跨区域重大安全风险,提前建立一套相对公平的安全风险协同管控的激励与监管机制:一方面,对积极开展安全共建的地方机构提供一定标准的奖励;另一方面,对导致安全风险扩散的地方机构进行共同追责,从而形成以“下游主导、上游治理”为特征的长三角一体化城镇建设安全风险协同管控新方案,并由该方案形成一种可复制、能推广的工作经验。

3）社会共同治理机制的建立

长三角一体化城镇建设安全风险管控共同体的建设,不仅需要各地政府的协同努力,更需要社会各界专家、企业、社会组织以及公众的共同参与,以形成长三角风险共同体的意识和文化,共同应对长三角跨区域安全风险。

在社会力量参与的过程中,可以应用长三角一体化城镇建设安全风险管控数据共享平台,以及长三角一体化城镇建设安全风险智慧协作系统,使社会力量可以直观地了解长三角地区整体的安全风险形势,并通过上述平台与系统参与安全风险的管控,从而提高安全风险管控决策制定的民主参与度,吸纳社会有生力量共同进行安全风险协同管控。

在推进长三角一体化城镇建设安全风险管控共同体建设时,可以针对特定安全风险,在小范围内先行试点,确定上述制订的安全风险协同管控方案的可行性,并通过公众、企业、政府及其他机构的共同努力,提高该试点区域范围内特定安全风险的管控能力,形成可推广的实操经验,再逐步推广到长三角全域。

5.4.2　重大安全风险管控

5.4.2.1　重大社会风险管控

长三角一体化城镇建设过程中危及社会稳定和社会秩序的重大社会风险,主要包括疫情风险、战争风险等。它们的特点是传播速度快、影响范围大、突发性强,并且难以通过技术手段进行事前预测。所以,长三角一体化城镇建设过程中的重大社会风险管控,是对长三角一体化下各省市间的安全风险管控协调与合作能力的巨大考验。

1）疫情风险管控

疫情风险的应对和管控,可分为针对疫情本身的防控,以及疫情风险发生后社会恢复两部分,即疫情风险来临时的快速响应和疫情后期的快速恢复。这离不开长三角三省一市的协同共建。

（1）疫情风险韧性治理方案。

2019 年末以来的新冠肺炎疫情防控,为长三角一体化下开展疫情风险的韧性治理积累了大量宝贵经验。其中不少可复制的管控措施可作为长三角一体化下疫情风险韧性治理的储备方案。

① 疫情管控信息互联互通机制。

在疫情管控中,信息是最重要的资源。以 2019 年末以来的新冠肺炎疫情为例,长三角地区各地新冠肺炎确诊患者的数量、活动轨迹以及就诊信息,是制订疫情管控方案的一线资料。在新冠肺炎疫情暴发初期,由长三角三省一市牵头建立的疫情防控信息互联互通、防控措施互相通报机制,有力地控制了新冠肺炎疫情在长三角地区的扩散和传播。

目前,长三角地区的疫情信息互联互通机制是由各地政府机构牵头,并且仅限于新冠肺炎疫情的防控。为强化长三角一体化下各地的疫情韧性治理能力,建议由长三角三省一市卫生系统主管部门牵头,将包括新冠肺炎、季节性流感、传染性呼吸系统疾病等在内的容易产生暴发性疫情的疾病,共同纳入长三角地区疫情信息互联互通机制中,从而进一步健全长三角一体化下卫生应急处置能力。

② 疫情下产业协同互助机制。

在疫情暴发初期,随着各地执行严格的跨省隔离措施,医疗与生产生活物资的运输,以及人员的跨省流动等,成为疫情风险管控情况下面临的难题。长三角地域广阔,各地的生产生活联系紧密,所以,通过一定的协同互助和运行保障机制,可以最大限度地减小疫情风险发生后对长三角地区居民的正常生产生活的冲击。

为此,需要建立长三角一体化下统一的产业协同互助管理机构。首先对长三角地区的产业分布情况、产业间依赖关系等进行摸排,确定长三角地区疫情风险快速响应过程中必要的产业种类、生产企业位置分布、生产能力及其上下游企业等,以制订相应的长三角一体化下疫情风险快速响应产业协同互助应急方案,包括生产应急方案、跨省交通运输应急方案等。其次,针对不同种类的疫情风险进行快速响应演练,确保上述必要的生产企业能在疫情风险暴发时快速恢复生产,从而能够优先保障长三角地区防疫基本需要与人民生活基本需求,形成长三角一体化下系统化的疫情风险应对产业链,从而展现出长三角一体化下应对疫情风险等重大社会突发事件的韧性。

③ 疫情后期复工复产互享互认机制。

在疫情的恢复阶段,疫情风险应对的主要任务转为在确保安全的情况下展开复工复产。因为长三角地区各地的生产生活联系十分紧密,此时如果长三角地区各地的疫情防控措施不能实现互享互认,将会导致长三角地区的经济生产不能及时恢复,从而给企业生产和人民生活带来严重影响。

在此次新冠肺炎疫情期间,长三角三省一市间陆续形成了一定的通行证互认、防疫信息互享互认机制。但在实际操作运行过程中,上述互认机制适用的范围较小,一般只适用于特定通行关卡,再加上长三角各省市间仍未形成标准化的疫情管控跨省通行管理体系,影响了上述互认机制作用的发挥。

对此,建议建立疫情风险管控时期统一的跨省通行标准,将疫情防控信息、通行历史等关键信息整合为具备更高安全性的长三角地区统一的综合通行证,从而提高长三角一体化下应对疫情风险的快速恢复能力。

(2) 疫情风险智慧协同管理方法。

为配合长三角一体化下疫情风险韧性治理的顺利实施,应通过引入新型智慧技术,以进一步提高疫情风险管控的效率。在此次新冠肺炎疫情中,远程红外摄像头测温、人脸识别、大数据分析、5G 通信等新型技术手段,都展现出了强大的适用性。但目前上述各技术的应用范围比较小,发挥的作用有限。因此,建议建立统一的长三角一体化下疫情风险智慧化管控标准。通过该标准的实施,将经过验证可行、可靠、安全的防疫智慧技术,作为疫情风险韧性治理基础设施,推广到长三角各地,从而提高长三角地区的疫情风险智慧化管控水平。

上述众多疫情风险智慧化管控技术中,通用性最强的是人脸识别技术与远程红外摄像头测温技术的结合应用,以及个人健康码技术的应用。前者在实际应用时,仅需要在长三角各通关路口、门岗等处设立多功能摄像机,配以相应的软件技术,即可自动实现对人员身份识别与体温检测,及时发现体温异常人员并触发警报,从而及时开展隔离处置,避免疫情风险的传播与扩散。人脸识别技术与远程红外摄像头测温技术的结合应用,极大地减小了防疫人员的工作量并降低了他们的感染风险。上述技术在长三角地区的推广应用,可以大幅提高长三角地区疫情防控的效率。

而在此次新冠肺炎疫情防控中,由多元异构数据融合技术与大数据分析技术相结合诞生的个人健康码,极大地提高了长三角地区疫情风险管控的效率。通过对个人的就诊数据、密切接触者数据、交通出勤数据、出入境数据、社区登记居住数据等进行多元异构数据融合后,上传至健康信息服务平台进行大数据分析,形成对人员进行区分的红码、黄码与绿码,以便开展疫情风险的精准防控。这种统一标准的个人健康码,在方便防疫人员进行疫情的精准管控的同时,居民自己也可以通过健康码颜色判断自身是否被疫情风险所影响,从而采取针对性的措施。随着长三角一体化进程的不断推进,建议采取统一标准制定长三角全域通用的个人健康码,以打破数据壁垒,整合城镇服务、居民医保等更多功能,进一步提高长三角城镇建设过程中的居民健康管理水平。

2）战争风险管控

战争风险是国家安全的一个重大主题。长三角三省一市作为祖国的东部前线，也是东部战区的核心地区，应具有可靠的应战资源与应战储备。应对战争风险，长三角各省市需要采取全局性思路，将长三角作为一个整体进行战争风险的应对规划，从而实现优势互补，将战争风险爆发时带来的负面影响降至最小。

在战争风险来临时，除了人民军队的应对外，长三角各省市间也需要采取相应的整体协同指挥方案，联动长三角各区域的人防力量，合理分配资源，以求将整体损失降至最小。例如，上海、杭州等大型城市作为长三角的核心经济区域，城市内有众多重大经济目标，在战争风险来临时需要进行重点保护。对此，为避免出现重大损失，建议在战争风险来临时，在长三角战时应急机构的统一指挥下，将重大经济目标迁移到长三角区域内战争风险较低的其他区域，如上海的重点目标可迁移到苏州等区域，浙江的重点目标可迁移到安徽省等。在2020年的长三角人防一体化交流会上，苏州市政府就提出将元荡、平望镇等区域规划为战时上海的临时疏散人口接纳点。因此，通过长三角战时联合指挥部门的统一协调，上述战争风险应对思路及方案可在长三角地区更大范围内进行推广。

此外，在长三角战时联合指挥方案中，还需要明确长三角战时各省市的具体分工，形成长三角统一的战时应急工作方案，并通过联合演习、联合训练等方式，以提升在战争风险爆发时长三角各省市救援和应急力量的快速动员能力，从而提高长三角一体化下应对战争风险的响应能力和恢复能力，体现出长三角一体化下应对战争风险的韧性。

5.4.2.2 重大环境风险管控

长三角一体化城镇建设过程中的重大环境风险包括极端天气风险、地质灾害风险、洪涝灾害风险等。虽然这类风险因素在风险未发生之前能进行一定程度的观测和预警，但其不可控性较强，后续发展较为迅速，影响范围也会持续扩大，并且人们对这类风险的影响范围难以干预，只能提前做好准备与应对措施。

长三角三省一市在面临重大环境风险时，应通过智慧技术手段，对风险的生成、发展与后续影响进行实时高效的监控，并能够在受到风险波及之前做出及时有效的应对，提前做好防范或转移工作，尽可能通过风险减轻的方式减小风险发生后的损失。

1）极端天气风险管控

极端天气风险包括异常的雷雨暴风暴雪天气、台风、长时间持续高温或低温等。这类风险由于影响范围较广，并且具有一定的不确定性，通常较难回避，所以需要通过长期的监控与预警，以及各地区间的应急合作，从而减小这类风险造成的损失。

（1）长三角极端天气监测系统。

对于极端天气风险，掌握风险的具体信息，知晓风险的强度与影响范围，是对其进行治理的第一步。目前，在各方的努力下，已经建立了覆盖长三角全域的气象雷达协同观测网络，能够保障长三角地区天气监测与预报系统的可靠性。

在长三角一体化背景下的极端天气风险管控过程中，智慧技术的应用极大地提高了风险监测与预警的效率。除了地面的天气雷达以外，近年来，面向气象、环境灾害监测用途的遥感卫星数量已经十分可观，能够实现对长三角特定地区气象数据的高精度观测。气象卫星相比于气象雷达，在监测长三角大范围的气象整体趋势上更有优势。随着新型高精度气象卫星的不断推出，使得站在更高、更广的视角监测长三角地区的气象状态成为可能。

除了高端的气象卫星外，近年来，天气信息移动观测系统也在长三角地区逐渐布局。该系统收集由众多个人用户上传的长三角某个区域的天气图像，再由人工智能技术自动分析出该区域的天气情况，从而进一步实现长三角地区气象信息的精细化监测，增强长三角地区气象监测的多元性。

（2）长三角极端天气信息共享系统。

除了气象信息获取的渠道外，长三角天气信息共享系统为极端天气风险的管控带来了更强大的应对能力。长三角天气信息共享系统不仅是长三角各地区间相互了解气象信息的渠道，同时也是长三角多源气象数据信息的融合平台。通过统一的数据标准与共享机制，长三角天气信息共享系统实现了长三角的港口、岛屿、海岸线、山区、水网的全地区气象监测信息的互联互通。此外，借助人工智能算法和大数据分析手段，长三角天气信息共享系统可以对长三角地区气象的发展趋势进行数字化模拟，对长三角地区极端天气风险的发生、扩散路径等进行判断，并据此对相关省市进行及时预警，从而实现长三角地区对极端天气风险的主动防御。

2）地质灾害风险管控

长三角一体化城镇建设过程中的地质灾害风险主要包括地面沉降、山体滑坡、地震等,不同风险的应对措施有着较大的差异。长三角的地质灾害风险管控应采取专项专控,并注重风险发生后的联合救援与资源调度,以减小风险发生后的损失。

(1) 长三角地面沉降监控与治理网络。

长三角地区软土地基分布广泛,是我国地面沉降现象发生最严重的区域之一,尤其是以上海为主的滨海平原地区,形成了以"嘉兴—上海—苏州—无锡—常州—镇江—南通"为重点的地面沉降区。虽然地面沉降风险的发展比较缓慢,但当沉降量积累到一定程度时,量变引起质变,会对长三角地区的建筑造成不可逆的损伤。

自 21 世纪初以来,在长三角地区地面沉降严重的上海、江苏省苏锡常、浙江省杭嘉湖等地区,逐步构建了地面沉降联合监测网络,并通过控制地下水抽水等措施,开展了地面沉降的有效治理。近年来,通过引入 GIS、GPS 等自动监测技术,长三角地面沉降联合监测网络已经逐渐向自动化与智能化方向迈进①。

未来,通过引入人工智能分析手段和高精度监控技术,可以进一步提高长三角地区地面沉降联合监测网络的监测精度;通过数据共享机制和人工智能分析技术,可以综合判断地面沉降产生的源头;通过建立长三角区域联合管控责任制度,能够实现长三角地区地面沉降的源头治理,并通过地面沉降源头含水层修复等手段,能够进一步减小地面沉降风险对于长三角一体化城镇建设的影响。

(2) 长三角滑坡、地震等突发地质灾害应急救援机制。

对于滑坡、地震等突发地质灾害,由于其产生的区域性特征较突出,因而需要长三角各地区针对自身情况制订相应的风险监控方案。在长三角一体化联防联控方面,跨区域的应急救援机制处于十分重要的地位,可以在滑坡、地震等重大风险事件发生后快速调度资源,实现及时响应和快速恢复。

在滑坡、地震等重大地质灾害救援过程中,应充分发挥长三角地区智慧技术集中的优势和长三角各省市的产业优势,吸纳先进方案,协同开发智慧化救援装备。例如,可以通过多种先进传感器与深度学习算法的协同,高效地进行地质灾害信息的提取与处理,实现在突发情况下对环境的精准感知,并根据自主学习与辅助决策系统,提升救援人员在现场的救灾效率,从而提高长三角地区的整体救灾水平。

---

① 国土资源部.地质灾害防治专家谈地面沉降调查和监控[EB/OL].(2016 - 03 - 09)[2021 - 09 - 11]. https://www.cgs.gov.cn/ddztt/ddyw/dzzh/dzzf/201603/t20160309_287209.html.

3) 洪涝灾害风险管控

长三角地区水系发达,由此引发的洪涝灾害风险成为长三角地区的一大痛点。除了每年汛期长江流域的洪水风险外,长三角沿海地区面临的风暴潮灾害也日益严重,潮位与高潮频次年年创下新高。由洪涝灾害风险引发的洪水与潮水决堤,常常给长三角地区带来巨大的经济损失。例如,根据安徽省应急厅公开数据统计,安徽省仅 2020 年因洪涝灾害就造成了直接经济损失600.65 亿元①。所以,加强对长三角地区城镇洪涝灾害风险的严格管控是当务之急。

对此,首先应加强长三角地区流域间、区域间和城镇间的洪涝灾害协同治理。如统一长三角地区城镇防洪建设标准,实行洪水堵排结合的长三角全流域综合调度等。

(1) 统一长三角地区城镇防洪建设标准。

近年来,随着人民生活质量的不断提高,长三角部分城市防洪工程的标准也在不断提高。然而,长三角区域内各地的防洪工程建设标准仍未能统一,长三角各城市的排水系统承受能力参差不齐,且长三角各地防洪防汛管理体制复杂。这些短板的存在,使得长三角地区在应对突发高强度洪涝灾害时,容易出现防汛缺口。所以,对于洪水、风暴潮与内涝风险,应在实地调查与科学研究的基础上,建立统一的长三角地区防洪工程建设标准。其中,不同级别的城市将有不同的防洪工程建设标准,按照该标准完成长三角地区各城市防洪工程的查缺补漏,以补齐短板,完善并提高长三角区域整体防洪水平。

(2) 实行洪水堵排结合的长三角全流域综合调度。

首先,目前长三角各地的防汛治理措施相对独立,防汛手段多以堵住外来水流入和内水外排为主,导致出现上游排洪能力大于下游泄洪能力的不利局面。因此,对于长三角地区洪涝灾害风险的管控,需要实行长三角全流域的综合调度,即在总体治水思想的统一指导下,加强上下游区域的沟通协作,协同治理,避免洪涝灾害风险扩散。在防汛治理的具体做法上,长三角地区还需加强水系连通,打通断头河,由堵到疏,提高城镇水系流通能力,优化城镇排涝能力。

其次,应在长三角一体化城镇建设过程中尽最大可能减少热岛效应。如从城镇建设规划入手,控制城镇人口与建筑密度、提高城镇绿化覆盖率等。研究表

---

① 安徽省应急厅.2020 年全省洪涝灾害损失综合评估概况[EB/OL].[2021 - 09 - 11].http://yjt.ah.gov.cn/public/9377745/145229191.html.

明,热岛效应直接导致了城镇降水量和降水频率的增加[①],使得城镇总降水量增大,导致超过城镇暴雨排水系统泄水能力的洪水次数明显增多,从而加大了长三角地区城镇洪涝灾害风险。

最后,应在长三角城镇建设过程中加强海绵城市的建设。通过海绵城市的建设,将防、排、渗、蓄、滞、处理等措施有机结合,能够极大地减轻城镇防洪排涝的压力,有效地减少城镇洪涝灾害的发生频率和损失。

5.4.2.3 重大资源风险管控

长三角一体化城镇建设过程中的重大资源风险包括水资源污染风险、空气污染风险、粮食安全风险等。此类风险与人民生活息息相关,更能体现城镇治理水平,是城镇吸引人口流入的核心竞争力。由于资源风险的扩散性较强,所以在管控上需要遵循源头治理的原则,完善跨区域风险的监管机制。

1) 水资源污染风险管控

水资源安全是人们日常生活的基本保障。长三角地区城市集中、经济集中,使得长三角地区水资源污染风险较高。其中,下游城市特别是地处长江入海口的上海市,其用水安全问题更为严峻。如何在保障上游城市发展的同时解决下游城市的用水安全问题,是长三角一体化下水资源污染风险管控的核心问题。

（1）用水资源跨区域整体规划。

近年来,长三角生态绿色一体化发展示范区(以下简称示范区)在解决上游水资源污染与下游用水安全的矛盾上进行了积极探索,提出了一套可行的用水资源跨区域协同管控方案。示范区内地属上海市青浦区的金泽水库是上海市重要的饮用水水源地,对水体质量有较高要求。然而,金泽水库上游的太浦河流经江苏省苏州市吴江区,使得上海的用水安全压力最终转移到了苏州市吴江区。随着太浦河被列为水资源保护区,一定程度上也限制了苏州市吴江区的经济发展。为解决该矛盾,示范区提出上海市在用水规划上重新部署,放弃从太浦河引水,而开辟新渠道从东太湖引水,从而可以创造双赢局面。

示范区提出的用水资源跨区域协同管控方案的核心思路是:在长三角地区建立水资源整体应用规划。即站在全局的高度,对长三角地区的水体资源及周边既有资源进行重新分析与评估,在清退水体流域上的重点污染源与污染企业

---

① 李红.热岛效应对城市水文的影响[EB/OL].(2012-03-20)[2021-09-11].https://www.doc88.com/p-078308881114.html? r=1.

的同时,通过对长三角地区水体整体应用方案的重新规划,对水体按流域进行功能细分,避免污染水体与饮用水体的重叠。

(2) 长三角水体智慧协同管理。

为保障长三角地区水资源安全,需要对水体污染实行源头治理。借助智慧技术手段,可以实现对长三角地区水体污染点进行精确的源头把控。其具体做法是:通过在长三角地区水体的关键节点上布置智能传感器与信息处理装置,运用精细化的水体信息共享系统,可实现对长三角地区水体质量和流量、供给排水厂、周边管网等信息开展全天候监测,当污染信息出现时实现精准定位,再借助一定的跨区域监管与奖惩机制,实现水资源污染风险的精准管控。

2) 空气污染风险管控

近年来,长三角地区逐渐建立了空气污染防治协作机制。目前,长三角地区的空气污染协同治理初见成效,长三角区域内以 $PM_{2.5}$ 为主的大气污染物浓度整体呈现下降趋势。但当出现气象条件较差、大气流动性不足,或面对冬季污染量较大的时期时,空气污染风险的管控仍面临较大困难。因此,对于长三角一体化城镇建设过程中的空气污染风险管控,一方面需要进一步完善空气污染应急救援与联防联控机制;另一方面则要发挥长三角地区的技术优势,通过智能技术助力能源结构转型。

(1) 长三角大气污染联防联控机制。

当前,关于长三角跨区域大气污染风险的应对,更多的是事后处置;并且对于大气污染的源头治理,以及全流程管控,目前仍缺乏一定的法律法规作为支撑。这就造成了当出现跨区域大气污染时,难以对跨域企业进行追责。此外,目前在长三角地区,尽管已经形成了一定的大气污染信息共享机制,但尚未形成跨区域大气污染风险监控预警机制,当出现大气污染数据时,还未形成完整的数据处置链,即应该通知哪些部门,应该由谁负责,以及应该由谁整治等,仍没有明确。

对此,首先需要建立完善的长三角地区大气污染联防联控机制,制订跨区域大气污染应急处置方案,推进大气污染数据跨区域共享。其次,应通过引入人工智能、大数据分析等技术,构建长三角地区统一的大气污染预警机制及预测预报机制。最后,应通过污染源地区与受影响地区的联动治理和应急响应,采取包括但不限于应急减排、临时交通管制等措施,在最短时间内减小大气污染造成的影响,以保障人民身体健康。

（2）科技创新推进能源结构绿色化转型。

除了对大气污染进行联合治理外，长三角地区还应发挥自身技术优势，大力推进绿色技术的落地应用，以改革能源与产业结构，从而应用科技创新的力量，从根源上治理大气污染。长三角地区高等院校云集，每年涌现出大量的能源创新技术与专利。这些技术与专利的推广应用，可以极大地推进长三角地区的能源结构绿色化转型。例如，可以用低成本高效的风能、水电等清洁能源代替传统的火电，推广新能源汽车代替传统燃油汽车等，以降低碳排放量。此外，还可以通过在长三角地区推行统一的绿色能源和绿色产业标准，由上海、杭州等先进城市发挥区域优势互助共建，从而提高长三角地区整体的绿色技术应用能力。

3）粮食安全风险管控

长三角一体化城镇建设过程中的粮食安全风险包括两方面：一是粮食的供给与保障风险；二是粮食的质量与安全风险。

在粮食供给与保障方面，随着长三角各省市城镇化进程的不断推进，粮食需求也日益高涨。目前，虽然我国每年粮食产量不断提高，但粮食的年进口量也在日益增长。当出现紧急情况时，若粮食进口受到影响，则有一定可能会产生粮食供给与保障危机。对于长三角地区而言，各省市间的粮食需求也存在着不平衡的现象，浙江与上海是粮食的主销区，而长三角粮食的主产区则位于江苏与安徽。所以，如何合理配置粮食资源，保障应急情况下的粮食供给，是长三角一体化城镇建设过程中粮食安全风险的主要议题之一。

在粮食质量与安全方面，长三角地区粮食产品流通量大且流通渠道多，粮食产品的原材料、加工、运输与销售往往需要跨越多省市。由于长三角各省市的食品安全检测与监管标准存在一定差异，又缺乏一定的跨省市追责机制，从而为长三角粮食产品的质量安全埋下了一定的隐患。对此，长三角地区需要构建统一的粮食质量与安全监管可溯源机制，建立统一的粮食质量与安全标准，共享粮食质量与安全信息。

（1）长三角粮食供需智慧分析系统。

为解决长三角地区粮食的应急储备与供应问题，需要构建长三角粮食供需智慧分析系统。通过该系统，可实现长三角各省市之间粮食供求关系的分析，据此可以制定长三角地区粮食应急储备与应急调度机制，以保障紧急时期长三角地区的粮食供给安全。在长三角粮食供需智慧分析系统中，可借助神经网络、大数据分析等智能技术,对长三角地区各个时期的粮食生产与运输数据开展深入分析,判断应急时期长三角各地的粮食储备需求,从而指导长三角地区开展应急储备粮食的运输与仓储,实现"优粮优储",以保障长三角地区人民在应急时期不仅吃得饱,还能吃得好。

(2) 长三角粮食安全智慧追溯系统。

对于粮食安全问题,则需要建立长三角粮食安全智慧追溯系统。在该系统中,可引入区块链、物联网、大数据分析等智慧技术,通过建立统一的技术标准,建设长三角地区粮食生产与监管数据可追溯链,记录粮食产品生产、抽检、运输、仓储、销售等全过程信息。当粮食产品的任何一个环节出现问题时,及时通过该追溯链定位问题环节,并对下游问题粮食产品进行及时召回,避免风险的扩散。上述智慧技术的应用,一方面保障了长三角地区粮食安全数据的可信度;另一方面减少了信息在传递过程中的延时,极大地提高了长三角地区粮食安全风险治理各环节的效率。同时,长三角粮食安全智慧追溯系统还兼具长三角各省市粮食安全风险信息共享与协同治理功能,即通过联合信用奖惩、跨域仓储协查、联动专项整治、检测标准共享等方式,提高长三角地区粮食产品的整体安全水平。

第 6 章

长三角一体化城镇建设与
协调发展的建议

本书以长三角地区城镇建设为研究对象,从规划一体化、基础设施建设一体化、管理体制机制一体化、安全风险管控一体化四方面展开研究,提出了如下所示的长三角一体化城镇建设与协调发展的建议。

本书的研究工作聚焦长三角一体化城镇建设,以规划一体化为引领,以基础设施建设一体化为支撑,以管理体制机制一体化为抓手,以安全风险管控一体化为保障,研究成果能够为长三角一体化高质量发展提供支撑。

6.1 将安徽纳入示范区范围,成立涵盖 沪苏浙皖的太湖西示范区

要实现长三角更高质量的一体化,安徽不能被排除在外,因此,除环淀山湖"一市两省"的长三角生态绿色一体化发展示范区外,长三角三省一市还应做出更多的尝试与拓展。为此,本章提出规划建设太湖西智慧城镇群示范区(以下简称太湖西示范区)。太湖西示范区由位于安徽省宣城市境内的上海白茅岭农场飞地,江苏省溧阳市、宜兴市,浙江省长兴县、安吉县,安徽省宣城市下辖的郎溪县、广德市组成。这里堪称长三角三省一市无缝对接的天然功能区块。

太湖西示范区位属三省一市,地理上是长三角的核心地带,其面积、人口是青嘉吴示范区的数倍。它涉及的行政单位更多,辐射作用更强大。它发展的不平衡性更为突出,但也更具示范意义和指导意义。太湖西示范区位于太湖上游,作为金山银山理论的诞生地,聚焦生态优先绿色建设规划与发展及体制机制协同,对于太湖水系治理、太湖流域生态优先绿色产业发展具有重要意义。

太湖西示范区的规划建设,能够推动新基建赋能智慧城镇群建设与治理,建设高品质生活、全域大花园,驱动乡村振兴,发挥长三角作为长江经济带龙头的作用,打造美丽宜居宜业高质量发展的长三角。

为此,建议在太湖西示范区建立智慧城镇群建设协调发展体制机制,协调城镇交通、水利、公共服务基础设施建设,构建网络型多组团的城镇群空间格局,使

其成为城市与乡村连接的纽带,推动乡村振兴。建议在太湖西示范区建立建设规划协同机制,统一规划"三线""三地"和新基建建设。建议在太湖西示范区建立政府层面的协调信息平台与协调机制,推进以市场配置要素为主的一体化体制机制。

同时,建议把环太湖区域建成长三角的中央公园,而太湖西示范区将率先成为中央公园的先行示范区,并规划贯通太湖西示范区的 3 条含 21 个主要景点的旅游线路。建议以韧性城市标准,贯彻海绵城市理念,在太湖西示范区大力推行"天空城镇"集约建设模式。建议在太湖西示范区开展太湖上游大花园建设,高标控源,严格禁止使用含磷洗衣用品,严格控制农业、养殖业排污,连通长江与太湖水道,综合治理太湖水系,从而实现太湖的系统治理,达到太湖流域环境水质改善的目标,进而建设太湖西示范区全域旅游生态大花园。

6.2　推行节约用地集约建设的"天空城镇"模式

在长三角城镇建设中,提倡向天借地,增加空中地坪,推动高层建筑多层化、垂直设施市政化,营造优良的空中生活圈。通过高质量集约化建设,为人民带来生态绿色、宜居宜业、可持续发展的空间环境,提高生活品质。

长三角地区经过多年的快速发展,经济、社会建设取得了巨大的进步,城镇化水平快速提高,2019 年末上海城镇化率约为 88%,江苏、浙江城镇化率近 70%,安徽城镇化率约为 55%,目前正处于城市化关键的发展期①。可以预见,大量人口将流入中小城镇。城市集聚效应有利于社会经济发展,但面临几个方面的挑战:第一,建设用地规模扩大带来交通与能耗的挑战;第二,空气、水、土地等自然资源与生态环境保护的挑战;第三,粮食和社会安全与韧性发展的挑战。

综上,必须对城镇开发空间进行管控,以减少人类活动对自然空间的占用,最终塑造生态绿色、宜居宜业、可持续发展的长三角城市空间形态。为此,本书提出如下建议:

(1)适当提高城镇建设容积率,探索更优的多、高层建筑模式,构筑立体城市综合体。过分控制容积率,将提高建设成本,推动地价上涨。而建设用地向外

---

① 中华人民共和国住房和城乡建设部.2019 年城市建设统计年鉴[EB/OL].[2021 - 09 - 11].http://www.mohurd.gov.cn/xytj/tjzljsxytjgb/jstjnj/.

扩张,将增加城市通勤的距离、耗时与耗能,降低居民生活质量。

(2)向天借地,建设高层联排住宅,节约土地资源,保护环境,营造空中绿地,发展都市农业,形成更集约、更紧密的城镇空间形态。高层建筑对促进城市土地集约化利用起到了良好的作用,它提升了城市的整体经济效益,释放了更多的地面空间用于绿化和公共设施。但传统高层建筑在安全性、舒适性及社会性等方面还存在诸多问题。高层建筑多层化、垂直设施市政化,营造空中高质量生活圈,是一个好办法。结合城市公共交通设施,建设高效利用地上地下空间的集约化紧密型"天空城镇",可以化解城镇建设与生态资源保护的矛盾。

(3)加强城乡新基建,深化各层面的交通及信息化联接,强化公共空间、服务设施的可达性,建设宜居社区,提升城乡生活品质与安全。通过联系平台及公共垂直交通提供的额外路径,增加公共空间与服务设施的可达性,提升高层建筑应对火灾、地震等灾害的能力,小范围互联互通的配套服务供应链也能提升城市的安全性与韧性。

(4)面向新时代的城镇建设新趋势,加强建设与规划管理的政策研究,并进行相应的改革。在实际规划与建设管理工作中,各地区应根据当地情况,对新的立体城市空间形态进行针对性的政策研究,对容积率计算、建筑限高等指标做出相应的集约化调整,引导与鼓励面向新时代的城镇建设与空间规划模式。

6.3　城镇与核心城市之间应具有质量上的同城效应

对于同城效应,通常的理解是:人们居住在一座城市,工作在另一座城市,每天往返于两座城市之间,就像生活在同一座城市。2020年4月2日,国家发展改革委、交通运输部发布的《长江三角洲地区交通运输更高质量一体化发展规划》提出,到2025年,长三角中心城市之间享受1~1.5小时客运服务,上海大都市圈以及南京、杭州、合肥、苏锡常、宁波都市圈内享受1小时公交化通勤客运服务[①]。这为长三角地区城镇与核心城市之间实现通常意义上的同城效应,提供了强有力的保障。

---

① 国家发展改革委、交通运输部.长江三角洲地区交通运输更高质量一体化发展规划[EB/OL].(2020-04-29)[2021-09-11].http://www.gov.cn/zhengce/zhengceku/2020-04/29/content_5507368.htm.

但是,上述通常意义上的同城效应,只是时间与空间上的同城效应。长三角一体化下城镇建设的目标是高质量发展,仅仅满足城镇与核心城市之间具有时间和空间上的同城效应,是远远不够的。本项目组认为,长三角一体化下城镇与核心城市之间应具有质量上的同城效应,即通过市场、产业、基础设施、公共服务等方面的一体化,使得居住在城镇中的人口,能够享受与核心城市一样的工作质量和生活质量,如买到与核心城市一样的高质量商品,找到与核心城市一样的高质量工作,享受与核心城市一样的高质量教育和医疗资源,以及获得与核心城市一样的高质量公共服务,等等,从而实现"居住在城镇与居住在核心城市是一样的"目标。这样的一体化,不仅能够留住城镇人口,避免核心城市的"虹吸效应",还可以促使核心城市的人口向城镇流动,从而减少由于人口和功能过度聚集而导致的"大城市病",并促进城镇的进一步发展。另外,当居住在城镇与居住在核心城市是一样时,核心城市的老年人就会涌入生态环境优质的城镇去养老,从而可以很好地解决核心城市的养老难题。

为此,长三角一体化下的城镇建设必须强调数字化转型,通过大力开展新型基础设施建设,推动智慧城镇建设,使得城镇人口通过数字化、智慧化手段,共享核心城市高质量的资源和服务,从而实现城镇与核心城市之间具有质量上同城效应的目标。例如,通过远程医疗系统,城镇人口能够在家门口的小医院享受到核心城市三甲医院的优质医疗资源。又如,通过在线教育系统,城镇人口能够在家门口的小学校聆听核心城市省市重点学校特级教师的授课和辅导——这在2020年疫情期间有了应用示范实例:上海教育工作者精心打造的"空中课堂",其授课教师大部分是特级教师、正高级教师、"双名工程"团队成员、国家级和市级教学比赛获奖教师,让"停课不停教、不停学"成为现实,让150余万中小学生获益良多[①]。

6.4 建立支撑长三角一体化生态绿色发展的饮用水源系统

水资源是长三角地区最具特色的资源之一,是江南文化的名片。长三角区域地处淮河水系中下游与长江水系下游,区域内水域密集,也是南水北调东线工

---

① 央广网.上海中小学数千节优质视频课,是怎么"炼"成的?[EB/OL].[2021-09-11]. https://baijiahao.baidu.com/s?id=1679140221706659224&wfr=spider&for=pc.

程的水源地。近年来随着经济的发展,长三角地区的城镇饮用水质量和分配出现了一些问题。

第一,长江流域经济发展带来水源污染风险。部分水源受流域上游沿线工业和养殖业排放的影响,溶解氧、总磷、总氮、铁、锰等指标超标,同时存在锑污染和其他复杂污染风险。

第二,长三角地区河道功能复杂导致水质提升困难。例如,太浦河、望虞河等多条河道兼具防洪、排涝、引水、航运等综合功能,它们作为饮用水水源地的取水来源,不仅河道水源水质保障困难,同时河道经济及发展空间也受到限制。水源地保护与区域经济发展的冲突,成为长三角一体化下城镇建设过程中的一个矛盾焦点。

第三,太湖流域水污染问题。经过多年的综合整治,太湖流域水质总体呈现好转态势,流域水质稳中趋好,但仍然存在着太湖北部和西部湖体总磷浓度居高不下、太湖"藻型生境"尚未根本改变等问题。

第四,分散水源导致的重复建设及协调问题。黄浦江上游及东太湖流域的取水口分散,缺少统筹布局,存在重复建设现象,各取水口水质差异较大。水源分散,一方面对取水水源的水量、水质造成影响;另一方面也导致水源保护区点多面广,限制区域发展。

这些问题使得长三角地区城镇饮用水安全受到较大的影响,部分城镇甚至出现了水质性缺水的现象。而在长江入海口区域,城镇饮用水安全还面临着海洋咸潮入侵等自然灾害的威胁。目前,饮用水供水系统"源头分质、免药剂、低水龄"已成为世界级城市群的发展趋势。长三角地区的城镇饮用水供水系统离世界一流城市群水平尚有较大差距,水质的提质增效迫在眉睫。所以,无法实现优水优用、共建共享已经成为长三角一体化下城镇建设中饮用水安全的瓶颈问题。

对此,应以水量供应充裕为前提,改善原水水质为核心,结合长三角饮用水水源地现状,围绕习近平总书记"世界眼光、国际标准、中国特色、高点定位"的城镇水资源建设以及高品质饮用水系统建设的总体要求,建立支撑长三角一体化生态绿色发展的饮用水水源系统。其具体做法为:形成"共赢互利、源头分质、优水优用、生态释放"的总体规划理念,充分借鉴国际经验,高标准高质量落实长三角地区饮用水源地总体规划,实现"水环境、水生态、水资源"的分级规划和有效利用,释放望虞河、太浦河等河道及两岸的发展空间。在此基础上,打造长三角地区三大优质水源网,让老百姓世世代代喝上优质饮用水。

（1）构建以青草沙水源地为主的长江口水库链，造福江苏、上海人民。在长江中下游动态水源库中，建立长江口水库链，服务江苏太仓、上海嘉定、青浦新城及上海北部地区人民。构建"库库连通，多取水口"的长江口水库链：通过连通宝钢水库与陈行水库，保障陈行水库水量，加强抵御咸潮能力，为上海市北部地区市民饮用水供水提供重要保障；同时，进一步开展陈行水库与青草沙水库的库库连通工作，形成两大水源地水源的互联互通，充分提升上海水库水源安全能力；此后，连通陈行水库与太仓浏家港水库，满足部分太仓区域市民的饮用水需求；最终形成长江口水库链，实现长江口水资源的充分连接，灵活取水。

（2）开辟以长江口徐六泾新水源地、东太湖水源地为主的清水走廊，造福江苏、浙江、上海人民。黄浦江上游地区是长三角的会客厅，是长三角生态绿色一体化发展示范区所在地，也是上海第二大水源地金泽水库所在地。建议将长江水和太湖水共同作为黄浦江上游区域的水资源主要供给源。在长江下游"动态水库"中新设取水口，将长江下游动态水源地作为长三角区域饮用水的终极目标。在长江下游的"动态水源地"中寻找长江口徐六泾新水源取水口，建立"库中库"，优质长江水通过隧道输送至东太湖，并在输送沿途供应不同城市，服务江苏苏州、浙江嘉兴以及上海青浦、嘉定、松江、奉贤、南汇五大新城。

（3）开辟皖东南、新安江水源地为主的水库链，造福浙江、安徽、上海人民。远期规划可以考虑开辟"千岛湖水源走廊"，即建设第二条千岛湖引水走廊——通过新安江水电站闸下引水和皖东南青弋江陈村水库引水。该方案作为远期战略设想提出，还需要对千岛湖水质、水量、水位、生态环境等进行深入调查。同时，建立合理的生态补偿机制，由优质饮用水的最终用户（如上海）向水源地提供生态补偿，这样能够在保障生态功能的基础上，实现长三角一体化下城镇优质饮用水资源的共建共享和全面提升。

6.5　加快建设"四网融合"的长三角市域线铁路网

随着长三角一体化的深入推进，区域之间的要素流动对交通基础设施网络也有了更高的要求。目前在长三角各个城市中，空间功能格局正在调整，同城化出行的需求进一步增加，出现了一种交通圈层和交通廊道的发展现状。同时，长三角区域间快速便捷跨越城市的需求不断增加，毗邻城市之间到达中心城市的需求也在增加,使得市域线铁路网建设成为打造"轨道上的长三角"的主要薄弱环节。所以,在国家干线铁路网络已经基本稳定的情况下,发展城际和市域线铁路网将是工作重点。

市域线铁路主要服务都市圈中心城市城区与周边城镇组团及组团内部的通勤客流,覆盖范围一般在 50～100 公里。在这个覆盖范围内,人群往来更为高频,其中一个重要的服务群体是通勤者。对于这一类群体而言,市域线铁路需要具有速度较快、班次较密集、票价成本较低的特点。但在长三角地区乃至全国其他地区,轨道交通是以"铁路＋城市轨道"为主体的,市域线铁路规模体量严重不足,难以适应城市群、都市圈高强度、多样化、高频次、强时效的交通需求特点。例如,截至 2020 年末,上海市已经运营的市域铁路只有 56.4 公里长的金山铁路[1],远低于市内地铁的里程数。

因此,加快长三角地区市域线铁路的落地建设,推动长三角地区市域线铁路独立成网,加快长三角地区市域线铁路的网络化建设,形成长三角地区国家干线铁路、城际铁路、市域线铁路、城市轨道交通"四网融合"的局面,有利于充分发挥交通先导作用,增强城镇之间交通通道的功能,为促进区域资源要素高效流通、引导都市圈融合发展、推动长三角更高质量一体化发展提供重要支撑。对此,长三角地区市域线铁路网建设的目标是:长三角地区内所有城镇到中心城市 1 小时内到达,中心城市之间 1～1.5 小时内到达,实现市域线铁路网与国家干线铁路网、城际铁路网、城市轨道交通网的无缝对接(即同站不出站换乘)。

6.6　推进装配率市场化,践行"放管服"行政体制改革

"十三五"以来,装配式技术发展日趋成熟,中央及地方政府持续出台相关政策大力推广装配式建筑,我国装配式建筑迎来快速发展新阶段。为推动装配式建筑快速发展,我国制定了建筑单体装配率(装配率)和建筑单体预制率(预制率)两项重要指标。其中,装配率常常成为政策制定的核心指标。例如,上海市颁布的《关于进一步明确装配式建筑实施范围和相关工作要求的通知》(沪建建材〔2019〕97 号)规定:2016 年 4 月 1 日以后完成报建或项目信息报送的项目,

---

[1]　百度百科:金山铁路. https://baike. baidu. com /item /%E9%87%91%E5%B1%B1%E9%93%81% E8%B7%AF /15082485? fr=aladdin.

建筑单体预制率不低于 40％或单体装配率不低于 60％①。但是,这种政策上对装配率的硬性要求是一把双刃剑,一方面,需要必要的装配率政策去推动装配式建筑的发展,推动行业技术水平、设计理念、管理机制的进步与发展;另一方面,政策对于装配率过高的硬性要求,也会导致"拔苗助长"的问题,甚至带来安全隐患。在现阶段装配式建筑技术体系尚不成熟的情况下,过度追求"高装配率"会导致建造成本大幅增加,同时会使运输和吊装的难度加大,综合效益并不明显。装配率越高,施工现场装配式构件的连接工作量就越大,对材料、机具和操作人员的要求也更高,若连接不好,就很容易出现安全隐患。所以,应从发展的综合效益出发来统筹装配式建筑的发展,不能"一刀切"地片面追求高装配率。无论是现浇建筑还是装配式建筑,凡是符合建筑产业绿色化建设要求,只要能实现"两提两减",即提升质量、提高效率和减少用工、减少污染,都应该加以应用,协同发展。

党的十八大以来,中央把推进"放管服"改革作为转变政府职能、深化行政体制改革的重要抓手,大力推进简政放权、放管结合、优化服务。"放管服"改革是从政府与市场关系的关键环节入手,以政府"有形之手"使市场"无形之手"充分发挥作用。因此,从政府"放管服"改革的角度出发,不应从政策上硬性推动高装配率,而应让装配率回归市场,通过在长三角地区建立合理的市场机制,让装配式建筑与现浇建筑开展充分竞争,让它们在各自适合的场景发光发热,更有利于传统建筑行业的转型。所以,长三角地区的装配率应交由高度自由、充分竞争的市场规则来决定,让市场来决定资源配置,这也是践行"放管服"行政体制改革的举措。

6.7 统筹长三角安全与发展, 加强韧性空间建设

从国际发展经验看,当一个地区的城镇化率超过 60％时,城镇将进入快速发展期,同时也是人口、资源、公共卫生、环境等因素引发的社会矛盾和突发性灾害极易发生的时期。截至 2019 年,长三角的平均城镇化率已经超过了 60％,达

---

① 上海市住房和城乡建设管理委员会.关于进一步明确装配式建筑实施范围和相关工作要求的通知(沪建建材〔2019〕97 号)[EB/OL].(2019-02-21)[2021-03-20].http://jsjtw.sh.gov.cn/zjw/jsgl/20190221/56418.html.

到了 68.4%[1]，并且长三角城市群人口高度聚集，产业高度集聚互联，电力、天然气主干网等关键功能设施，交通干线以及防洪、供水等水利基础设施高密度关联互通，再加上极端天气引发的自然灾害和其他不确定性因素，使得长三角地区容易成为各类事故隐患和安全风险交织叠加的地区，一旦风险灾害发生，就会造成重大的经济损失和人员伤亡。

长三角三省一市的面积仅占国土面积 1/26，却承载了中国 1/6 的人口，每年 GDP 约占全国 GDP 总量的 1/4[2]。可以说，长三角特有的经济要素和人口结构，对长三角一体化城镇建设安全风险管控提出了更高的要求。从总体上看，目前，长三角一体化城镇建设的安全风险形势依然十分严峻，需要严格加强安全风险管控。

在长三角一体化国家战略实施过程中，自然资源丰富、生态环境优质的安徽已经被全域纳入。然而，安徽尚未深度融入长三角。《安徽蓝皮书：安徽社会发展报告(2020)》中指出：2019 年，安徽的人均 GDP 仅为上海的 37.2%、江苏的 47.3%、浙江的 54.4%[3]；2018 年，安徽与上海、浙江两地的经济联系度指数仅在 1 左右，远低于上海、江苏、浙江之间的经济联系度指数(基本都接近或高于 5)[4]。由此可见，经济总量偏低，尤其是人均 GDP 差距较大，以及经济联系强度不高，成为安徽深度融入长三角一体化的重要制约因素。但是，从另一个角度看，安徽在长三角一体化中具有后发优势，拥有广袤的发展空间。

据此，应从长三角一体化高质量发展的国家战略高度，统筹长三角地区的安全与发展，加强对水资源、土地资源、空气质量、粮食等百姓最关心的大安全问题，以及可能的突发事件(如战争风险、疫情风险等)的严格管控，打造韧性长三角。此外，应从安全风险管控韧性的前瞻性角度出发，借鉴当年"小三线"建设思路，将安徽作为长三角地区的韧性空间进行大力发展。通过在安徽大力开展安全风险管控韧性基础设施和韧性治理方式的建设，使其成为长三角一体化中安全风险管控的韧性储备基地，从而提高长三角地区安全风险管控的韧性冗余，形成长三角地区安全风险管控的战略纵深。

① 薛艳杰.长江经济带城市群发展报告(2019—2020)[EB/OL].[2021-03-20].http://cjjjd.ndrc.gov.cn/zhongshuochangjiang/xsyj/202101/t20210122_1265738.htm.
② 国务院.印发《长江三角洲区域一体化发展规划纲要》解读[EB/OL].[2021-03-20].http://www.gov.cn/xinwen/2021-02/28/content_5589283.htm.
③ 吴禹霖.安徽省区域协调融合度不够,尚未深度融入长三角[EB/OL].[2021-03-20].https://www.pishu.cn/psgd/559784.shtml.
④ 吴禹霖.安徽省区域协调融合度不够,尚未深度融入长三角[EB/OL].[2021-03-20].https://www.pishu.cn/psgd/559784.shtml.

6.8 节约与高效利用土地资源,保障粮食安全

粮食是人类赖以生存的最为重要的资源。在古代的农业社会,能生产出粮食的地区一定是当时最为富饶的地区。俗话说"苏湖熟,天下足"。而苏湖地区则位于我国的长江三角洲地区。长江三角洲地区土壤肥沃,良田广布,一直是我国的"米粮仓"。在历史上,长江三角洲是肥沃的鱼米之乡,我国粮食一直处于"南粮北运"的格局。京杭大运河修建的主要原因就是用来从南方运输粮食到北方的京津地区。"南粮北运"的格局从古代一直延续到新中国成立后。

而如今,长三角地区高度城镇化、工业化,使得耕地流失严重,加之外来人口的大量涌入,造成长三角地区生产的粮食已经无法"自给自足"。根据国家统计局公布的数据显示,近年来上海、浙江的粮食自给率都不足四成[①]。目前长三角地区需要大量调入来自东北等地的粮食,形成了现在的"北粮南运"的局面。中国科学院的研究表明:耕地流失是长三角地区粮食产量下降的重要因素,而耕地流失主要是由建设用地增加导致的。其中,1980—2005 年及 2005—2010 年,长三角地区由耕地转换为建设用地而造成的粮食下降比例分别达到了80%、66%[②]。

由此可见,以往的城镇建设是一种粗放的建设模式,靠大拆大建,靠大量消耗土地资源,甚至占用耕地。这种模式必然影响粮食产量,危害粮食安全。《长江三角洲区域一体化发展规划纲要》指出,长三角一体化发展要紧扣"一体化"和"高质量"两个关键。所以,长三角一体化城镇建设的高质量发展,绝不能以牺牲耕地和粮食为代价,要走土地资源节约和高效利用的道路,坚决不占用耕地,确保耕地面积不减,甚至增加耕地面积,使得长三角地区粮食产量不减反增,从而形成城镇建设与农业现代化协调发展的局面。

因此,秉承绿色、低碳、韧性、抗灾、管理高效的建设理念,采取更集约、更紧密的城镇空间形态,由此形成的"天空城镇"集约化发展范式,是实现上述"城镇

---

① 牛站奎.各省粮食产量与人均粮食消费缺口分析[EB/OL].(2021 – 03 – 26)[2021 – 09 – 11].https://baijiahao.baidu.com/s? id=1695287913145439488&wfr=spider&for=pc.

② GUILIN LIU, LUOCHENG ZHANG, QIAN ZHANG, et al. The response of grain production to changes in quantity and quality of cropland in Yangtze River Delta, China[J]. Journal of the Science of Food and Agriculture, 2015, 95(3): 10.1002/jsfa.6745.

建设与农业现代化协调发展"目标的有效途径。"天空城镇"是指依托"生态宜居天空城镇预制装配建筑"思想,以独立设置的垂直交通系统、垂直能源输送系统等垂直公共设施为核心,利用(超)高层建筑的公共"核心筒"与各单体之间的连接平台、屋面等延伸空间,打造绿化繁茂的空中共享公共活动花园,以及学校、医院、办公、科研、餐饮、商店、养老、幼托等公共服务设施,并依托新型结构、装配式设计等技术手段,构建生态宜居的社区和便捷、高效的立体城市综合体。

"天空城镇"作为一个"立体城市",通过"向天借地"创造土地资源的方式,将城市原有的基础设施、公共服务、公共空间、工作空间、生活空间等全部从地面搬到了空中,不仅减少了大量的建设用地需求,节约了土地资源,实现了不占用耕地的目标,还提升了土地资源的利用率。此外,通过一定的技术手段和经济政策,可以将由此而节约下来的建设用地复垦为耕地——退建还耕,从而实现增加耕地面积的目标,为保障长三角地区的粮食安全提供可靠支撑。

6.9　推行垃圾分类和本地无害化处理模式,保障环境安全

长三角是我国人口密集和经济发达地区,随着人民生活水平的提高,生活垃圾产生量与日俱增。统计数据表明,以上海市例,2017 年上海市环卫系统统计的生活垃圾清运量为 899.5 万吨,占全国总量的 4.4%,是中国垃圾产生量最大的城市。2005—2017 年,上海市生活垃圾产生量年均增速为 3.1%[①]。特别值得关注的是,近三年,上海市垃圾产生量年平均增速甚至接近 7%。这给长三角地区带来了巨大的环境安全隐患,特别是近年来频发的固废跨省非法转移,引发了社会各界的高度关注。当前,长三角地区不仅面临着生活垃圾产生量大、人口密度大、流动人口多、土地紧张等客观因素,还存在着体制机制不完善,生活垃圾全程分类处置衔接不畅;城市用地紧缺,生活垃圾的回收站、分拣中心、末端处置项目落地难;区域协同性差,长三角地区尚未形成生活垃圾协同处置良性机制等问题。这使得生活垃圾处置问题已成为制约长三角一体化下区域经济发展的突出短板。所以,妥善解决城镇生活垃圾处置问题,从而实现长三角一体化下城镇高质量建设已迫在眉睫。

---

① 乔旭东.长三角如何突破"垃圾围城"[EB/OL].(2019 - 05 - 23)[2021 - 09 - 11].http://www.china.com.cn/opinion/think/2019 - 05/23/content_74813993.htm.

　　对此,在长三角一体化城镇建设过程中,应严格遵循"城镇建设发展不增加长三角地区生活垃圾处置负担"的原则,推行城镇生活垃圾分类和本地无害化处理的模式,做到城镇内部生活垃圾不出镇,实行无害化就地处理,从而保障长三角地区的环境安全。通过"居民端收集—村集中并转运—镇无害化处理"的模式,将城镇居民产生的生活垃圾统一纳入城镇生活垃圾分类及无害化处理系统进行处置。其中,在城镇居民端将进行生活垃圾的初次分类,在村集中端将进行生活垃圾的二次分类,以实现生活垃圾减量,并在城镇处理端完成生活垃圾的分类处置和无害化处理,实现城镇生活垃圾处理不出镇,从根本上解决城镇生活垃圾处理难题,形成城镇生活垃圾全面分类及无害化处理链。

参考文献

[1] 本清松,彭小兵.人工智能应用嵌入政府治理:实践、机制与风险架构——以杭州城市大脑为例[J].甘肃行政学院学报,2020(3):29-42,125.

[2] 陈玉梅,李康晨.国外公共管理视角下韧性城市研究进展与实践探析[J].中国行政管理,2017(1):137-143.

[3] 丁勇.关于我国引进BOT投资方式在项目融资过程中存在的主要问题及其对策研究[D].重庆:西南财经大学,2005.

[4] 樊霞飞.长三角一体化发展的战略意义、现实困境与路径选择[J].长春金融高等专科学校学报,2020(1):74-81.

[5] 范维澄,刘奕,翁文国.公共安全科技的"三角形"框架与"4+1"方法学[J].科技导报,2009,27(6):3.

[6] 方创琳,马海涛,李广东,等.城市群地区国土空间利用质量提升理论与技术方法[M].北京:科学出版社,2017.

[7] 方创琳.城市群地区城镇化与生态环境耦合机理及规律[M].北京:科学出版社,2021.

[8] 方晔.全过程工程咨询之初践和思考[J].建筑设计管理,2019(5):37-40.

[9] 黄志凌.中国征信体系建设并非小事、易事[J].征信,2016,34(10):1-8.

[10] 姜策.国内外主要城市群交通一体化发展的比较与借鉴[J].经济研究参考,2016(52):78-82,90.

[11] 李经龙,杨文娟,陈欢,等.泛长三角旅游圈一体化发展研究[J].合肥学院学报(社会科学版),2012,29(5):89-93.

[12] 李升.地方政府投融资方式的选择与地方政府债务风险[J].中央财经大学学报,2019(2):3-12.

[13] 李香云.京津冀协同发展中的流域管理问题与对策建议[J].水利发展研

究,2016,16(5):1-3.

[14] 林沛毅,王小璘.韧性城市研究的进程与展望[J].中国园林,2018,34(8):18-22.

[15] 刘安国,李惟依,马睿娟.纽约水资源管理中的区域协调对北京市的借鉴意义[J].北京社会科学,2014(7):113-120.

[16] 刘志彪,孔令池.长三角区域一体化发展特征、问题及基本策略[J].安徽大学学报(哲学社会科学版),2019,43(3):137-147.

[17] 刘志彪.区域一体化发展的再思考:兼论促进长三角地区一体化发展的政策与手段[J].南京师大学报(社会科学版),2014(6):37-46.

[18] 刘志彪,徐宁,孔令池.长三角高质量一体化发展研究[M].北京:中国人民大学出版社,2019.

[19] 陆化普.城市群交通一体化:理论研究与案例分析[M].北京:人民交通出版社,2017.

[20] 罗明雄,司晓,周世平.互联网金融蓝皮书(2014)[M].北京:电子工业出版社,2015.

[21] 彭清辉.我国基础设施投融资研究[D].长沙:湖南大学,2011.

[22] 彭震伟,颜文涛,王云才,等.海岸城市的韧性城市建设:美国纽约提升城市韧性的探索[J].人类居住,2018(2):58-61.

[23] 清华大学中国新型城镇化研究院.走以人民为中心的城镇化中国道路:中国城镇化大势与对策研究[M].北京:清华大学出版社,2019.

[24] 荣月静,张慧,赵显富.基于多因素综合评价法的长三角地区城市基础设施建设水平研究[J].科技通报,2016,32(2):104-110.

[25] 沈杰,周继洋,王雯莹.长三角一体化示范区共建江南文化品牌路径选择[J].科学发展,2020(6):82-85.

[26] 宋雄伟.构建社会信用体系的路径探析[J].行政管理改革,2015(12):31-35.

[27] 唐皇凤,王锐.韧性城市建设:我国城市公共安全治理现代化的优选之路[J].内蒙古社会科学(汉文版),2019,40(1):46-54.

[28] 唐笑.大道至简,殊途同归:海外装配式建筑发展的启示[R].2020.

[29] 王朝静.波动干扰下装配式住宅预制构件生产调度优化研究[D].上海:上海交通大学,2018.

[30] 王维.长三角交通基础设施一体化研究[J].学海,2006(6)：159－163.

[31] 王振,长三角协同发展战略研究[M].上海：上海社会科学院出版社,2018.

[32] 王志成,约翰·格雷斯,约翰·凯·史密斯.美国装配式建筑产业发展趋势(上)[J].中国建筑金属结构,2017(9)：24－31.

[33] 吴志强.智能规划[M].上海：上海科技出版社,2020.

[34] 谢京辉.长三角完善现代化枢纽型基础设施体系的思路和对策[J].上海经济研究,2009(7)：40－44.

[35] 杨锦潼,郑书青.长三角区域信用体系建设的挑战及对策[J].商讯,2020,204(14)：30－31.

[36] 杨志明.国外全过程工程咨询服务模式研究[J].建设监理,2018(7)：9－11.

[37] 姚士谋,周春山,王德,等.中国城市群新论[M].北京：科学出版社,2016.

[38] 俞婷,秦迎林.打响"上海文化"品牌背景下长三角一体化发展研究[J].大众文艺,2020(14)：243－244.

[39] 张协奎,乔冠宇,徐筱越,等.国内外智慧城市群研究与建设评述[J].工业技术经济,2016,35(8)：56－62.

[40] 钟茂华,孟洋洋.安全生产韧性管理对雄安新区发展的借鉴[J].中国安全生产科学技术,2018,14(8)：12－17.

[41] 周利敏.韧性城市：风险治理及指标建构——兼论国际案例[J].北京行政学院学报,2016(2)：13－20.

[42] AMERICAN INSTITUTE OF ARCHITECTS (AIA). AIA Document C191－2009,Standard form multi-party agreement for integrated project delivery[R]. 2009.

[43] AMERICAN INSTITUTE OF ARCHITECTS (AIA). Integrated project delivery for public and private owners[R]. 2010.

[44] AMERICAN INSTITUTE OF ARCHITECTS (AIA). Integrated project delivery：case studies[R]. 2010.

[45] LINES B C, PERRENOUD A, SULLIVAN K T, et al. Implementing new project delivery strategies：development of a web-based multimedia tool to support owner project team training [J]. International Journal of

Construction Education and Research，2014，11(2)：140 – 160.

[46] BRYAN F，LEICHT R，MOLENAAR K，et al. Impact of team integration and group cohesion on project delivery performance [J]. Journal of Construction Engineering and Management，2017，143(1)：04016088/1 – 04016088/12.

[47] JIN R Z. Study on cost management under EPC general contracting model [J]. Advanced Materials Research，2011，181 – 182(1)：49 – 53.

[48] ZHANG L，CHENG J，FAN W. Party selection for integrated project delivery based on interorganizational transactive memory system [J]. Journal of Construction Engineering and Management，2016，142(3)：04015089/1 – 8.

[49] EL ASMAR M，HANNA A S，LOH W Y. Evaluating integrated project delivery using the project quarterback rating [J]. Journal of Construction Engineering and Management，2016，142(1)：04015046/1 – 13.

[50] AZHAR N，KANG Y，AHMAD I U. Factors influencing integrated project delivery in publicly owned construction projects：an information modelling perspective [J]. Procedia Engineering，2014(77)：213 – 221.

[51] PISHDAD-BOZORGI P，BELIVEAU Y J. A schema of trust building attributes and their corresponding integrated project delivery traits [J]. International Journal of Construction Education and Research，2016，12(2)：142 – 160.

[52] MA Z，MA J. Formulating the application functional requirements of a BIM-based collaboration platform to support IPD projects [J]. KSCE Journal of Civil Engineering，2017，21(6)：2011 – 2026.

索　引

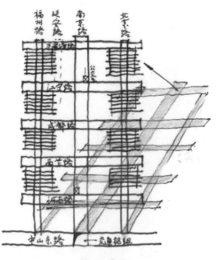
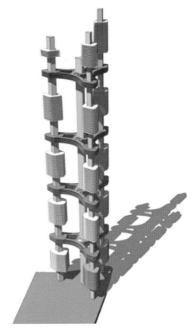

立体城镇创意概念与群体高层"天空城镇"效果图

资料来源：上海江欢成建筑设计有限公司。

"天空城镇"试点项目概况

资料来源：上海江欢成建筑设计有限公司。

"天空城镇"试点项目效果图

资料来源：上海江欢成建筑设计有限公司。

"天空城镇"空中花园式公共空间效果图

资料来源：上海江欢成建筑设计有限公司。